再興
THE KAISHA

日本のビジネス・リインベンション

ウリケ・シェーデ 著
渡部典子 訳

日本経済新聞出版

再興　THE KAISHA

日本のビジネス・リインベンション

THE BUSINESS REINVENTION OF JAPAN

by Ulrike Schaede

Japanese translation published by arrangement with
Ulrike Schaede through The English Agency (Japan) Ltd.

目次

日本語版への序文　9
はじめに　13
謝辞　21

第1章　〈イントロダクション〉ビジネス再興　23
集合ニッチ戦略　27
失われた20～30年は大転換の時代　33
タイトな文化における変革マネジメント　37
豊かさ、平等、企業の社会的役割　40
日本のビジネス再興：本書の構成　47

第2章 〈前提条件〉タイトな文化における企業刷新——55
日本のビジネス研究における文化　58
タイト・ルーズの枠組み：国ごとのビジネス・カルチャーの違い　61
タイトな文化の根本メカニズム　64
日本企業を特徴づける3つの行動規範　69
タイトな文化の中で会社を刷新する　77
日本のタイトなビジネス・カルチャーの負の側面　80

第3章 〈背景〉日本の経済発展——終身雇用を通じた安定——89
戦後の高度成長期　92
企業戦略：規模とネットワークを通じた保険　99
終身雇用の仕組み　104
1987〜1991年のバブル経済：浮かれた時代をどう読み解くか？　113
バブルの後遺症　117

第4章 〈新・日本企業の戦略〉集合ニッチ戦略——123

変革の必要性：アジアにおける新しい競争動向　128
日本企業のビジネス再興　131
「ジャパン・インサイド」への移行　136
1998年の戦略的転換点と小泉ブーム　143
アベノミクス　146
事業を切る難しさ：パナソニックとソニー　149

第5章 〈インパクト〉グローバル・ビジネスにおける日本の影響力——163

日本と米国　167
日本と韓国　171
日本と中国　174
日本と東南アジア　179
日本への憧れ：ポップカルチャーと消費者向け製品　181
日本のグローバルな合併・買収　185

第6章
〈マネジメントの変革〉
ガバナンス、スチュワードシップ、役員報酬 191
何のためのコーポレートガバナンスか？ 196
新しい株主 199
コーポレートガバナンス改革 205
スチュワードシップ・コード：資産運用者に権限を与える 213
役員報酬とカルロス・ゴーン・スキャンダル 217

第7章
プライベート・エクイティとM&A 227
〈ファイナンス市場〉
プライベート・エクイティ業界 232
日本流プライベート・エクイティ 238
忍耐力とパートナーシップ 241
アクティビスト投資家 250
パブリック・エクイティ・ファンドとみさき投資 253

M&A：友好的か、敵対的か？　255

第8章　〈ビジネス再興の実行〉行動様式の変革　261
両利きの経営の実行　263
適合モデル　265
タイトな文化の中で変革を実行する　274
リーダーシップ　285
事例：AGC　288

第9章　〈雇用とイノベーション〉カイシャの再興　295
終身雇用のコストとメリット　298
構造的な人手不足　301
働き方改革　310
終身雇用は守れるのか？——兼業・副業制度　314
事例：リクルートホールディングス　317

Ｊスタートアップ：イノベーション・エコシステムを築く代替手法　321

第10章　〈前に進む日本〉ＤＸに向けたビジネス再興　327

製造業の未来：デジタル現場　330
ＤＸを通じたビジネス再興：ソフトバンクとトヨタの参入　339
結論：なぜ新・日本が重要なのか？　345

解説　私たちにとって最高最良の姿見が登場！　冨山和彦　353
原注　367
参考文献　390

日本語版への序文

この序文を書きながら、身の引き締まる思いを感じています。この機会を借りて、日本の読者の皆様に最新情報を3つほど付け加えたいと思います。

2019年6月に本書の英語版（*The Business Reinvention of Japan: How to Make Sense of the New Japan*, Stanford Business Books）を出版して以降、世界では厄介な出来事がいくつも起こりました。新型コロナウイルスのパンデミック（世界的大流行）、日米間の貿易戦争の悪化、世界経済の不確実性の高まりとサプライチェーン・ショック、「脱グローバル化」の恐怖、ウクライナ戦争、等々。判断は読者の皆様に委ねられますが、私の拙い意見としては、日本ビジネスに関する私の分析は依然として有効であり、実は今のグローバル・ビジネスを理解する上でより重要になっているのではないかと思っています。

なぜ私がこれほど日本に対して前向きなのか、なぜ日本のビジネスが直面している多くの課題を分析しないのかと、不思議に思う読者もいらっしゃるでしょう。これには理由があります。

もちろん、経済の停滞、デフレ、人口動態の変化、地域の衰退など、日本には多くの問題があります。こうしたテーマに関心のある読者は、国内外の関連する書籍、分析、新聞記事などをいろいろと目に通すことができるでしょう。しかし、こうした否定的なニュースは謎を投げかけます。日本についてすべてのことが悪くて否定的な要素ばかりだとすれば、「失われた20年」を経たにもかかわらず、なぜ日本はいまだに世界第3位の経済大国でいられるのでしょうか。

本書では、日本で**うまくいっている（得意な）**ことにレンズを向けています。日本の最も優れた企業**（新・日本企業）**を分析することにより、日本の未来はどこにあるのかを学ぶことができます。私の考えでは、現在の日本経済には「2対8の法則」が当てはまります。つまり、約2割のインプット（労力、顧客、資金など）がアウトプット（生産性、売り上げ、投資収益率など）の約8割を説明するというものです。もちろん、この数字はあくまでも目安で、四角四面に捉えすぎてはいけないのですが、現時点では、日本経済全体において、約2割の企業が日本の成功の約8割を説明しているように見えます。本書では、その「2割」のハイパフォーマーを分析しています。こうした企業が何を行い、どのように闘い、どんな課題を抱えているのか。本書の分析を通じて、より多くの日本企業がこのリーダーたちから学び、新・日本企業の仲間入りをしていただければと願っています。

最後に、本書の原著英語版が、畏れ多くも「第37回大平正芳記念賞」（2021年）と「アクシオムビジネス書賞」（Axiom Business Book Award：経済学部門銀賞、２０２１年）をいただいたことを報告いたします。日本の大平正芳記念財団が拙著をこのように栄えある賞に値すると認めてくださったことを光栄に存じます。

本書が日本語に翻訳される運びとなったのも大変光栄なことです。私は当初、１９９０年代以降に日本に目を向けてこなかった海外の読者に向けて、世界経済やグローバル・ビジネスや米国にとって、日本が依然として重要な理由を説明したいと思って執筆しました。私の日本のビジネスに関する分析が日本の読者にとっても興味深いものであることを願ってやみません。また、私の考えを紹介するために素晴らしい仕事をしてくださった日経ＢＰの田口恒雄氏と翻訳者の渡部典子氏に謝意を表します。

２０２２年７月

ウリケ・シェーデ

はじめに

１９８２年、米大統領選の候補者だったウォルター・モンデールは「子どもたちに何を望むのか。日本製コンピューターを蹴散らすことか」と問いかけた。[1] 米国人は当時、日本の台頭を恐れていた。戦後の焼け野原から復興を遂げた日本が、米国の覇権に挑んでいるように見えたのだ。

それから20年後、日本ではバブルが崩壊し、株式市場や不動産市場から10兆ドルの価値が消失した。低成長、デフレーション、不良債権問題、企業業績の低迷が続き、日本は「失われた10年」と呼ばれる状況に突入していく。

新世紀を迎えても、この状況はほとんど好転しなかった。２０００年から２００７年にかけて、名目ＧＤＰ（国内総生産）は４・９兆ドルから４・５兆ドルに減少し、「第２の失われた10年」と呼ぶ声も出てきた。[2] ２００８年の世界金融危機の後、ようやく上向きかけていた２０１１年に、東日本大震災という史上最悪レベルの大災害に見舞われる。折しもその前年に、中国が日本を超えて世界２位の経済大国になっていた。[3] 中国が台頭する傍らで、日本はデフレに苦しみ続けた。今日、多くの国際的なビジネスパーソン、経済学者、政治学者の間で中国はよく話題にのぼるが、日本の話をする人はほとんどいない。

しかし、じっくりと見ていくと、日本は依然として重要なことがわかる。日本は世界3位の経済大国だ。米中と比べて日本の人口は少なく、労働人口は6500万人と中国三大都市とほぼ同規模だが、製造業の生産高やフォーチュン・グローバル500社に入る企業数を見ると、米国と中国に次ぐ3位につけている。さらに、日本企業は戦略、オペレーション、金融市場をつくり替えて、中国の台頭やグローバル・サプライチェーンの出現に適応してきた。

本書では、なぜ日本が今再び重要かという理由を3つ挙げたい。第1に、改革の結果として、日本企業は現在、多くの重要な素材や部品で世界市場を席巻し、グローバル・サプライチェーンを支えている。つまり、グローバル製造業は日本からの投入財に依存し、特にアジアで日本の経済力が高まっている。第2に、ビジネス再興（リインベンション）によって日本国内の金融分野や消費者向け製品分野で新たに収益性の高い市場が生まれている。第3に、日本は経済的成功を目指しながら、不平等を緩和させて社会の安定を重視する経済システムの中で、バランスのとれた資本主義の代替モデルを継続的に発展させてきた。これは、米国で進行中の企業の社会的責任に関する議論の参考になるかもしれない。

長年にわたって成長が停滞し、悪いニュースだらけで、失われた20年に直面してきたにもかかわらず、日本は高レベルの生産性と低レベルの腐敗や犯罪率を誇り、高度に発展している安定した民主主義国である。こうした点も（メディアの見出しに惑わされずに）じっくりと調べてみればわかることだ。1980年代にモンデールら多くの米国人が恐れたほどには、日本が米国を脅かすことは決してなかったが、米国と違って、日本には国民皆保険制度があり、世界有数の長寿国で、初等中等教育制度はトップクラスだ。２０１６年の10万人当たりの他殺者数はわずか０・28人（米国の18分の1）と、人口規模の大きい先進国の中では最も安全だ。日本の都市は清潔で、手入れが行き届いていることで知られる。東京は人口１４００万人超の巨大都市だが、ゴミや落書きはほとんど見当たらない。ホームレスは日本全国で約１万３０００人と、ニューヨーク市中のホームレス数よりも少ない。[4] 日本は文化、技術、イノベーションの中心地でもある。失われた10年が失われた20年へと突入した２０００年代初めに、東京を訪れた英国の国会議員は、銀座の賑わいや照明の明るさを見て、「不況がこういうものなら、ひとつ欲しいものだ」と語ったという。[5]

　日本は景気停滞や事業再編に直面する中で、どのように安定性を維持してきたのだろうか。私の中心的な主張は次の通りだ。中国の台頭や北東アジアの新たな競争動向に対応して、日本企業は製造やシステムエンジニアリングという中核的な強みを維持しながら、オペレーションを再編し、重要な部品や素材などでディープテクノロジー（深層技術）〔訳注：世の中の課題解決に役立つ最先端の高度な技術。ディープテックともいう〕のコンピテンシー（スキルや能力）を構築してきた。その多くは小さなニッチ製品だが、全体としてアジアのサプライチェーンを支える大きな事業ポートフォリオになっている。このリインベンションは日本企業のタイトな文化の枠内（詳細は後述する）でマネージされている結果として、米国の人々が期待するものとはまったく異なる方法やスピードで変革が進む。そのため、誤解されたり、完全に見落とされたりしやすい。要するに、日本のビジネス・システムは米国のものとは違う形で機能し続けている。グローバル化や金融市場の圧力があっても、社会の安定とゆっくりとした変化を特徴とする、よりバランスのとれた資本主義モデルのもとで、日本企業は活動を続けているのだ。

日本のこの新しいグローバル競争のアプローチを私は「集合ニッチ戦略（aggregate niche strategy）」と呼んでいる。日本の大企業の経営者がこの戦略でリインベンションを進める際には、2つのことをしなければならない。

1 **戦略的リポジショニング**――中核事業を選定し、そのアップグレードに集中し、非中核部門や子会社のカーブアウト（切り出し）や売却を行う。つまり、選択と集中である。同時に、デジタル・トランスフォーメーション（DX）で競争するために未来のビジネスを探索し投資を行う。

2 **会社の刷新**――成熟事業と新規事業の共存を図り、創造性とディープテクノロジーのイノベーションを促す新しい社内手続きや行動様式を構築する。

「新・日本（New Japan）」企業はベーシックな電子機器などの低付加価値市場を明け渡し、先端材料、部品、製造装置などの上流に移行してきた。こうした投入財に「ジャパン・インサイド」の表示はないが、米国人が普段使っている製品には、日本製の重要部品が用いられている可能性がかなり高い。車、テレビ、ヘッドフォン、コンピューター、スマートフォン、時計、調理器具、ルーター、プリンター、スキャナー、カメラ、電動歯ブラシなど、ブランドを問わず、日本製のものが内蔵されている。テスラの車載バッテリーから、ヒューレット・パッカードのプリンター、ボーイングの航空機の胴体用部材、アップルの製品まで、日本の技術がベースになっている。
日本企業のリーダーはこうした変革を実行するときには、適切な行動に対する期待や適切な変化のペースを形作る日本のビジネス行動規範に従う。ただし、こうした規範はもともと備わっているものではなく、社会的に生み出されるので変更可能だ。日本のビジネス再興をめぐるマネジメントの本質は、グローバルで競争していくために、職場で適切とされる行動に関する新しい共通理解を持つように、従業員の背中を押すことにある。日本の経営幹部が変革をどう進めていくかも本書で伝えたい点だ。

ここまでの説明の中で、「日本」とは誰なのか、何を指すのかと疑問に思ったかもしれない。このビジネス再興の本当の立案者は、誰もしくは何なのだろうか。中心となる当事者はいない、というのがその答えだ。むしろ、企業、政府、社会全般にわたる改革推進派と慎重派の言説を統合したものといえる。各派はほとんどの論点で意見が食い違うのに、共通の価値観と規範を共有しているのだ。本書の後半で見ていくように、こうした規範が規定するのは、日本の経営者はどのような道を歩もうとも、あらゆる利害関係者に配慮し、社会のすべての部分に礼儀正しく敬意を払いながら変革しなければならない、ということだ。このバランスをとる行為によって、社会の安定を維持しながら、大幅な企業再編が可能となってきた。

日本のビジネス再興は、米国とアジアにとって重要な意味を持つ。米国人が企業利益と社会的繁栄のバランスのとり方を新たに模索する際に、日本の変革の進め方は参考になるだろう。日本は経済大国であり、日本企業はサプライヤー、生産者、雇用者として米国経済に深く埋め込まれているので、この再興の成果も重要になる。さらに、日本企業は米国や中国とはまったく違う方法で、5G（第5世代移動通信システム）ベースのIoT（モノのインターネット）、AI（人工知能）、クラウドベースのデータ主導の情報共有や接続性など、DXでの競争上のポジションをとろうとしており、デジタル製造分野では長期的な優位性を獲得できる可能性がある。ソフトバンク、トヨタ自動車、リクルートなどのように、静かに、意外な形で、ニューエコノミーの中でビジネスモデルを展開してきた日本企業もある。

本書の前向きな論調に首をかしげる読者もいるだろう。実際に起こっている変化の大きさを誇張しているだけではないか、と。日本企業は大小を問わず、絶望的なまでに非生産的なやり方から抜け出せずにいる。財政赤字、高水準の債務、高齢化社会、地域格差、低経済成長の根本原因を論じていない。日本が重要なセンサーやロボットをつくるのは構わないが、儲かるのはビッグデータやAIであって、クラウドで勝負できなければ、日本はこれからの経済で一目置かれる存在にはなりえない、といった意見もあるだろう。

これらの疑問に対して私は異なる見解を持っているが、さまざまな議論を心待ちにしている。今後の行方はわからないが、本書執筆時点（２０１９年）の私の最初の回答は次の通りだ。

本書は日本企業とそのビジネス戦略の変化に着目している。グローバル・ビジネスに関わってくる最先端の市場における重要な新展開を明らかにし、最初に安定を維持し、次に成長を目指すというアプローチについて紹介する。否定的な見方をする人に対して私が指摘したいのは、おそらく長い間、先入観を持たずに日本をじっくりと見てこなかったのではないかという点だ。しかし、一歩下がって「日本はこうした段階的な改革で何を達成しようとしているのか」と考えてみれば、ほとんどの欧米諸国とは異なる選択を行い、問題解決を図ってきたことに気づくだろう。日本では誰もが高い経済成長率を享受しようとしているが、実は成長よりもはるかに重要な考慮すべき事柄がある。何よりもまず、社会の安定を重視しているのだ。停滞が疑われるからと日本を退けてしまうと、今の日本で起きているかなり刺激的な状況を見逃す恐れがある。

また、日本企業はクラウドでは勝負できないと、誰が言ったのだろうか。DXで今のところ脚光を浴びているのは米国と中国だが、世界の他の場所でも静かに進行していることを見落としてはいけない。日本を無視するなら危険を覚悟する必要がある。

謝　辞

私は過去30年間、学生として、また一橋大学、そして日本銀行、財務省、経済産業省、日本開発銀行（現・日本政策投資銀行）の研究所で客員教授・研究員として働き、在日経験は通算すると9年以上にのぼる。こうした組織の方々は私を受け入れ、仕事や日常生活を一緒にし、昼食や夕食を共にして会話をする中で、彼らの考えや知見を共有してくれた。そこで観察したことを通して、私は日本のさまざまに異なる組織内の力関係や職場のルールに関する感覚を養った。さらに、教授、研究家、評論家、会長、社長、取締役、管理職、若手従業員、起業家、小規模店主、母親や父親、学生、政府関係者、コンサルタント、銀行家、ＩＴハッカー、語学教師、製鋼工、プライベート・エクイティ投資家、ヘッジファンド・マネジャーなど多種多様な職種や立場の方々と長時間にわたって対話を重ねてきたが、その体験は本書をまとめる上で主要な情報源となった。

カリフォルニア大学サンディエゴ校では、素晴らしい学生に恵まれた。本書の執筆に際して、グレーソン・サコス氏に素晴らしい研究支援と建設的な提案を賜り、第5章については直接、執筆に協力していただいた。ベンジャミン・アーバイン氏は最初の読者として、執筆法の指導をいただいた。藤岡亮介氏からは重要なアイデアの種や第9章の情報を教わった。

また、ご意向を尊重してここではお名前を記さないが、本書に関わり、多くの洞察を共有させていただいたすべての方々に謝意をお伝えしたい。

第1章

〈イントロダクション〉ビジネス再興

1980年代後半、日本は誰からも一目置かれていた。経営慣行がまるで違う日本の「カイシャ」が成功し、驚くほど世界の消費者市場を獲得したことは、米国の多くの産業に挑戦を投げかけ、貿易戦争を引き起こした。米国の家庭ではソニー、パナソニック、日立、東芝、三洋電機といったブランドが、路上ではトヨタ、日産、ホンダ、マツダの車が目についた。その後、世界の貿易秩序が変わるにつれて、日本は20年に及ぶ不況に突入し、経済成長は鈍化し、デフレーションと債務に苦しみ続けることになる。日本製の電子機器は私たちの視界からほぼ消え去り、わずかに見聞きする日本関連のニュースは否定的で、たいてい「損失」「低い」「遅れている」といった形容表現がちりばめられていた。

しかし、知らぬ間に、日本企業は重大なリインベンション（再興）に乗り出し、その成果が出始めている。2020年時点で、日本は世界第3位の経済大国だ。日本企業は先端材料と部品でアジアのサプライチェーンを支え、デジタル・トランスフォーメーション（ＤＸ）に向けた最先端技術の主要企業であり、何百もの重要なグローバル投入財で圧倒的な世界シェアを誇る。例えば、日本企業は世界の半導体製造装置の３分の１、最も重要な半導体材料の半分以上を手掛けている。日本の失業率は長年にわたって先進国の中で最も低い。最近では、米国の多くの地域が羨むほど全要素生産性が高まっている。収益性を回復させ、巨額の内部留保を持つ日本企業は東南アジア、米国、欧州で戦略的な企業買収や投資を加速させてきた。[1]２０１８年のモルガン・スタンレーの報告書によると、日本で進行中のリインベンションは「世界の株式市場の中で最も興味深い知られざるターンアラウンド（事業再生）ストーリー」にも示されているという。[2]

このリインベンションを推し進める中で浮上しているのが、新しいビジネス戦略だ。それは、小粒だが極めて重要な素材や部品のセグメントで、ディープテクノロジーにおけるリーダーシップを発揮して競争するというものだ。これは時間とともに私が「**集合ニッチ戦略**」と呼ぶものに結実していった。この戦略では次の２つの領域で変革が求められる。

(1)　テクノロジーの最前線で新しいコンピテンシーを構築することにより、一連の極めて重要なテクノロジー・ニッチへと戦略的リポジショニングを図る。

(2)　新しい手法を構築したり、新次元を拓く飛躍的なイノベーションを促すために、内部管理や企業変革を行う。

戦略的リポジショニングは競争する事業の再定義を、経営刷新はグローバル競争に向けて新しいマインドの習得を意味する。これらの領域で企業が成功するためには、確実性、予測可能性、適正な手続きの遵守を長らく優先させてきた伝統的な企業カルチャーを脱し、急速に変わるグローバル市場の中でリスクテイク、イノベーション、スピード、アジリティ（敏捷性）を育む新しいマインドへと転換できるかどうかにかかっている。このリインベンションによって日本の従業員、仕事の進め方、雇用形態が変わり始めている。だからこそ１９８０年代の典型的な日本の「カイシャ」の終焉に至ったと見なされるようになった。[3]

重要なのは、このリインベンションは古いものを新しいものに置き換えるというよりも、DXで競争優位性をもたらす新しい組織能力を使って、過去に構築されたコンピテンシーを強化できる「新・日本株式会社」（New Japan corporation）を生み出していることだ。継続的なカイゼン（改善）で一貫性を持って確実にうまくモノをつくるという伝統的な強みは引き続き、日本再興の鍵である。データマイニングやAIアプリケーションでクラウドを制覇することに賭けている米中両国の企業とは対照的に、日本企業の位置づけはデジタル製造で競争しようというものだ。日本企業はドイツ企業ともども、すでにDXに必要なハードウエアで世界をリードし、デジタル製造の未来を形づくる高度なシステム・ソリューションやエッジ・コンピューティングの最前線で活動している。そこから、クラウドの構築に乗り出そうとする企業も出てくるだろう。デジタル経済の未来はまだどうなるのかわからないが、日本は間違いなくそのストーリーの重要なピースとなるだろう。

その一方で、社会全体への影響を抑制し、このリインベンションに伴う破壊的変化（ディスラプション）を最小限に抑えるために多大な注意が払われている。外から見ていると、日本の変革ペースの遅さにはイライラさせられ、停滞していると誤解したり、無能だとすら思ってしまう。しかし、じっくりと見ていけば、このスローペースは明らかに計画的なものだ。「遅い」のは安定と引き換えに日本が支払っている代償である。秩序を保ちながら新システムに移行することで、社会にもたらす打撃が緩和され、少数の人だけが多くの人を犠牲にして勝つことは認められなくなる。だから雇用改革に20年近くもかかったわけだが、これは丸一世代を適応させるのに十分な時間だ。同様に、大企業がグローバル・サプライチェーン・ネットワークを構築するために規模の縮小や生産拠点の海外移転を余儀なくされる中で、政府は融資プログラムの対象を下請けを担う中小企業にも広げて、倒産や失業を抑制した。[4] こうした「見えざる福祉」政策によって、日本企業の成功の一端がわかりにくくなっているが、米国の特徴ともいえる焼き畑式アプローチよりもずっと好まれている。日本企業の再興からわかるのは、企業再編や調整は混乱を招いたり破壊的であったりする必要性はないことだ。

　第二次世界大戦での壊滅的な状態から、日本は失敗から成功へ、さらに失敗を経て、今は静かに成功へと返り咲きつつある。日本が再びグローバルな舞台での重要性を取り戻していることは多くの米国のビジネス関係者の視界から外れてきたが、日本が体現する新しい道は他のアジア諸国によってすでに広く認められるようになっている。２０２０年代に入り日本企業がグローバル・サプライチェーンをしっかりと支え、自らを再興することによって国内市場が活性化し、グローバルな舞台で競争を展開する企業が日本から続々と出現している。日本が大混乱に陥ることなく、どのようにして静かに企業活動の再興を進めてきたのか、そこから他国の企業は何を学べるのかが、本書の中心的なテーマである。

集合ニッチ戦略

近頃、「アジア」と聞けば、米国人の頭に浮かぶのは「中国」であることが多い。国土の大きさや地政学的な重要性を考えれば、当然である。中国が世界経済の表舞台に登場したことは、日本の競争のあり方にも多大な影響を及ぼしてきた。人口14億人、労働人口7億7600万人の中国を前にすれば、日本はその11分の1のちっぽけな存在でしかない。世界の工場として台頭した中国は、高品質の電子機器、精密機器、消費者向け製品を輸出するという日本のビジネス戦略を大きく脅かした。サプライチェーンのグローバル化とアジア域内のコスト格差は、韓国、台湾、中国、日本の間で新たな競争と協調を生み出してきた。この新しい北東アジアの力関係の中で、日本企業が成功するためには、コモディティ（汎用品）化した製品の輸出市場から退出し、代わりにアジャイルな競合相手としてテクノロジーの最前線で勝てるようになることで適応しなくてはならない。

日本を世界第3位の経済大国にした産業構造は、日立、日本製鉄、ブリヂストン、三菱重工などに見られる大規模な産業設備、さらには、ジャストインタイム方式で知られるトヨタや日産、パナソニック、ソニーなどの生産ネットワークを基盤としていた。現在、日本のGDP（国内総生産）の21%以上が、電気機械、輸送機器、IT（情報技術）、電子機器、鉄鋼、化学品を主力とする製造業から生み出されている。どの業界も東アジアの新興企業との競争にさらされ、日本企業は過去20年間、例えば特殊鋼、化学品、高級車、超高級ホームステレオなどに移行するなどして、既存市場の技術レベルをアップグレードさせてきた。だからこそ、ブリヂストン（タイヤ）、ＡＧＣ（ガラス）、トヨタ（自動車）、ユニクロ（アパレル）、パナソニック（車載バッテリー）、ソニー（ゲーム）など、多くの日本企業が各業界でグローバル・リーダーであり続けている。また今なお、テクノロジーの最前線にとどまっているので、高品質なものづくりという深く根付いたコンピテンシーを発揮し続けている。

しかしそれに加えて、アジアでの競争から脱するために、これらの企業は産業基盤の上に新しいディープテクノロジーのレイヤーを築くことで、既存の産業構造を強化し始めている。それは特に、中国企業がまだ保有していない、もしくは、望んでいないコアコンピテンシーを保有ないしは構築できる製品カテゴリーを対象としている。そうした産業分野は、高度な技術を擁し、模倣が極めて難しく、つくるのも難しい、小さなニッチである場合が多い（特殊化学品を用いた先端材料などがそうだ）。潜在的なアジアの競合企業にとって、このようなニッチは複雑で規模の拡大が見込めないので、手が届かなかったり、追いつくために努力する価値がなかったりする。

したがって日本の新戦略は、集合ニッチ戦略を用いて優位に立つこと、つまり、グローバル・サプライチェーンに欠かせない最先端の製品や産業で、アジャイルで高度な技術力を備えたリーダーとして、巨大な隣国、中国と競争し共存するアプローチである。こうした製品市場の規模にはかなり幅があるが、ほとんどが小さくて集中し、平均すれば年間売り上げは20億ドル程度だ[5]。数百もの製品カテゴリーに及ぶので、全部合わせるとまとまった数になり、日本の経済、貿易、世界のテクノロジーに重要なインパクトをもたらす。こうした製品をつくる企業も大小さまざまで、有名な多国籍企業もあれば、日本では上場しているが業界関係者以外にはほぼ無名の企業も含まれる。さらに、日本企業はこうした先端材料や部品を世界中でつくっているので、集合ニッチ戦略は日本のグローバル製造ネットワークの拡大もよく浮かび上がらせている。このような製品の売り先は多様な産業や分野であり、極めて重要な投入財であることから、世界的に旺盛かつ予測可能な需要があり、また利益率の高さが特徴となっている。日本企業はこうした未来の必須テクノロジーを継続的に強化することで、世界がｉＰｈｏｎｅに体現される次元を超えてデジタル経済へと移っていく中でも、アジアのサプライチェーンにおいて中心的地位を保っている。

しかし、日本の産業構造はもともと、このような集合ニッチ戦略を進めるためのものだったわけではない。小ロットのディープテクノロジーのイノベーションよりも、大量生産における大規模な効率性を目標としていた。日本の製造業の大手が新しいニッチを構築していくためには、異なっているが関連する2つの領域における変革が必要となる。それは、戦略的なリポジショニングのアプローチと、イノベーティブな能力構築に向けて組織を適合させるために、業務遂行に関わる方式を刷新することである。

(1) 戦略的リポジショニング

つくるのが難しく、模倣するのも難しい素材や部品で技術リーダーの座を守るために、日本企業に求められるのが、高度な製造テクニックだけでなく、漸進的イノベーションと従来とは次元を画する飛躍的イノベーションの両方である。また、テクノロジーの最前線で事業運営を行うには、迅速かつスマートでなくてはならない。これは、戦後日本の経済的奇跡を可能にした、非常に多角化された巨大なコングロマリット（複合企業）が存在意義を失い、解体されなくてはならないことを意味する。企業は将来を見据えて競争していくためにコアコンピテンシーを具体的に選択し、一部の事業に資源をすべて集中させながら、それ以外の事業からすべて撤退することにより、再集中（リフォーカス）を図る。非中核事業はスピンオフし、単純な作業は安価な場所にアウトソーシングし、難しい作業を日本に集中させなくてはならない。その一方で、グローバルなサプライチェーン・ネットワークを維持しつつ、テクノロジーの最前線でリーダーシップをとるために内部の行動様式、人材、組織を再編成する必要がある。

今世紀に入って、企業が中核から離れた事業から撤退し始めたときに、日本で再集中の第１波が始まった。私が２００８年に出版した書籍 *Choose and Focus*（選択と集中）の中でこの戦略転換について分析し、巨大なコングロマリットがこの再編をやり遂げるまでに10年はかかるだろうと予測した。[6] ２００８年の世界金融危機と２０１１年の東日本大震災にもかかわらず、多くの大企業が採算のとれない非中核の子会社や事業部門の閉鎖や売却に踏み切り、再集中の第１波は前進していった。

競争力のある日本企業は現在、次のステップ（リインベンション＝再興）に入り、新しい競争領域の事業と組織として絶対に持つべきイノベーション力を明確しながら、主要な競争推進力を再定義している。これは、真の戦略的な方向転換を伴う、選択と集中の第2波につながっている。日立、NEC、NTT、コマツ、ホンダ、トヨタから、三菱、三井、住友、富士など旧財閥グループの名を冠した企業まで、大企業は今、かつての虎の子の中核事業を売却し、デジタル経済で競争するために、新しい中核事業と新しいコーポレート・アイデンティティへと組織全体の移行を図っている。

(2) 会社の刷新

しかし、戦略的な再集中だけでは十分ではない。新しいマネジメントの方法も必要となる。空飛ぶクルマや賢いロボットから、スマートシティやスマートグリッド（次世代送電網）まで、テクノロジーの最前線で力強く競争するためには、新しいイノベーションの仕組みをつくり、漸進的イノベーションから飛躍的イノベーションへと研究開発の方向性を改めなくてはならない。これには、創造性と好奇心に溢れる企業カルチャーや、イノベーションに向けて「壊して修正する」実験的アプローチなど、多くの日本の大企業には完全に新しいものが求められる。

さらに、急速に減少し変化している労働人口に対処するために、ワークフローや職場スペースを見直し、ワークライフバランスに対する新たな要望に応えなくてはならない。そのためには、男性、女性、外国人の従業員が個人的なキャリアビジョンを実現し、より個別化されたキャリアパスを追求し、枢要なマネジメント職に就けるように、昇進や研修方法を再設計する必要がある。こうした側面のすべてにおいて、ビジネスマインドを改め、オペレーションや競争の方法をつくり替えなくてはならないのだ。

重要な点として、最終的に真の競争優位性を生み出すためには、漸進的イノベーションや極めて高い品質レベルの強力な製造という自社の伝統的な強みと共存しつつ、相乗効果を出せるような新しい行動様式やワークフローが必要になる。したがって、新しい事業やテクノロジーを継続的に探索しながら、同時に既存の組織能力を深化して向上させる術を学ぶ、言い換えると「両利きになる」ことが求められているのだ。[7] 日本では、ひとつ屋根の下で成熟事業と未来の事業を同時に営む「両利きの経営」が新たな流行語になっているが、多くの企業にとってこれは非常に困難を伴う。組織内でそうした変革を起こすには多大な努力が必要であり、そうした現実を前に多くの企業が苦しんでいる。

すべての企業が新しいグローバル競争の必要性に対処しているわけではない。手を打たない企業は脱落し消えていくだろう。かつて液晶パネル技術のグローバル・リーダーだったシャープが２０１６年に台湾のフォックスコン（鴻海）に買収されたが、これは従来の国内の保護主義の仕組みがもはや信頼できる盾ではなくなったことを明確に示すシグナルとなった。

変革を試みる企業の間で、多くの従業員がレガシー（遺産）だと認める既存事業から撤退するのに苦慮する企業が多い。あらゆる努力を払ってでも、すべての日本企業が再編に成功するとは限らない。しかし、以降の章で見ていくように、多くの場所でビジネス再興は進んでおり、日本はＤＸで競争するために新しいやり方で態勢を整えつつある。

失われた20～30年は大転換の時代

中国は過去20年間で台頭してきたが、敗戦後に始まった日本の高度成長は30年に及ぶ。１９５０年代から１９８０年代にかけての急成長は、１９５２年に発効した日米安全保障条約が多分に追い風となった。日本は負債も軍事費も少なく、地域内にめぼしい競争相手もいなかった。しかも、当時の貿易体制では、輸出促進と幼稚産業保護政策が可能だった。こうして日本はすぐにアジアのリーダーとして頭角を現わし、１９８０年代に米国が羨望と恐怖を抱いた資本主義モデルと、他のアジア諸国が模倣したいと考える成長モデルを築き上げたのである。ところが１９９０年代になると、米国の核の傘に守られた安全保障を除き、そのすべてが一変した。

戦後日本が目指したのは、豊かさ、テクノロジー、イノベーション、パワーに関して、西洋に、もっと言うと米国に追いつくことである。政府の産業政策は、輸出に向けて高付加価値の生産システムを軸に、企業が大いにレバレッジを利かせて成長路線に乗り出すように奨励した。日本のコングロマリットは多角化を進め、高品質の機械や消費者向け製品を大量生産してリーダーとなった。世界中でメイド・イン・ジャパンの自動車や電化製品が販売された。海外の営業拠点は日本人の経営幹部が統括し、手入れの行き届いた機器を装備し統制のとれた船団のように、本社と同じルールが遵守されていた。この驚異的な成功は１９８０年代後半のバブル経済の下で最高潮に達する。日本が「ナンバーワン」になると信じきって、不動産や金融商品に巨額の投機マネーが流れ込み、資産価格が法外な水準にまで高騰した。

1991年にバブルが崩壊し、株式と不動産だけで少なくともGDP3年分の資金（10兆ドル以上）が消失した。[8] 日経平均株価は1989年の最高値の約3万9000円から1992年には1万6000円に下落し、2003年には8000円を割った。2019年に2万円台前半となって回復してきたが、この大暴落を経て、多くの日本人が企業価値や経営業績の尺度として株価を使うことに深い疑念を抱くようになる。そしてバブル崩壊から深刻な銀行危機が起こり、2003年まで続いた。

バブル崩壊は日本経済を奈落の底へと突き落とし、20年にわたって痛みを伴う再調整がゆっくりと進んだ。海外から「失われた20年」と呼ばれた時代だ。日本のGDP成長率は、1990年代に年平均0・8%、2000〜2007年には1・4%となったが、2008年に世界金融危機で世界貿易が落ち込み、再びマイナスに転じる。[9] 第3章で見ていくように、ホームレス数から自殺者数まで、さまざまな社会的苦痛を示す指標が（日本の基準では）急上昇した。ただし、1990年代から2000年代初頭は日本にとって長く困難な20年だったのと同時に、ビジネス面では、逆境を乗り越え、グローバル競争のルールの大転換に適応し、ビジネス・システムを再興する時期でもあった。

今世紀になって、商法や会社法のほぼ全面的な改正や規制緩和、韓国や台湾の競合企業の出現、サプライチェーンのグローバル化、さらに中国の台頭により、消費者向けの出来の良い製品を輸出する戦後の日本のビジネスモデルは全滅した。日本の電子機器メーカーは、アップルとサムスンに消費者を奪われて、ようやく真の刷新や再編の必要性に気づいたのだ。他の産業もそれに続いた。変革への対応が後手に回る企業が多かったが、戦略的アプローチを再調整するという困難な作業にスローペースだが確実に着手するようになった。

２０００年代初めに、改革を主導した小泉純一郎首相にちなんで名付けられた「小泉ブーム」の中で、それなりの景気回復が見られた。会社法が毎年、慎重かつ段階的に改定されたことで、大きなコングロマリットは選択と集中を図り、21世紀に向けてアジャイルな競争ができる存在へと巨大組織を転換させるための長い道のりを歩み始めた。文字通り抜本的な法改正を重ねたことは大きな戦略的な転換点となり、選択と集中の第１波へとつながる。[10]悲しいかな、２００８年に世界金融危機によって世界経済が混乱に陥ると、小泉ブームは終わった。そしてその後、回復途上にあった２０１１年に日本は、東日本大震災、福島原発事故によって再び大打撃を受けたのである。

２０１２年に始まった安倍晋三首相のアベノミクスと呼ばれる最初の改革はさらに10年かけて行われた。企業の再編が進み、雇用制度はより柔軟でインクルーシブ（包摂的）になり、イノベーションと研究開発（Ｒ＆Ｄ）で日本はＤＸにおいても世界と競い合う存在になることを目指した。[11]その政策プランは、戦国時代の武将による弓矢の逸話に倣って「３本の矢」で構成された。３本の矢を束ねれば一度に折れなくなるように、一連の政策を組み合わせると強力かつ不可逆的になることを意味する。政策の３本柱は金融政策、財政刺激策、構造改革だ。しかし、アベノミクスの最大の影響はおそらく象徴的なものだ。つまり、「新・日本企業」を称揚し、ビジネスの復活のきっかけとなる変革と刷新を受け入れるように人々を説得することで、企業改革の推進者たちに政府のお墨付きを与えたことにある。

２０１０年代半ば、新たな緊急性をもたらした3つの要素と合わさって、改革の動きに強い追い風が吹く。その1つが２０２０年の東京オリンピックだ。建設ブームやあらゆる改革に期限をつけるのに好都合だった。

２つ目は、世界的に不確実性が高まっていた時期に、日本も含めて世界的に過剰流動性が生じて、変革を加速させた。金融市場では、ＢＲＩＣＳ（ブラジル、ロシア、インド、中国）に投資しても期待された利益が得られず、ゼロ金利やマイナス金利政策の下で世界中で投資収益率の高い投資対象が求められていた。政治的には、２０１９年の英国の欧州連合（ＥＵ）離脱をはじめとして、欧州で財政的、政治的な混乱が生じる一方で、トランプ政権下の米国は国内が分断し、ひどく不安定であるように思われた。それに比べて、日本は安定した政府、新たに獲得した経済力、投資対象となる資産市場を備える安全な避難所のように見えた。

３つ目のおそらく最も重要な要因は、ＤＸが企業再興のゴールポストと、集合ニッチ戦略のターゲットになったことだ。5Ｇ、デジタル製造、エッジ・コンピューティング、シェアリング・エコノミー（共有経済）、ユビキタスな接続性、機械学習、ビッグデータ、自動運転車の到来、スマートシティへの移行はいずれも日本の既存の強みを直接発揮する絶好のチャンスである。このすべてが新しい方向性、説得力のある羅針盤、企業の再興に向けたかけ声となった。

タイトな文化における変革マネジメント

ビジネス再興の背景には、日本の社会文化、特に企業の行動様式がある。これらは障害をもたらすとともに、米国や欧州大陸の最高経営責任者（CEO）が直面するものとはまったく異なる変革マネジメントの機会にもなる。日本社会、従業員、上級管理職の趣向や期待、ためらいや反論について洞察を深めると、日本のリインベンションがどう展開し、その成功をどう評価すればよいかがわかってくる。

こうした背景を考える上で参考になるのが**「タイト・ルーズ理論」**だ。[12] 第2章で詳しく説明するが、この枠組みでは、社会的な行動規範の強さと、規範を逸脱する行為に対する寛容さをもとに、根強く存在する国ごとの違いを浮き彫りにする。タイトな文化は日本に見られるように、何が「正しい」行動とされるかについて強い規範があり、逸脱者を排斥する強いメカニズムが働くのが特徴だ。対照的に、米国のようなルーズな文化では、許容されることの定義ははるかに広く、コンプライアンス違反についてもそれほど咎められない。

社会心理学の分野では、文化とは社会的に構築された一連の慣行だとされており、そこから行動規範がつくられ、社会の一部もしくは全体で共有される。国、企業、他の仲間集団のそれぞれに文化があり、規範にも3つの次元がある。何が「正しい」行動であるかを定める**「内容**（content）**」**、人々がどのくらいその行動や慣行に同意するかという**「合意**（consensus）**」**、どれだけ熱心にそれを守るよう人々に奨励し、違反を制裁するかという「**強度**（intensity）」だ。[13] タイト・ルーズの枠組みは、このうち後者の2つの次元（人々が一連の規範にどのくらい強く賛同するかと、違反をどれだけ強く意識するか）に着目し、それがどのくらい社会に根付いているかという傾向を示す（第2章でその理由や方法を詳しく説明する）。対照的に、内容（規定された行動）は先天的なものでも、変更不能でもなく、むしろリーダーが創り出し、時間をかけて発展していくものだ。つまり、変えることが可能で、企業カルチャーの場合であれば、経営陣が変革を主導できる。戦略的な全社改革のマネジメントでいうと、企業の行動規範の内容を調整すればよい。ただし、このような変革は他の2つの次元に照らして導入する必要があり、それによって企業カルチャーを変革するときの難易度や抵抗感のレベルが決まる。

日本のビジネス規範の内容は、3つの中核的な行動命題によって表現できる。(1)礼儀正しく思いやりを持つこと。(2)適切に行動すること。(3)迷惑をかけない、つまり、混乱を招く意思決定をしないことだ。社会全体、あるいは、特定の企業内で礼儀正しく、適切で、正常だと見なされるものから逸脱すると、混乱や不確実性を引き起こし、米国とはまったく異なる形で制裁を受け、個人のキャリアを狂わすこともある。会議に遅れたり、髪を染めたり、派手な入れ墨があったり、事前に根回し抜きに唐突に決定事項が発表されたりするのは、カリフォルニアのオフィスでは日常茶飯事かもしれないが、日本では許されない行為である。違和感や拒絶感が強すぎるので、一般的に避けられる傾向にある。

タイトな文化とルーズな文化という概念（正しい行動についての共通の合意）は、なぜ日本人経営者がそうした行動をとるのかを理解するのに役立つ。変革マネジメントのスピード、内容、進捗状況も明らかになる。タイトな文化のレンズを使って日本のビジネス再興を評価すれば、進行中の変革の深さをはるかに詳細に把握できる。手続き、礼儀作法、すべての利害関係者への配慮が非常に重視されるので、日本で改革を推進する人は、米国で想定されるものとは違う形をとらなくてはならない。騒々しく、強引で、厚かましければ、日本ではまず成功しないだろう。それよりも経営トップ、政治家、官僚など改革推進者は、自分たちの行動が怒りや拒絶を引き起こさないように、慎重に立ち回る必要がある。

日本の経営幹部が変革マネジメントで講じる実際の施策も、タイトな文化で説明がつく。国のタイトな文化は変えられないので、その枠内で取り組まざるを得ない。矛盾した表現に聞こえるかもしれないが、日本では、柔軟性や創造性を促すための変革は、極めて厳格に統制された体系的な方法で導入する必要がある。従業員に定型的でない業務のやり方をとってもらうために、デザイン思考のワークショップからガイド付きイノベーション・ツアーまで、企業がどれだけ計画的なプログラムやイベントを用意しているかについて後ほど見ていく。

タイトな文化には、変革マネジメントにおいて明らかなメリットもある。最も重要なのが、ひとたび意思決定が下され、みんなの同意を取りつければ、変革が速やかに行われることだ。準備にやたらに時間がかかるように見えても、実行は手際よく進む。タイトな文化では制御する際に「**ソフト・ロー**」〔訳注：正式な強制力はないガイドライン〕を用いるやり方も役立つ。その主要な手段は「**ナッジ**」〔訳注：さりげなく後押しして誘導すること〕と「**シェイミング**」〔訳注：恥をかかせること〕だ。

以降の章で詳しく取り上げるように、「ナッジ」は人々が自分のバイアスによって望ましい選択をするように選択肢の構造をつくることであり、「シェイミング」は、違反を強調して、徐々に各人のバイアスに影響を及ぼすことを指す。人々が**「社会的証明」**をひどく気にする場合、つまり、周囲の人々の行動を真似る傾向のあるタイトな文化では、これは特に効果的である。コーポレートガバナンス改革や企業の収益性を新たに重視した取り組みから、ビジネス、政治、社会活動において女性の数を増やしその影響力を高めようとするウーマノミクス改革まで、日本の規制改革を展開する上で、いかにナッジとシェイミングを用いたソフト・ローが重要な役割を果たしてきたかを見ていく。

豊かさ、平等、企業の社会的役割

タイトな文化の国々の特徴として、リスク回避の傾向が広く共有され、社会の安定や予測可能性が好まれることが挙げられる。このことは、１９８０年代のバブル崩壊後の日本の対応が遅いペースだったことや、１９９０年代以降、アジアで競争圧力が変化したときに、なぜ多くの企業がこれほど慎重に対応したかという説明にもなる。この変革ペースの遅さは企業や経済全体にとって高くつくと考える人は多いが、こと日本では役立っている。

危機が20年に及び、その結果として企業変革を余儀なくされたにもかかわらず、日本は今日、世界で最も豊かで、最も平等な国に数えられる。図表１－１を見ると、２０１７年に、日本の「個人

図表1-1　個人富裕層の世界ランキング

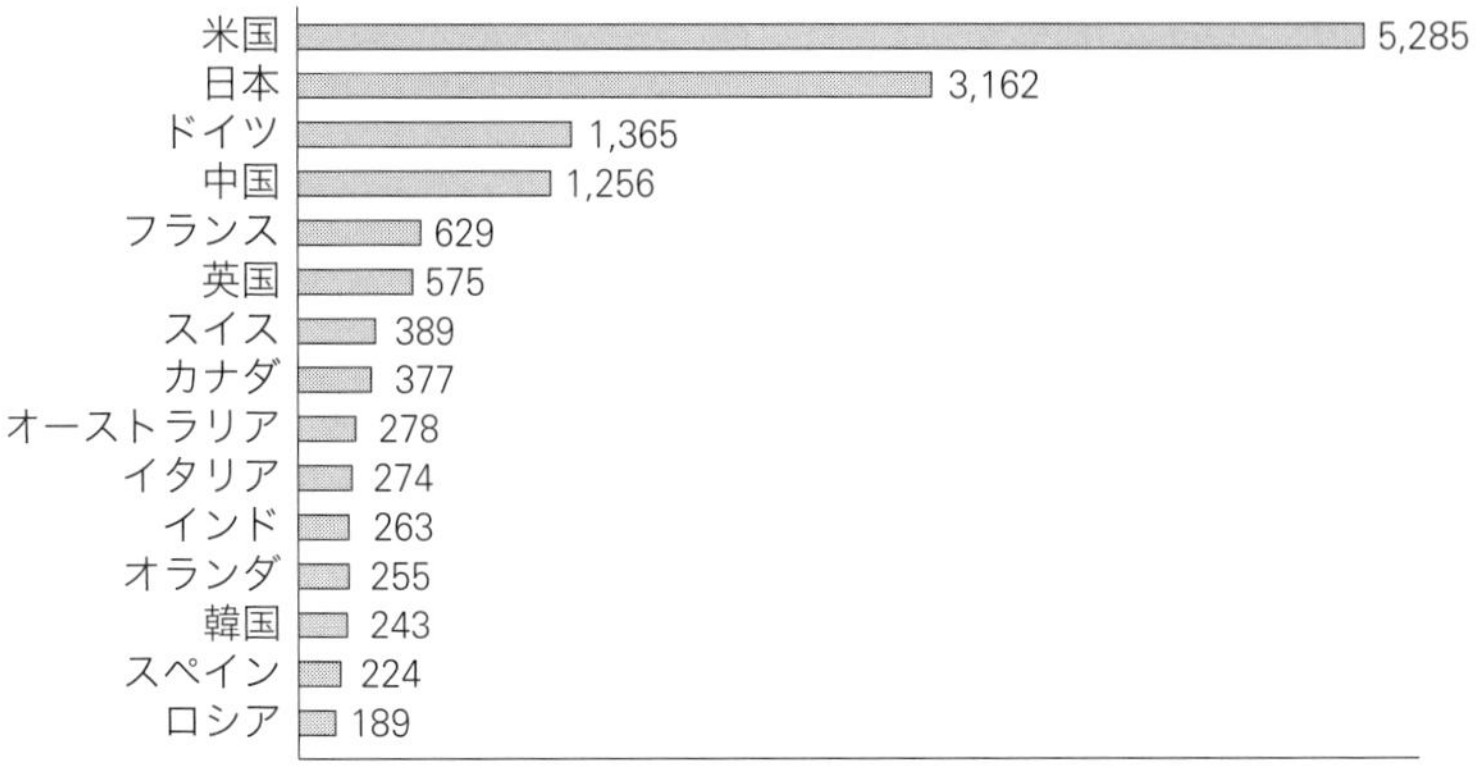

2017年に1,000万ドル以上の投資可能資産を保有する人を個人富裕層と定義（千人単位）。
キャップジェミニのデータ（2018年）を用いて作成。

富裕層」は推定３１６万人と、米国の５３０万人に次ぐ数であり、ドイツと中国を大きく上回った。[14] 人口比を見ると、日本の富裕層は２・５％だが、米国とドイツは１・６％、中国は０・09％だ。その背景には、日本の長く着実な経済成長、勤勉さ、貯蓄性向があるが、ほかにも最近の好調な景気動向が寄与している。

しかし、このように個人富裕層が多くても、日本の不平等尺度は相対的に低いままだ。図表１－２は、日本と米国の年収上位１％が総所得に占める割合を示している。米国では１９９０年代以降、明らかに格差が急拡大したのに対し、日本の伸びは非常になだらかだ。しかも、この統計には、米国のインフラの品質が相対的に低下していることは考慮されていない。米国と違って、日本の鉄道、道路、空港は世界トップクラスだ。経済学者のウィリアム・ラゾニックが論じるように、米国は「繁栄なき利益」の国になることを甘受してきた。[15] また、図表１－２

図表1-2　1973〜2010年の米国と日本の所得格差の動向

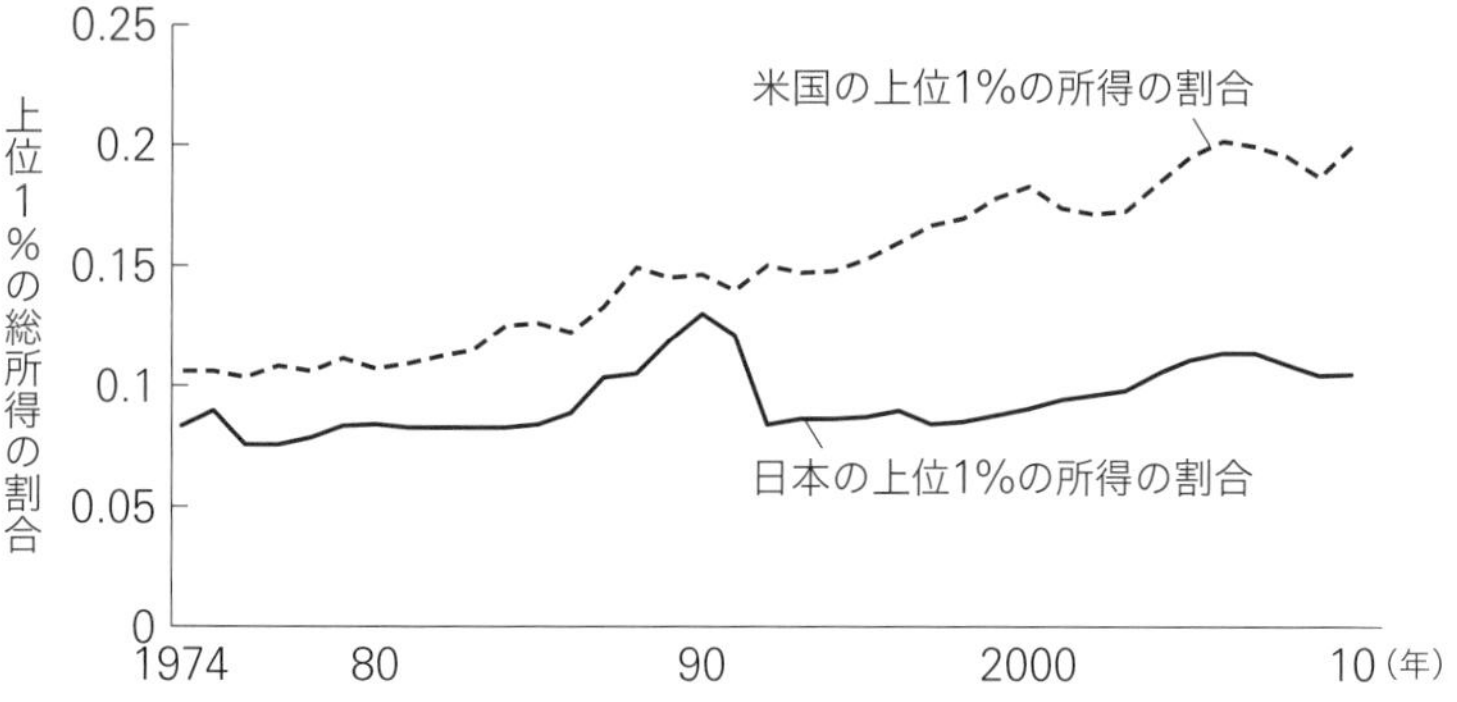

資料：世界不平等研究所のデータを用いて作成

の注目すべき点は、日本は１９９０年代初めのバブル崩壊後、大きな是正が行われ、最富裕層が最も高い代償を払ったことだ。２００８年の世界金融危機の後、米国ではほとんどそうした是正は見られなかった。

　それでもなお、２００４年頃から日本で不平等が拡大していることが認識され、「**格差社会**」が流行語となり、これ以上の拡大を食い止める方法が模索されている。高齢者の間で所得格差が広がる傾向から、急速に高齢化する社会がこうした拡大の一因だとする見方もある。[16] 一方、役員報酬の拡大を指摘する声もある（第6章を参照）。日本のリインベンションで注目すべき側面は、日本の産業界が業績向上、外国人株主の増加、積極的なコーポレートガバナンスへの新たな圧力を受ける中で、米国などの地域では一般的になっているように、株価などの財務指標重視に傾いて、社会的責任を犠牲にする誘惑に駆られないかどうかだ。

　これまでのところ、過去20年間で日本についての最も注目すべき点は、長く続く根深い危機と企業再構築の必要性に直面しながら、日本の社会基盤がレジリエンス（再起力、回復力）を示してきたことだ。1991年のバブル崩壊は、見方によっては米国の大恐慌の3倍の深刻さだったとされる。[17]ところが驚くべきことに、日本では社会的、政治的な不安、攻撃的なポピュリズムの台頭、貧困や犯罪の大発生などは見られず、不平等の拡大もかなり限定的だった。これは、社会危機に直面したときに日本は、経済成長よりも安定を、株価指標よりもゆっくりとした調整を、一部の人の利益よりも多くの人々の繁栄を優先させたからだ。元連邦準備制度理事会（FRB）議長のベン・バーナンキ、ノーベル賞受賞者のポール・クルーグマンから多くのジャーナリストに至るまで、米国の有識者から常に公然と批判されたにもかかわらず、その姿勢は貫かれた（批判した人の多くはその後、発言を撤回し、謝罪している）[18]。

今世紀に入って日本が深刻な危機に見舞われたときに、GDP成長率よりも優先させたのは、社会的結束や政治の安定だった。世界経済の最前線への日本の再登場が明らかにするのは、経済パフォーマンスと高水準の社会福祉との間のトレードオフをどのように考えるべきか、また、米国に比べて不安定さや打撃を軽減させながら、いかにビジネスと経済を再編するかについての新たな視点である。

米国が20年間にわたって年率1％の成長にとどまるのは想像しにくい。日本と違って、米国では社会的結束、環境、公共の安全、社会正義の概念などよりも、成長を優先させるので、こうしたシナリオはほぼありえないからだ。いかなる犠牲を払ってでも、成長と個人の利益を重視することは、個人主義やアメリカンドリームと響き合う。それは国家の魅力になるが、欠点にもなる。[19]日本のマインドでは、戦後に経済再建が必要だったときの重要目標は経済成長であり、西洋に追いつくことを目指したが、それが達成された今、日本の目標はイノベーティブなリーダーや安定した国になることだ。日本が厭わないトレードオフは、米国の選択とは大きく異なっている。

日本の「サラリーマン」と同じように、米国にもかつては1つの会社で事務職や製造一筋で勤め上げる、いわゆる組織人間（organization man）が存在していた。その後、ニューエコノミーの中で労働の流動性が高まったが、この変化はラゾニックの言う経済の「金融化（financialization）」と関係している。[20] 株式上場という迅速に富をもたらすエグジットを期待して若い企業に投資するベンチャーキャピタル・ファンドの誕生が引き起こした部分も少なからずある。こうした新しい企業は、既存の大企業で安定した職に就いている若い人材を引き抜くためにストックオプションも提供した。その過程で、イノベーティブな企業から株式市場が連想されるようになり、資金調達や従業員を集めるために企業の株価が重視されたのだ。最終的に、人やお金が激しく動く新たな状況により、市場へのスピードがスローガンとなり、集団的で累積的なイノベーションの進め方は弱体化していく。インテル、マイクロソフト、アップルなどの企業はこの過程で大きな利益を上げたが、これら企業の経営幹部は社会の風潮や巨額の報酬パッケージにつられて、株価を押し上げることに夢中になった。企業にとって、イノベーションや長期的な価値創造に投資するよりも、株価上昇のために自社株買いをすることが一般的になっていった。

このため、米国では近年、コミュニティの一員でかつ安定した雇用主であった大企業は、多くの場合、単なる法人と見なされるものへと転じた。デラウエア州で法人化され、利益の最適化を使命とし、収益目標が達成できずに人員解雇をしたことが時折メディアで報じられる、あの法人だ〔訳注：デラウエアは他州よりも起業家にとって有利な条件で会社を設立できるため、同州の会社法に準拠して設立される米国企業が多い〕。「組織人間」は「取引人間（transaction man）」〔訳注：ジャーナリストのニコラス・レマンが組織人間との対比で用いた言葉。取引人間は組織に依存せず、何でも取引と見なして損得勘定で考える〕へと変わり、あらゆる行動が金銭的価値によって表現され、すべてを投資と見なす方向になったことで、社会的結束は損なわれていった。[21]

それとは対照的に、日本の大企業はいまだに利潤の最大化を目指すだけの存在ではない。今日まで「カイシャ」は、明確に定義された社会的責任を負った社会的存在と見なされている。長期的な成長と国の安定に貢献することで尊敬され、従業員のアイデンティティ形成、機会の提供、コミュニティづくり、進歩に役立つ場として捉えられている。カイシャはイノベーションを起こし、人々を訓練し、創造し、成長を遂げ、伝統を構築する。[22] 社会から尊敬されるということは、大企業の経営層はその信頼に応える義務があり、何よりもまず、人員解雇を避けるべく全力を尽くすということなのだ。

新しい戦略に向かって方向転換するときに、日本人経営者は不安の声やしばしば大きな抵抗に直面する。従業員が順応できるように、会社はゆっくりと動くように社会から期待されている。会社の決定によって社員に不利益が生じる場合、経営陣はその打撃を緩和させる方策を探そうとすることが多い。子会社や事業部門を段階的に撤退させざるを得ないときには、たいてい「円満な人員削減」、つまり、全員のメンツや生活を守るために何年もかけてゆっくりと進める。これは企業にとって高くつくが、こうした社会的期待から逸脱すれば、評判を大きく損なってしまう。

日本では、おそらくバブル経済での悲惨な経験もあって、何らかの尺度として株価を使うことに心許なさを感じ、株式市場を重視しすぎることを懸念する人が多い。第7章で見ていくように、大企業が現在行っている選択と集中による再編では次第に、スピンアウト（分離独立）された事業部門や子会社が株式市場の圧力を受けないように、プライベート・エクイティ・ファンドの助けを借りるようになっている。しかし、米国のウォール街のアプローチとは違って、日本のプライベート・エクイティ取引は、当該企業にとって弊害となりかねない短期志向の金融工学を駆使した利益の追求を抑止する形がとられている。

同様に、コーポレートガバナンス改革は、一定の市場の規律を取り入れ経営者の前進を助けようとするものだが、利己的な利潤追求者からの有害な影響を撃退するための特別な措置も含まれている。日本人経営トップは重要な意思決定をするときに株価に左右されないように慎重を期し、報酬としてストックオプションを用いることも少ない。企業の現金保有に対して、ウォール街のアナリストから痛烈に批判されるが、日本では、現金は世界的な低金利と政治的混乱の時代の中で、苦労して稼いだお金を守る最善の選択肢と見なされている。

グローバル金融時代にもこのまま継続できるかどうかはわからない。しかし、本書では日本のビジネス再興を解説することにより、日本がすべての人にとって善であることを目指す、異なるタイプの資本主義を体現し続けていることも伝えたい。

日本のビジネス再興：本書の構成

本書では主に5つのテーマを扱っている。

背景と歴史：タイトな文化の枠組みと戦後日本の企業や雇用制度（第2章、第3章）
集合ニッチ戦略と新たな日本のグローバルな影響力（第4章、第5章）
コーポレートガバナンス改革と、企業の選択と集中、方向転換に役立つ**プライベート・エクイティの台頭**（第6章、第7章）
内部での**変革マネジメント**と新しい**雇用構造**（第8章、第9章）
日本の競争力（第10章）

第2章では、タイト・ルーズ理論と日本のビジネス規範を取り上げる。日本のタイトな文化は、安全、確実性、予測可能性、適正手続きを強く好み、そのすべてがリインベンションをマネージするスピードや性質に影響を及ぼす。そこで、社内での日々の状況を例示しながら、こうした好みがどのように日常業務を形成しているかを明らかにしていく。タイトな文化の変革マネジメントとは、職場における適切で標準的な行動をめぐる新たな定義に向かって人々の背中を押すような、慎重に体系化された方法を意味する。

第3章では、1950年代から2000年代にかけての日本のビジネス・システムの底流にあった主要な要素や社会契約について振り返る。日本は高度成長期に工業製品で世界貿易のトップクラスにのし上がったが、そのような「イケイケの時代」にあっても、安定と予測可能性を提供するためにさまざまな保険制度（特に終身雇用がそうだ）を導入していた。大企業には安定をもたらす社会的責任があり、その見返りに従業員はキャリア形成や労働時間に関する権利を手放した。1980年代後半にバブル景気に浮かれた後、その崩壊とともに戦後の成功ストーリーに終止符が打たれた。1990年代と2000年代初めは長く困難な20年となり、辛酸をなめた。それでも結局、社会的な強制移動は限定的で、社会構造は維持したまま、何とか以前のレベルの繁栄を取り戻すことができた。

第4章では、集合ニッチ戦略を取り上げる。日本企業は重要な投入財である素材や部品に関して、高度で高付加価値のニッチなテクノロジーに移行することで、グローバル化と中国の台頭に対応してきた。これは、北東アジアの貿易不均衡の中で、日本にとって有利に働いている。つまり、日本と中国の貿易はほぼ均衡しているが、韓国と台湾は日本に対して貿易赤字（素材、部品、機械を輸入するため）、中国は韓国と台湾に対して貿易赤字（完成品の組み立てに必要な部品を輸入するため）を抱えている。2000年代初めに選択と集中による再編の第1波に続いて、2010年代にニューエコノミーで競争するために方向転換の必要性が生じたことから、日本の大企業は中核となるコア・アイデンティティの再定義を始めている。1990年代後半から、小泉改革やアベノミクスといった政策プログラムは、こうした企業再建を可能にし、奨励し、改革推進者に政府のお墨付きを与えてきた。2つの「失われた10年」は、実際にはじっくりと腰を据えた企業変革の時期だったといえる。

第5章で目を向けるのは、グローバル・ビジネス、特に米国、韓国、中国、東南アジアとの関係において、日本の影響力が増していることだ。日本はアジア諸国にとって最も重要な経済パートナーに数えられ、貿易相手国、投資家、資金提供者、文化の発信源など複数の役割を果たしている。化粧品、ファッション、ゲームの売り上げが増加していることからわかるように、多くの若いアジア人にとって日本はますます憧れの場所になっている。これはデジタル経済における日本の競争力にとって重要な意味を持つ。というのも、東南アジアの展開拠点を通じて、日本企業はデータ、場所、人、ビジネスに深くアクセスできるようになるからだ。英国の製薬会社や新聞社から、シリコンバレーのスタートアップ企業、オレゴン州の保険会社、ケンタッキー州のウイスキーメーカー、コロラド州のクラフトビール醸造業者まで、日本企業は世界中で大企業の買収にも貪欲だ。こうしたM&A（合併と買収）活動は、日本企業を強化しグローバル規模で集合ニッチ戦略を進める足掛かりとなっている。

次に、第6章と第7章では、集合ニッチ戦略へのリポジショニングを可能にしたファイナンス市場とコーポレートガバナンスの変革を見ていく。第6章では、海外投資家や機関投資家の台頭、透明性と株主の権利のための改革によって、日本のコーポレートガバナンスがどう変化したかを分析する。企業の意思決定は今、新しい意見を踏まえて、新しい方法で行われている。取締役会の構造、情報開示、経営管理の権利と責任の面で、日本のシステムはOECD（経済協力開発機構）諸国の慣行に近づいてきた。日本の大企業は現在、社外取締役を置き、株主総会に積極的に参加する株主が著しく増加している。しかし、日本のシステムは引き続き米国とは異なる論理に基づいている。経営者と株主が共通の目標、つまり、長期的な価値を生み出すことが前提となっている。この目標に向けて、日本の新しいガバナンス制度には、大規模な機関投資家に権限を与える新しいスチュワードシップ・コードをはじめ、有害な投資家を抑止するメカニズムが盛り込まれている。役員報酬についても甚だしい払いすぎには社会的な制約が働く特徴があり、CEOの報酬は、最近は増えてきたとはいえ、他の国々よりも大幅に低いままだ。

第7章では、日本の非常に多角化したコングロマリットを解体する際に、日本で急成長中のプライベート・エクイティ（PE）市場と国内のM&Aの役割に光を当てている。大きな事業部門を売りに出すので、大規模な買い手のいる流動性の高い市場が必要となる。PEファンドは冷酷に利益を追求する存在に見られがちだが、日本では大企業にとって大切な取引相手やパートナーとして浮上しつつある。洞察するに、日本のビジネス規範では、PE投資家は投資先企業で長期的な価値創造と雇用を実現することで、取引を結ぶ権利を得なくてはならないという仕組みになっている。この特権に違反するPEファームは次の取引の獲得はほとんど見込めない。長期的に成功するかどうかはさておき、この仕組みは自己本位な金融工学から市場を保護する代替策のヒントになり、非上場株市場での取引でさえナッジと村八分の力が規制手段となっていることがはっきりとわかる。

第8章と第9章は、日本のビジネス再興の第2の領域で内部管理の変革に焦点を当てている。日本企業は長い間、世界レベルのオペレーションを手順通りに細心の注意を払って実行することにより、高度な製造関連のコアコンピテンシーを享受してきた。これはハードワーク、知識共有、組織学習のカルチャーに依存していた。これは日本のタイトな文化の好みに非常に合っていたが、それだけではもはや新しい集合ニッチ戦略に十分ではない。既存のコンピテンシーの上に、ディープテクノロジーのイノベーションを促進する新しい取り組みや行動様式を加えなければならない。驚くべきことに、タイトな文化の環境下で硬直化した構造や厳格な手順を緩めるためには、整然とした手順が必要になるようだ。第8章では、現在構築中の新しい「**適合モデル**」について紹介し、企業が行動様式の変革にどのように影響を及ぼしているかという事例を示す。

第9章では、終身雇用に立ちはだかる課題を取り上げる。たとえ企業、従業員、政府など、あらゆる立場の人々が多くの恩恵を守りたいと心から願っていても、構造的な人手不足、働き方に対する期待の変化、世界的なコスト圧力という三重の脅威が終身雇用制度にとって大きな重荷となっている。２０１９年に打ち出されたアベノミクスの働き方改革では、残業時間の制限、ダイバーシティ（多様性）とインクルージョン（包摂性）に関する新しいルール、1人の人が同時に複数企業で働ける新しい兼業・副業制度が導入された。キャリアの途中で仕事を変えやすくなり、稀少人材を引き付け維持するために、この制度を圧力弁として導入している企業が多い。この制度によって、起業家精神に富む従業員は、復職オプションという保険つきで、長期休暇をとって新事業を探求できるようになった。この制度の最大の影響は、安定に対するメカニズムを伴って起業機会を提供する新しいタイプのイノベーション・エコシステムを生み出すことにあるかもしれない。

本書の主なテーマは、日本のＧＤＰの21％を占め、産業活動の主要な柱であり続けている日本の製造業を分析することだ。さらに、DXはこうした産業の経済性を大々的に破壊しようとしている。デジタル製造の導入によって、規模の経済の意義が薄れ、現場の労働関係も大幅に変わっていくだろう。製造業のビジネスモデルもまさに変わりつつあり、スポット価格で製品を売り切ることから、サブスクリプション・モデルを用いた完全な製品ソリューションを提供することへと切り替わっている。問題は、日本が「**ものづくり**」のコアコンピタンスをリインベンションしてDXで競争できるかどうかだ。

第10章では、未来を見据えて、リインベンションによって日本企業がどのような競争ができそうかを探っていく。米国企業がAIやクラウドで中国と競争する中で、日本企業は製造機械、ロボット、センサー、高度なシステム・ソリューションで生産現場の強みを入念に強化している。ソフトバンクとトヨタの合弁会社でホンダや日野自動車も提携するモネ・テクノロジー（MONET）やリクルートなどの企業は、すでにMaaS（モビリティ・アズ・ア・サービス）に関するグローバルデータの取得にかなり注力している。誰にとっても未来はデータの宝庫にある。

本書は、日本企業が過去20年間にどのように新たな競争力を獲得した勢力へと進化を遂げてきたかを解説している。一連のニッチの優位性は全体として強力なビジネス・プロファイルへと変換され、日本は多くのグローバル・サプライチェーンの拠り所となっている。バブル崩壊やその後の災害から回復し、国内市場には活気がある。新しい目的意識が芽生え、企業は最終的にDXで競争できるポジションをとるために厳しい戦略上の選択をしている。日本は豊かで、清潔で、安全で、平等主義的な民主主義国家だ。利益を追求しながら、市民の便益を守る方法を考え出したのである。

その結果として、世界各国が見ているよりもはるかに重要で、グローバル投資家にとって豊かな市場を持ち、企業刷新に対する代替的なもう1つの考え方を示す「新・日本」(New Japan)がある。日本はその独特な資本主義の面でも重要だ。欧米企業にとっては、アジアへの非常に魅力的な入り口と架け橋になる。アジアでは地域貿易を支え、ミレニアル世代の憧れの的となっている。世界貿易にとっては、関連する素材や装置のテクノロジーの重要なサプライヤーであり、グローバル・サプライチェーンの中心的な存在である。米国経済にとっては、日本の富、企業刷新、リインベンションによって新たな重要なビジネスチャンスが広がっているのだ。

１９８０年代に私が初めて日本を訪れたとき、多くの建設現場で旗がはためいているのに気づいた。白地に緑十字のマークと「**安全第一**」の文字が書かれている。私は日本に長く滞在すればするほど、これはこの国のスローガンに違いないという確信を深めた。誰もが絶えず安全に対して強い関心を寄せているのだ！　その後、１９１９年に日本の産業安全運動の推進団体が「災害、事故、犯罪なき安全な職場と安全な都市」を推進し、「労働者、女性、子ども、歩行者など弱い立場の人々を守る」ためにデザインしたロゴだと知った。[1]それ以降も関心の深さは続いている。２０１７年に東京で建設現場の前を通りかかったときにも、「安全は、中心となる価値である」と高らかに謳われていた。[2]

同じ年に、たまたま東京駅付近のオフィスビルでいくつかの看板を目にした。「禁煙」や「集会禁止」などごく普通のものから、「第三者に迷惑をかけるな」「地域の景観を守りましょう」まで、少なくとも12の注意書きがあった。[3] 東京中に静かに控えめにせよと注意喚起するのは、やりすぎに見える。日本の都市の大多数の住民がとらない行為について、なぜこれほどいろいろと禁止する必要があるのか。公序良俗や他人に迷惑をかけないことをここまで気にかける理由はどこにあるのだろうか。

日本で受容された海外の娯楽でさえ、米国人からすれば、初めのうちは日本人の言動は理解に苦しむかもしれない。例えば日本人が心底好み受け入れてきた米国発祥のスポーツ、野球では、監督（コーチ）がタイムアウトをとって、ピッチャーマウンドで投手や捕手と戦術について話し合うことができる。試合中のわずかな時間なので、話の中身はたいてい投球についてだ。他のチームメンバーに影響が及ばないので、米国では3人だけで短い会話をする。日本の試合では、こうしたタイムアウトを頻繁にとり、その都度、外野手を含めてチーム全員がマウンドに駆け寄って話に加わり、また持ち場に戻っていく。その間ずっとファンは待たされる。かなりの時間と労力がかかるので、米国人の目には、いささか余計なことに見える。なぜ関係のないメンバーまで、全員で集まらないといけないのか。なぜこれほど打ち合わせが多いのか。なぜ外野手はタイムアウト中に全力疾走するのか。

この短いシーンには、日本文化の重要な側面が凝縮されている。打ち合わせは非常に特別な段取りに従い、適切な礼儀作法を守ることが絶対的に重要だ。すべての選手がチームの一員として常に向上を図らないといけないので、監督（コーチ）がそのうちの2人だけと話すのは間違いで、思いやりに欠ける。だから、全員参加でなければならない。ただし、外野手が走るのは、必要以上に試合を中断してコーチ、チーム、ファンに迷惑をかけたくないからだ。会話では確実に全員の同意を得ることが重要だ。上下関係に沿って話し、外野手はもっぱらうなずいて同意を示す。最終的に、誰もが監督（コーチ）の意見に同意する。

こうした進め方は日本のオフィス生活を映し出す鏡といえる。会議での正しい言動について人々の間に完全な共通見解がある。共通の理解を持つために会議を開かなかったり、メンバー全員を呼ばなかったり、発言のタイミングを間違えたりすれば、気まずさや不確実性が生じてしまう。全員参加でないといけないことは、サラリーマンが同じ日に休暇をとる傾向や、休暇関連の改革の実行がひどく難しい要因の1つになっている。中には、もっともな理由で行われているものもあるが、西洋人の目には奇妙に映る場合もある。

日本の経営陣がリインベンションを進める際のマネジメント課題を理解するためには、企業刷新が行われる社会環境を見ていく必要がある。そこで本章では、最初に国際ビジネスにおける文化を簡単に概観する。

次に紹介するのが、タイト・ルーズ理論だ。これは、日本のビジネス再興に必要な具体的なマネジメント手法の分析につながる枠組みである。タイト・ルーズのレンズで日本企業を見ると、終身雇用制の変更に約30年もかかった理由、大手コングロマリットがもっと簡単に子会社を売却できない理由、平等な職場の実現をもっと速く推進すべく女性がより強い一歩を踏み出せない／踏み出そうとしない理由もわかってくる。こうした行動の大元には、能力や自発性がないことよりも、変革の実行を導く規範があり、それに則って改革推進者は認識されたり判断されたりするのである。

さらに続けて、日本のビジネス規範の内容と、こうした規範がビジネス再興を進める上でどのような意味を持つかを考え、タイト・ルーズの枠組みの日本独自の応用について話を展開していく。

日本のビジネス研究における文化

経営や人事制度の変革における文化の役割に関する私たちの理解は、社会心理学の研究を踏まえたものだ。社会心理学では、文化は社会的に構築された一連の価値観と規範であり、行動を導くものとして定義される。価値観とはコミュニティの基本原則に関する共通の信念を、規範とは期待される適切な態度や行動を指す。国レベルで見ると、価値観（原則）と規範（行動）のどちらも、国ごとに根強い違いがあることがわかっている。国際ビジネスではこうした違いに注意することが大切だ。企業レベルでも、全社戦略やその企業が達成したい重要課題に沿って、価値観と規範をマネジメントしなければならないので、やはり重要になってくる。

米国の経営研究では、1980年代の日本の経済的成功、特に当時の米国とは大きく異なる人事施策が少なからず題材となってきた[4]。こうした研究から導き出された最初の洞察は、日本企業がある特定の共通の価値観に基づいて長期的な関係を確立、維持、尊重していることだ。こうした価値観には、取引先に対する敬意、忠誠心、コミットメント、相互義務が含まれる。上下関係や地位、それぞれの地位に伴う権利や責任を鋭く意識する中で、敬意が示される。地位の低い人は往々にして服従する感覚を持つのに対し、昇進して高い地位になると、慈悲の心で面倒を見て管理する責任を負う。

このギブ・アンド・テイクはほとんどの商取引の根底にもあり、一連の複雑な相互義務を伴う。信頼が構築され、相互のコミットメントを徐々に深めていく中で忠誠心が強固になり、双方の結びつきがますます緊密になっていく。約束を破ったり、困っている取引先のパートナーを見捨てたり、バランスのとれた形で好意を示さなかったりすれば、恥ずべきことと見なされる。恥をかかされると面子がつぶれるので、嫌がられる。実際に、日本で最も嫌がられる属性の1つが「恥知らず」なことだ。中世のサムライ映画の脚本を読んでいる気分になるかもしれないが、これらは今日でもいまだにほとんどの日本企業の状況をよく表している。

企業にとって、これが意味するのは、信頼できる下請け企業を含めて取引関係が長期的なことだ。日本では歴史的に、ほとんどの国内の販売チャネルは安定し、海外マーケティングは商社にアウトソースしてきたので、マーケティング部門を持たない企業が多かった。代わりに、長年の顧客への贈答品用にかなりの予算を維持している。お中元やお歳暮を贈る習慣があり、重要顧客のイベント（例えば、得意先の開店祝いに高価な花輪を贈る）にも心配りする。ビジネスの付き合いをうまく保つために、たとえ短い挨拶であっても定期的に連絡をとることが求められるが、弁護士絡みになることはほとんどない。取引は多くの場合、料亭で長い時間をかけて食事しながら行われ、お辞儀をして乾杯する。こうしたインフォーマルな人間関係に基づく取引は、評判の力に左右される。自分に課された義務を果たさない相手は即座に「好ましくない人間」と見なされ、一度評判を落とせば、通常は挽回できない。

1980年代に、こうした慣行を詳しく調べた研究には、日本の仕組みに関する表面的な仮説にまで発展したものもある。当初は、日本文化における恥と忠誠心に関する研究が慎重に行われていたが、[5]米国で日本の経済的成功への関心が高まると、日本を説明するときにこじつけで文化を引き合いに出すようになったのだ。例えば、日本の国や文化のアイデンティティは「特異」だと主張する**「日本人論」**など、単純化されたり、誇張して語られたりすることが多かった。こうしたアプローチは、専門家の間で文化決定論と見なされ、日本研究における文化の概念化に対する大きな反発を引き起こした。1990年代初めの日本研究の全盛期には、説明変数としての「文化」や「恥」は顧みられなくなり、合理的選択理論に置き換えられた。

しかし過去30年間で社会科学は大きく進歩し、人間の行動を駆り立てる根本的なメカニズムをより明確に突き止め、人々の行動を決定づける人間の特性や社会的環境の要素を説明できるようになってきている。[6]社会心理学の独創的な知見、組織理論、行動経済学、政治学の研究により、行動の違いや、行動を形成する規範・慣習や制度の研究に新しい潮流がもたらされた。

例えば、公共政策規制における新しいアプローチには、ナッジとシェイミングの概念が採用されている。[7]ナッジとは、選択アーキテクチャを提供し、人々が自発的に望ましい結果を選択するなど、行動や意思決定にさりげなく影響を及ぼす方法として、前向きな強化と間接的な示唆を利用する。規制手段として、学校給食でより健康的な選択をするように仕向けることから、年金貯蓄プランの加入にいたるまで、幅広い状況で効果があることが示されてきた。[8]この過程で働くメカニズムは、適応したいと思う人の願望であり、変だと見られたり、恥ずかしい思いをしたくないので「良い」選択をする。このアプローチの強みはその自発的な性質にある。選択するという側面があるので、正式な規則や規制よりも監視や制裁が少なくて済む。ナッジは世界の多くの地域で重要な政策アプローチになりつつあり、日本のアベノミクスでも重要な政策手段にもなってきた。

タイト・ルーズの枠組み：国ごとのビジネス・カルチャーの違い

国際経営学では、グローバルな参入戦略、人事慣行、異文化間のM&Aのマネジメントに役立てようと、国ごとの文化の違いに関する研究が何十年も行われてきた。[9]ここでも、日本は米国の慣行に代わるシステムとして重要なケーススタディとなってきた。

文化の違いを理解するための最も著名な枠組みに「ホフステードの**文化の次元**」というものがある。[10]これは、1960年代に40カ国11万6000人のIBM従業員を対象に行った研究に基づいている。ホフステードは権力、リスク回避、集団主義、自己主張に関する4つの測定尺度を開発した。日米はこの4つのすべてで大きく異なっているとされる。

こうした次元をきっかけに実質的な追跡調査が行われ、国レベルの違いに関する重要な知見が得られたが、組織内で起こっていることを理解できるほどの精密さではなかった。2011年に、心理学者のミシェル・ゲルファンドが「タイト・ルーズ理論」と呼ばれる新しいアプローチを提唱した。[11]この枠組みは、過去の試みを土台にしているが、異文化マネジメント研究に対してより直感的で定量化しやすい枠組みとなっている。

文化とは行動指針となる一連の規範であり、私たちの期待や善し悪しの評価を形づくる社会的に生み出された基準だ。規範には「**内容**（コンテント）」「**合意**（コンセンサス）」「**強度**（インテンシティ）」という3つの次元がある。[12] 内容は規定されている実際の行動、合意はその規範が重要だと人々が同意している度合い、強度は逸脱が許容される度合いを示す。社会環境が2つあり、それぞれ合意と強度が同程度だったとしても、何が「正しい」行動であるかについてはまったく異なる内容に導かれているかもしれない。例えば、同じ人がロックコンサートに行くときと、日曜日にゴスペル合唱団に参加するときでは、それぞれの行動ルールを同じくらい強く意識していても、服装や行動はかなり違ったものになるだろう。

タイト・ルーズ枠組みでは、合意と強度の2つの次元を使って、タイトからルーズまでの幅の中で各国の文化を配置していく。中心的な命題は、国（または地域、企業、学校、家族など）によって合意と強度が大きく異なることだ。タイトな文化では物事を行う「正しい」方法が厳格に規定され、その枠から外れた行動をとれば、すぐに不安やぎこちなさが生じ、混乱を招くことさえある。それとは対照的に、ルーズな文化は一般的に不一致や予測不能性に対してははるかに寛容だ。ルーズな文化の中で大らかで面白いとされるものが、タイトな文化では混乱や混沌として受け止められるかもしれない。

こうした知見の基になった実証研究は、33カ国6823人を対象に行われた。エレベーターで飲食する、図書館で会話する、職場で悪態をつく、教室で大声で笑う、葬儀でいちゃつく、レストランでヘッドフォンを使うなど、日常生活のさまざまな場面について人前でその行動をとることが適

図表2-1　一部の国のタイト・スコア

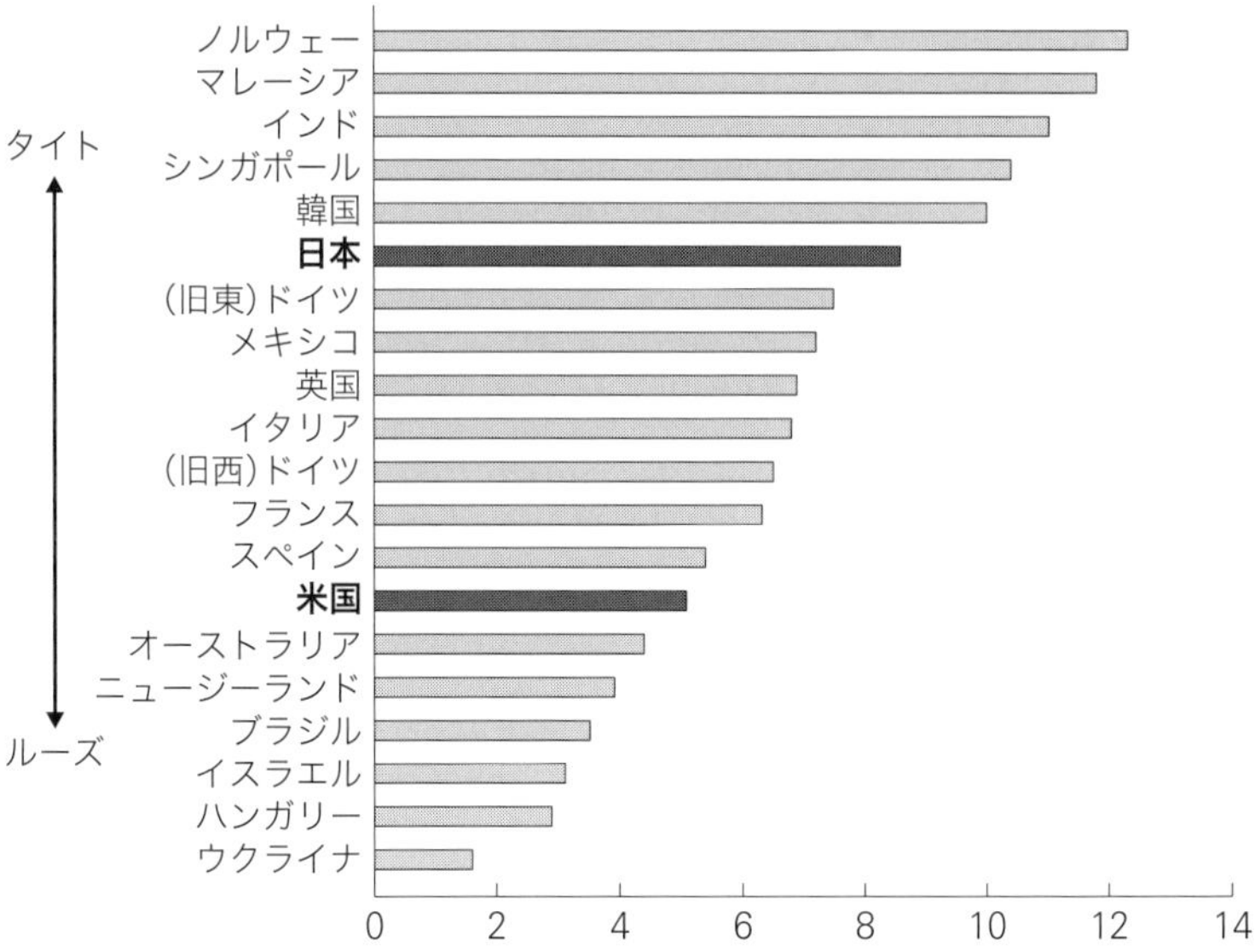

資料：ゲルファンドのデータをもとに作成（2001年）

切かどうかを被験者に評価してもらった。[13]その後、「正しい」行動に関する国内での同意の度合いを、回答のバラツキ度合いとともに評価した。

図表２－１は、ゲルファンドの研究からいくつかの国を取り出して、タイトとルーズを両極にとって順番に並べたものだ。日本はタイト寄り、米国はルーズ寄りに位置づけられる。世界の大きな先進国の中で、日本は最もタイト、米国は最もルーズな部類に入る。

ここで留意したいのが、このランキングには行動の内容について言及がないことだ。このため、同じタイトな文化の国でも、日常生活は大きく異なっている可能性がある。例えば、日本とインドはどちらもタイトな文化の国だが、行動規範の内容はほぼ正反対に見えることが多い。

もちろん、同じ国の中でも個々人によって、タイトからルーズまでの幅のどこに位置づけられるかは異なる。生い立ち、土地柄、世代特有の態度、社会階級、職業、性格（慎重、自制的、冒険的、衝動的など）、社会秩序や構造の選好度などに応じて、個々人は生まれつきタイト寄りだったり、ルーズ寄りだったりする。この個人の多様性は進歩と変化の原動力であり、そこから企業間やリーダー間、社内の改革推進者と抵抗者との間の違いが明らかになるので、日本で進行中のビジネス再興を評価する上で不可欠である。

タイト・ルーズの枠組みが役立つ主な理由は、規範的ではないことにある。本書で取り上げるのは、日本が他国よりも良いか悪いかではない。日本のビジネス再興がなぜそのような形をとるのか、なぜスローなのか、企業リーダーがリインベンションをマネジメントする際の行動パターンがどのような意味を持つか、である。

タイトな文化の根本メカニズム

規範には実用的な理由がある。重要な目的に役立つから存在し持続するのだ。私たちが種として生き残れるかどうかは、社会秩序を遵守するかどうかに左右される。研究によると、協力する集団は生き残り、繁栄し、広く分布することができる。[14] 私たちは与えられた社会環境に順応する能力のおかげで進化してきた。順応することの意味についての私たちの理解は往々にして暗黙的であり、幼少期に身につけ、生涯を通じて磨かれ、日々の社会的状況の中で絶えず強化されていく。

脅威と災害

どのくらい社会秩序が必要とされるかは、外部の脅威にさらされる程度や、資源の制約によって、国や地域ごとに異なる。自然災害（例、地震、干魃《ばつ》、飢饉）や地域的な脅威（戦争、病気）に繰り返しさらされる場所では、自助努力も交えながら、混乱を避け、有事に生存率を高める安全予防策や社会連帯のメカニズムをつくる可能性が高い。こうしたメカニズムは時間とともに、日常生活の中で許容可能な行動へとコード化されていく。

年間で約１５００回の地震が発生する日本では、このような深く根付いた連帯行動がいかに有益であるかを示す事例が多い。２０１１年3月11日の東日本大震災とそれに続く数日間の日本国民の対応や社会的行動は、危機に直面したときのタイトな文化の恩恵を示す好例である。

あの金曜日の午後、東京の人々はオフィスビルや家の中で被災した。地下鉄が運休となり、１５０マイル北の震源地に近い東北地方の惨状が漏れ伝えられ始めた。何もかもが揺れても、叫び声を上げる人はいなかった（少なくとも、私がいた場所やデパートの中、その後約16キロメートル歩いて帰宅した東京の街中では）。地下鉄が止まったので、みんな静かに家まで歩き始めた。地下鉄の駅構内で泊まったり、車で迎えに来てもらう人もいた。すると、ひどい交通渋滞が起こり、バスもなかなかやって来ない。それでも、乗客はバス停前に整然と並び、列に割り込んでくる人は誰もいない。略奪や盗難もなく（地下鉄の駅を含めて）、この苦難に際して泣き叫ぶことも、大騒ぎすることもなかった。この国を揺るがす大きな脅威の瞬間に、市民は習慣となっている行動をとり、静かに振る舞い他人に迷惑をかけないという規範を厳守したのである。

計画とルール

ゲルファンドの研究によると、タイトな文化はルーズな文化よりもはるかに構造化され、体系的かつ定型的である。明確なヒエラルキー、厳格な命令系統、綿密な手順があることが多い。日本企業において、これがよくわかるのは、自社の戦略的な方向性を担う企画部門が主要な役割を果たしていることだ。ほとんどの企業で、企画部門の主な職務は年次や中期の戦略計画を作成することであり、それが業績のベンチマークとなる。中期計画を重視する結果、管理職は計画で示されたＫＰＩ（重要業績評価指標）を達成するために、いかに事業部門を運営し予算管理をするかという訓練は受けるが、ビジョンや戦略的機会に対する直観を備えたリーダーになるための訓練はたいして積まない。リーダー職のスキル評価では、そうした計画を発表し組織的に実行する能力を中心に見ていくことが多い。以降の章で説明するように、このことは製造のエクセレンス（卓越性）につながるのと同時に、ある種の硬直性や狭い目標に集中する状況も招いてしまう。

また、厳格な法律があり、違反すると厳しい処罰を受けることが多いのも、タイトな文化の特徴だ。さらに、平時でも気を抜かずに、習慣化した行動を維持するために、日本のどこでも見られるように、注意書きや危険を知らせる標識や、監視の仕組み、設備が増える傾向がある。一般的に、「人から見られていると、良い人になる」ことは明らかにされてきた。[15] 例えば、公衆トイレの行動に関する研究によると、誰も見ていないと思っているときよりも、周りに人が大勢いるときのほうが、手を洗う人がはるかに多くなるという。

日本企業もまた、多くの観察やモニタリングができるように用意が整えられており、これは大企業で同じく有力部門である人事部の得意領域となっている。人事部は、新入社員の採用、職場に馴染ませる施策や研修プログラムの運営を担当し、会社の行動規範がよくわからないということがないように徹底している。また、会社の社内規定も担当している。これは、給与、昇進、年金などの重要事項を盛り込んだ行動準則であり、おそらくより重要なのが、ドレスコードや、どの場所でどの履物が許されるかなど、細かな行動制限も含まれていることだ。内規に加えて、日本企業の伝統的なオフィスの標準レイアウトはオープンフロアで、上司が部門全体をすぐに見渡せるように机が配置されている。そうすることで、従業員は長時間勤務し、与えられた業務に専念し、適切な献身や行動を示すなど、基本的な職務要件を満たしやすくなる。第8章と第9章で見ていくように、現在、業績評価をプロセスや行動の評価から成果の査定へと変えようとする企業が多いが、従業員が深く根付いた慣行にしがみつこうとする傾向がしばしば見られる。

社会的レーダー

行動規範の実施は、周りからどう見られるかを個人が意識することで起こる。帰属したいという人間の基本的ニーズを反映して、私たちは自分の行動が評価されていると感じるときに、注意を払って合わせるようにする。「正しい」という感覚が強ければ強いほど、また、逸脱したときの制裁が厳しければ厳しいほど、私たちの社会的レーダーはますます敏感になり、守るのも上手になる。自己意識や状況認識の鋭さには個人差があるが、タイトな文化に暮らす人々は平均的に、より敏感な社会的レーダーを発達させ、よりうまく調整する術を身につけていく。というのも、タイトな文化では違反すれば非常に重大な結果を招くからで、個々人は多様なメカニズムで避けられたり恥をかかされたりする。

このいずれも、社会の均質性の度合いとは無関係だ（これは日本独自のアイデンティティとして日本人論でよく主張されるが、誤解を招くものといえる）。敏感な社会的レーダーは生得的ではなく後天的なもので、そのことは日本で暮らしているルーズな文化圏の人を見ればわかる。日本を訪れた人の多くは即座に各自の行動を調整し始める。周りに合わせて、地下鉄車両では小声になり、きちんと列に並び、ポイ捨てをやめる。すべては変な外国人として悪目立ちしないようにするためだ。ゲルファンドは、人はきれいな場所では控えるのに、汚い通りでは平気でゴミを投げ捨てるというオランダの調査結果を報告している。これは日本でも観察できる。同様に、日本人が海外旅行をするとき、自国にいるときよりもはるかにルーズになるかもしれない。私たちが周囲から手掛かりを得て他人の行動を真似る傾向にあるという社会的証拠は世界的に当てはまるのだ。

敏感なレーダーと、溶け込みたいという強い欲求は通常、予測可能性、構造、スケジュール、ルーティンを強く好むことと結びつく。日本では、不意打ちや自発性の弱さ、時間厳守、念のために予約することで安心する様子などに見ることができる。例えば、電車の予約、仕事の予定、時間単位で細かな旅程が組まれた団体旅行などがそうだ。時刻通りに走る列車は利用者にとって大切で希望にかなうものだ。東京では時刻が合っていない時計を見つけるのは難しいだろう。スケジュールが事前に決まっていることも日本の改革の一般的な特徴であり、はるか前に発表されていて驚くことはない。オフィスでの会議は綿密に計画され、変更すれば人々は当惑してしまうことが多い。企業にとって、トヨタ生産システムのように、正確な実行、細部への注意、品質や納期への誠実性が求められる作業には大きなメリットがある。

日本の会社用語に、鈍感で不適切な言動について「KY」という特別な形容表現がある。文字通り「空気が読めない」という意味だが、日本でビジネスをする上では、それはまさに欠陥に当たる。KYな人は社会的な合図に反応せず、ルーズな文化の人がやるように、状況にお構いなく、自分自身の信じていることや欲望に従う。例えば、間違ったときに発言したり、まずいことを口にしてしまう。オフィスでの適切な行動様式は非常に細かく定められているので、改革推進者や変革の触媒役となるチェンジ・エージェントがKYと見なされれば、日本のビジネス再興にとってこれは乗り越えるべき壁となる。このような環境の中で変革を進めるには、行動におけるダイバーシティを幅広く受け入れる方向へと人々の社会的レーダーを調整する作業も含まれてくる。

日本企業を特徴づける3つの行動規範

タイト・ルーズ理論自体は規範の合意と強度のみを取り上げている。この枠組みを使って日本のビジネス再興を分析するには、日本の職場を特徴づける具体的な行動の「内容」を加味する必要がある。行動内容を定義する際には、企業倫理学の概念を拠り所としながら[16]、これまで私が9年以上にわたって日本で生活や仕事をする中で、多くの日本人ビジネスマンと話した内容、自らの観察や経験に基づく情報を織り交ぜている。日本企業を導く行動規範には3つのカテゴリーと、「3つのうちの2つ」というルールがあり、それによって、改革時の重大なバラツキや融通の余地が生じていると私は推測している。その3つのカテゴリーとは、人と人の交流、身だしなみや人前での振る舞い、行動の選択である。

礼儀正しく思いやりを持つ

礼儀正しく思いやりを持つことは、他人を気遣い、ビジネスのあらゆる場面で人間の尊厳を守るために全力を尽くすことを意味する。これには、誰もが面目を保ち、恥をかかせないように振る舞うことが含まれる。また、思慮深く、相手側が必要としたり感じたりすることに気を配り、支援を惜しまないことも意味する。不親切だと見られるのは恥ずべきことなので、この言動にはある種の自制的な要素がある。

言語にはこうした意味合いが反映され、日本語にはこうした行動に関する語彙が多い。特に、「礼儀」と「優しい」（温和、穏やか、柔らかなど、好ましい意味を持ち、私の見たところ、人間からクリームチーズの味まで、あらゆることの説明に用いられる）などがそうだ。文法も重要な役割を果たし、さまざまな複雑な構文で、多様なレベルの礼儀正しさ、階層、相対的な地位、敬意を使い分けている。相手のステータスに見合った正しい角度でお辞儀をするなど、ボディーランゲージもかなり規定されている。これは、力関係をさりげなく伝える手段となり、一言も発さずに身の程を弁《わきま》えさせることも可能だ。身振り手振りの習慣は往々にして話すことと強く結びついているので、日本では電話口でお辞儀をする人が多い（在日年数の長い外国人も例に漏れない）。

礼儀正しさは、日本が誇る「おもてなし」文化とともに、ビジネス上の関係において重要な側面といえる。この言葉は、顧客が必要としていることを察して、それが明確になる前に解決策を提示する能力を示している。これは買い物など日常的な状況だけでなく、企業間の関係においても見られる。サプライヤーは急な依頼に対応できるように、顧客の注文を予測する役割を引き受けることが多い。約束を破ったり、互恵関係に向けた暗黙的な義務を果たさなかったりすれば、失礼で粗野だと見なされる。第6章と第7章で見ていくように、こうした礼儀正しさにより、日本の新しいコーポレートガバナンス制度、プライベート・エクイティ取引のお膳立て、さらには米国のアクティビスト（物言う投資家）の日本での振る舞い方について、ウォール街で見られるものとは異なる基準が定められている。

この規範に対する重要な但し書きとして、日本では長年「本音」と「建前」が微妙に使い分けられてきた。誠実さは大切だが、すべての人の尊厳を保ち、恥をかかせないことのほうがさらに高く評価される。ビジネスで勝ち負けが出る状況では多くの場合、親切であるための演技が必要になる。例えば、競争的な交渉や商取引の終わりに、勝ち誇ったりガッツポーズをつくる代わりに、敗者を慮って敬意を示したり、感謝の言葉をかけたり、さらにはその出来事を「ウィン・ウィン」として言い換えたりすることが多い。欧米のビジネスマン（およびスター・アスリート）もそうした訓練を受けてきたが、日本の経営幹部はまさにそういう素振りや社交辞令としてへりくだる技を習得してきた。

適切であること

第2の行動規範は、人前での外見や、その時々の状況でいかに適切で場を弁えているかだ。目立って注目されたり、人前でずうずうしい態度や不遜な行動をとることは大きな違反である。この規範には、従順であること（学校の成績表でも用いられる言葉で、特に女子に当てはまる）、出しゃばらないこと、地位や上下関係、年齢を尊重することが含まれる。「おとなしい」や「ちゃんとした」など、適切さを表す日本語は多い。この規範の違反を示す言葉は、やや気になるレベルから、あからさまなレベルまで幅広い。「変」という言葉は平均値から大きく外れる人に用いられ、外国人がついご飯に醤油をかけたりすると言われてしまう。対照的に、口語に多い「変わってる」は相手を見下す言葉で、判断力や洗練さに欠けていることを示唆し、明らかにノーマルではなく、風変わり、クレイジー、エキセントリックなので、受け入れがたく敬遠すべき人を表している。

許容される適切な外見がどのようなものかは人生の早い段階で教わり、学校で叩き込まれる。制服が好まれるのは、うっかり間違った服装をする確率が下がるからだ。日本ではほとんどの中学校や高校に制服があり、カバンも学校指定のものがある（ちなみに、制服がある学校は米国では約20%、ドイツではゼロである）。中学校では髪型や化粧に関する決まりがあり、重箱の隅をつつくような検査が行われることもある。タトゥーや黒髪以外のカラーリングは許されない。地毛が茶色っぽい日本人の子どもは、周りから浮かないように黒く染めるように言われることもある。生徒は正しい話し方、食べ方、書き方（例えば、右手で、マスの中にきっちり収まるように文字を書く）に従うように厳しく叩き込まれる。後述するように、特定の曜日にドレスコードを緩和する「カジュアルデー」が導入されたとき、その日にふさわしい服装を指示するために、人事部が特別にオリエンテーションを開いたという企業が続出した。

外見に加えて、人前での言動も適切でないといけない。良い言動とは、個人的なスペースを維持し、他の人を圧迫しないことだ。混んだ地下鉄のように避けられない状況はその限りではないが、そういうときでも通常はなるべく空間をつくり、他の人の邪魔にならないように立ったり本などを読んだりしようとする。

もう1例挙げると、騒音について、至る所に注意書きがある。公共交通機関では、「隣の人に迷惑をかけないように」、携帯電話の電源を切り、イヤホンの音量を下げるように常に意識させられる。電話は「マナーモード」にすべきで、静かにすることが良いマナーだ。大声を上げるのは下品で失礼だと見なされ、ビジネスの打ち合わせで声を荒らげてうまくいく可能性は非常に低い。「うるさい」には、甲高い音や人の神経に障るせいで煩わしいという比喩的な意味もある。これは、アクティビスト、動きの速すぎる改革推進者、あるいは、暴力団にもよく使われる日本語表現だ。「うるさい」は、ファッション、色のセンス、建築などの説明にも使われる。繊細さはタイトな文化をよく表し、世界の食、ファッション、アート、デザインにおけるミニマリズムに与える日本の影響の最も重要な目印となっている。

迷惑をかけない

ビジネス行動規範の第3のカテゴリーは、自分が選択した行動や起こした騒動に関わるものである。この規範は常に「流れに従う」こと、目立たないこと、自重して順番を待つことであり、そして最も重要なのは、波風を立てないことだ。他人を煩わせる行動や選択は「迷惑」と見なされる。迷惑をかけないための処方箋は、自分の選択や行動が他人にどのような影響を及ぼすかを考慮し、相手のニーズを尊重し、システムをそのまま受け入れることだ。違反したときの制裁は通常、強い言葉で伝えられる。日本語の「いいえ」は言葉通りではないことはよく知られているが、守るべき一線を越えた他人の行動に対して、賛同しかねることや嫌悪感を伝える表現は驚くほどの数にのぼる。日本の職場で最もよく聞く謝罪の1つが、「ご迷惑をおかけして、すみません」だ。

ここまで見てきたように、タイトな文化の人々は曖昧さへの耐性が低い傾向がある。何が正しいかわからないと、うっかりと迷惑をかけているかもしれない。迷惑にならないように人々は慎重になり、間違いを防ぐことに集中する。ここから、ひどくリスク回避的になったり、安全第一の選択肢を大いに好むようになったりする。企業では、大胆な投資をしない意思決定や変革への抵抗につながるかもしれない。個人にとっては、会社を辞めて起業家になるなど、型破りなキャリア転換の障害となる。専門職の女性にとって、職場変革を実現するためにもっと強く「リーン・イン」（一歩踏み出すこと）ができない大きな理由となっている。

気づかないうちに迷惑をかけてしまうことがいかに生じやすいかを示すために、在米日系企業で働く従業員の言葉を見ていこう。「日本人の同僚は米国よりも国民の祝日が3倍もあるのに、私たちが休暇をとりすぎだとよく文句を言う。その真意は、日本のようにみんなが祝日に旅行に出かけるのではなく、私たちが自分たちの都合で休暇をとることを言っている。ヨーロッパに行くために休暇を2週間とることは、代わりを務める同僚にとってひどく迷惑なことだと見なされる。それは思いやりがなく、迷惑になるだけだ」

このように、ノーマルでないといけないので、選択肢は狭まる。他の人が好まない選択や合わせにくい選択をすれば迷惑になってしまうかもしれない。こうした制約の縮図ともいえるのが、職場でのランチをめぐる日々の儀式だ。昼食をとる時間（スケジュール上の迷惑を避けるために、常に正午）、座る場所、注文する食べ物（最年長の人が選ぶものに合わせる）が決まっている。これには、誰もが同じ注文をすれば、全員分の料理が同時に揃って出てくるなど、いくつかの実用的な理由がある。

しかし、このルーティンが馬鹿げていることは、日本国内の多くの人々の目にも明らかである。映画ファンは、伊丹十三の映画『タンポポ』の笑えるシーンを思い出すかもしれない。日本の選択の制約や社会規範の強さをパロディ化したもので、全員同じ服装だが年齢が異なるサラリーマンの集団がフレンチ・レストランでビジネスランチをとる。最年長者が先に注文し、「カレーライス」（一番基本的な日本の洋食）を選ぶ。ほかの人も仕方なく順繰りに同じ注文をして、最後に最年少の社員の番が来る。彼は周囲からの圧力などお構いなく、年配者を立てずに、アラカルトのグルメ料理を注文し、フランス語で豊富な料理知識をひけらかす。恐れと羨望が入り混じった先輩社員の表情が見ものである。

タイトな文化における変革の進め方：「3つのうちの2つ」

こうした制約パターンを考えると、変革を実施し再編に着手するにはどうすればよいのだろうか。改革推進者はKYやうるさいと見なされ、迷惑だと拒絶される危険がある。このため、企業の刷新や変革のマネジメントには、さりげない誘導が必要となる。もちろん、タイトな文化ではすべての人が均等に制約を受けるわけではない。個人差から軋轢が生じるので、それを活用して改革を前進させることができる。

さらにいうと、私自身が日本のビジネス状況を観察してきた結果、3つの規範はすべて同時に満たさなくてもよい。たいてい2つ守れば十分である。例えば、非常に礼儀正しい人が少し「変」な恰好をしても、それ以外で順応性がある限りはおとがめを受けない。逆に言うと、思いやりがあって非常に適切な人々は、改革に向けて限界を押し広げることが許される可能性がある。

この見解は、ちょっとした欠点を持つ人のほうが完璧な人よりも好まれるという好感度に関する心理学の研究で裏付けられる。私は日本の大手メーカーや政府省庁で働く人々にいろいろとインタビューをする中で、厳格さや改革の遅さに対する不満が溜まっていることに気づいた。こうした不満は、反抗に傾いている人々を（その傾向が適切かつ思いやりある形で示されている限りは）それなりに褒めることから垣間見える。改革を進める人が増えれば、それほど異端な存在ではなくなる。第4章で見ていくように、アベノミクスを推進することで、企業改革が「ニューノーマル（新常態）」になった。それでも、日本での変革は常に遅い。なぜなら、少なくとも見かけは慎重に調整し、礼儀正しく、適切で、破壊的になりすぎないという社会的期待に沿って実施されなければならないからだ。

タイトな文化の中で会社を刷新する

日本のタイトな文化は良い悪いではなく、現実である。日本のタイトな行動規範は大地震などの有事に必要とされるメカニズムであり、そこから安全第一、リスク回避、体系的で時には定型的な手順が共通して広く好まれるようになる。多くの日本人の損得勘定でいくと、タイトな文化がもたらす日本社会への恩恵は、変化の遅さから来る代償を上回っている。効率性よりも礼儀正しさが、破壊的または先駆的であることよりも適切でノーマルであることが重要なのだ。

こうした環境下で変革を実行するためにはこうした選好に合ったアプローチが必要であり、そうでなければ拒絶されてしまう。日本の大企業は集合ニッチ戦略を実行し、テクノロジーの最前線の飛躍的イノベーションへと自社を移行させようとしているので、リスクの高いテクノロジーに賭けて、イノベーションのためにもっと周辺視野を持てるように、よりルーズなメカニズムを必要としている。このタイトな文化の枠組みから導き出される最初の洞察は、おそらく逆説的かもしれない。多様性、好奇心、そしてリスクテイクの試みを人々により受け入れてもらうためには、高度に体系化された方法論的なアプローチが必要になる。なぜなら、それが、変革の「正しい」進め方に関する多数派の認識になるからだ。

もう1つのポイントは、企業カルチャーの変革マネジメントとは、適切でノーマルな行動の構成要素をめぐる定義の修正を意味するということだ。タイトな文化（広く共有された一連の行動ルールについて高い割合で合意されている状態）は変更できないが、「正しい」行動の内容は調整できる。これには注意深いナッジと、ゆっくりと段階的に導入することが求められ、そこでもやはり高度に構造化された一連のセミナー、ワークショップ、集合研修が役立つ。こうした構造化されたイベントには膨大な時間がかかる。しかし、従業員が新しいビジョンを受け入れれば、各自の鋭い社会的レーダーが新しい行動規範の展開を加速させるので、みんなが全速力で突き進むようになる可能性が高い。

企業カルチャーに関する研究では、行動様式の変革をもたらす5つの主要なツールが明らかにされている。[17] 1つ目は、**方向性**を示すことだ。組織内で「ニューノーマル」な行動の構成要素について経営幹部が一貫性のある明確なシグナルを出す。2つ目は、従業員の**同意を取り付ける**。従業員がこのニューノーマルの策定に深く関与する必要がある。3つ目の戦術は、新しいカルチャーについて鮮明な**範例**を示し、変革を魅力的にすることだ。4つ目のツールは、社内で頻繁に**承認**を与えて、同意を深めてもらうことだ。例えば、変革を採用した人々に報酬を与えたり、みんなの前で賞賛したりする。そうしたイベントは暗黙のうちに、抵抗者を排除し恥をかかせることにもなる。5つ目の要素は、従業員の選択、研修、昇進など、新しい文化を支える大規模な**人事システム変革**の中で、このすべてを慎重に管理することだ。リーダーがこの5つの方策を同時に活用すれば、カルチャーのマネジメントや変更ができる。

一部の日本の大企業は、リインベンションを進めるためにこうした方策を採用している。第8章で詳しく説明するが、ＡＧＣ（旧・旭硝子）もその１例だ。２０１５年、ガラス会社から素材会社に変わる必要性を明確に打ち出し、文化の変革を始めた。経営陣は、どのような行動（新しいカルチャー）が必要かを明確にし、社内の全レベルの従業員と１００回以上にのぼる会合を持ち、ためらう声に耳を傾け、なぜどのような変革が必要なのかを説明した。リーダーたちは一貫性を持って新しい行動様式がどのようなものかを伝え、その行動を体現する従業員を昇進させたり賞賛したりした。最後に、新しい行動様式を強調するために人事制度（採用や研修を含めて）を調整した。この5つの方策を用いて、ＡＧＣは21世紀のグローバル企業に変貌を遂げたのである。[18]

この変革が手順通りに正しく実施されれば、実はタイトな文化では展開がしやすい可能性がある。ルーズな文化では、全従業員を新しい方向に連れて行くのがより困難かもしれないし、抵抗の現れ方も違ってくるだろう。ルーズな環境では、直接的でオープンな議論や抗議活動すら予想される。対照的に、日本における企業カルチャーの変革マネジメントにおける最大の課題は、どこに抵抗感が残っているかを見極めることだ。礼儀正しさと騒ぎを起こさないという規範は、変革体制に反対する人が往々にして沈黙を保ち、それぞれの部門内で静かにボイコットして反対の意思を示すことを意味する。研究によると、中間管理職や部長クラスの抵抗が日本のリインベンションの障害となっていることが多い。[19]

日本の忠誠心やコミットメント、義務に関する価値観は追加のレバーとなる。例えば、新しい方向性が確実に自社の存続につながり、創業者の精神を永続させることを示せば、変革の動機づけとなる。従業員は面目を保てるか、ぎくしゃくした状況を避けられるかを気にしているので、ナッジやシェイミングが、組織を新しい道に導くために理想的な管理ツールになる。一部の米国の経営者には難しそうに聞こえるかもしれないが、日本の経営者は当然ながらこうした感情に精通し、従業員の期待や懸念を共有していることが多い。日本で最も成功している改革推進者は、こうした文化的な方策を打ち出し、適切なスピードで、必要な手順に埋め込む術を知っている人たちだ。

日本のタイトなビジネス・カルチャーの負の側面

タイトな文化とルーズな文化のどちらにも長所と短所がある。日本国内には、変革ペースの遅さ、個性を存分に発揮できないこと、安全第一の学習が往々にして進歩の妨げになることに苛立ちを募らせている人が多い。一方で、タイトな文化の規範が生み出す安定性、予測可能性、明確な方向性を非常に重視する人もいる。適切な行動とはどのようなものかという認識が定着していると、イノベーションを起こしたい企業や新しい道を開拓したい起業家に対して、非常に大きな社会的抵抗につながることが多い。特に、改革の取り組みが失速する原因となりがちな3つの障害がある。伝統的な慣習のしがらみ、成果よりもプロセスにこだわること、非効率性である。

社内のやり方

どの組織にも独自の「やり方」が存在する。日本のタイトな文化では、それが宗教と同じくらい強いこともある。日本企業を製造業やものづくり（いわゆる「ものをつくる技芸（アート）」）に卓越させたのはほぼ間違いなく、社内のやり方のおかげだ。何かをするための唯一の方法として確立されると、それが組み立てライン、建設、さらには漸進的イノベーションの強力なツールになる。社内のやり方は個人差を乗り越え、仕事の精神やルールを表す。留意すべきなのが、独自のやり方と素晴らしいテクニックを重視することは日本の芸術の基本理念でもあることだ。歌舞伎役者の表情、茶道における茶碗の回し方、生け花の矯《た》め、書道の筆遣い、空手の構えなどに見られるように、極めるための第一段階は原型を完全に再現できるようになることだ。

「社内のやり方」は、企業のオペレーションや行動を導く規範や価値観を表しているので、「企業カルチャー」の翻訳として私が好んで使う言葉だ。その意味で、企業カルチャーの変革をリードすることは、社内のやり方を調整することを意味する。特に、第8章で説明する適合モデルは、戦略、組織、カルチャーをきっちりと合わせるほど、その企業がより成功することを示している。企業が成功すればするほど、官僚制度が幅を利かせ、深く根付いた慣性が働き、「この辺りのことをするときの我が社のやり方」に過度にこだわる可能性が高まる。これは、テクノロジーの変化や市場の破壊に適応できなくなると、企業の衰退につながりかねない。[20]

日本企業は長い間、強力なカルチャーを持つことで知られてきた。企業カルチャーは変えられるが、大企業で行う場合、日本を拠点とする多くの経験豊富なコンサルタントの言葉を借りると「貨物船の航路変更」と似ている。カルチャーの変革マネジメントには強いリーダーシップが必要だが、伝統的に日本の経営幹部は変革マネジメントを自分の役割だと認識してこなかった。さらに、企業は通常、自社のカルチャーを非常に誇りに思っており、変革を実現できない理由として、過去の成功や伝統をよく引き合いに出す。このため、社内のやり方は日本の変革ペースが遅くなるさらなる要因であり、深く浸透しているので、改革の手強い障壁となりやすい。

プロセス志向とリスク回避

サッカーは日本で最も人気のあるチームスポーツの1つとなってきたが、男子の代表チームの世界ランキングはまだそこまで高くない。選手たちは中盤でのパスのやり方や完璧なテクニックに集中するあまり、相手のゴールラインを越えてボールを奪うことを忘れているように見えることが多い。同様に、日本の企業は往々にして、手続きややり方にこだわるあまり、物事を進める妨げになっているように見えることがある。

結果がなおざりになるほどプロセス志向になるのは、両刃の剣といえる。一方では、そこから仲間意識が芽生え、職場が親切で思いやりがあり、インクルーシブであることが伝わる。また、ピアノを習うときのように反復練習をすることで、知識とリーダーシップスキルが養われるという（時には非現実的な）期待にも突き動かされる。しかし、プロセス重視が高じて目標を見失えば、断固たる意思決定もできなくなってしまう。このため、ルーズな文化の人は、頻繁に際限のないビジネス・ミーティングは非効率的だと思うのに対して、タイトな文化の人は当事者全員が繰り返し学べる重要で平等な進め方だと捉えているかもしれない。多くの日本の組織や官公庁は最近、目標を達成することの重要性と時間的価値を認識して、新しいツールとしてKPIを自分たちの職務の指針とする考え方を採り入れてきた。これは、日本のビジネス再興におけるプロセス志向の欠点を打ち消すのに役立っている。

それと関連して、日本企業では一般的に、対立を避け、個人的な意見を言わないことが好まれるところにも、親切でノーマルであるという規範が表れている。その人が本当に何を考え望んでいるかを突き止めるのは困難であり、その結果、提案内容にほとんど差がないことが多い。足並みを揃えて移動し、間違いを犯さないように注意し、高いレベルの自制心を持つ傾向と相俟って、これは遅くて慎重な意思決定につながるが、競争環境が急速に変化しているときには弊害にもなりうる。

無駄と排除

日本のタイトなビジネス・カルチャーが弊害になる第3の側面は、予測可能な手順、安全、慎重な討議を重視することであり、ルーズな文化圏の人には往々にして無駄に見える。これは紙の無駄（すべてのものが印刷される）や時間の無駄（長い会議）から、人材の無駄（全従業員を同じローテーションに乗せる）まで多岐にわたる。機会費用には、意思決定の遅さ、ビジネス機会の取りこぼし、起業家精神とイノベーションの抑制などが含まれる。文化のスペクトルでルーズ寄りの学習者（多くの日本人も含む）にとって、こうした無駄は腹立たしいかもしれない。しかし、タイト寄りの学習者にとって、無駄の定義はまったく異なり、誰かを置き去りにしたり間違いを犯したくないという強い思いが、効率性への懸念よりも優先されることが多い。ビジネスでは、これは投資の可能性を諦めることになりかねないが、時には遅さが幸いすることもある。例えば、２００８年の世界金融危機は日本の金融システムに直接影響を及ぼさなかった。というのも、財務省は安全第一の規制の流れの中で、日本の銀行に対して、この金融危機の中心的手段となった債務担保証券市場への参入をまだ認めていなかったからだ。

思いやりや優しさという規範も無駄の大元と見なされる。これは、日本の雇用制度や人事慣行にも反映されている。第3章で見ていくように、日本企業は歴史的にも社会的存在や拠り所として機能してきた。大企業でも中小企業でも今日まで、経済合理性という理由だけで人員を解雇することはない。その結果として、企業やその関連会社、（かつては）政府からの天下り管理職が実質的な職務もないのに高給取りの顧問として報酬をもらい続けるなど、重役を含めて過剰雇用が発生しがちになる。現場では、過剰雇用や非生産的な労働者に寛大に処遇することで、利益と士気の両方が低下しかねない。このような従業員に対する忠誠心と生活の面倒を見なくてはならないという義務感は、社会の安定には大いに貢献するが、業績指標を高める要請に応えようとする大企業にとって、圧力が強くなっている。

人材を無駄にしている最たる例は、長い間、上級職のキャリアパスから女性が事実上、閉め出されてきたことだ。第9章で詳しく取り上げるが、これにはさまざまな根本原因がある。その1つが、会社では長時間労働と深夜の飲み会への参加義務に対する昔ながらの期待があることだ。2019年の労働改革までは、日本のホワイトカラーが夜の9時以降も働くことはごく一般的で、伝統的な家庭環境はこのスケジュールを中心に構成され、主婦が家庭内の意思決定の全責任を負っていた。子どもを産む選択をした女性は労働力から外され、仕事を続ける女性はキャリアのために家庭を持つのを諦めざるを得ないことも多かった。最近は変わり始めているが、職場での男女の役割に関する思い込みはいまだに根強く残り、人材の無駄につながっているのが職場の現実である。

抑圧とガス抜き

ルーズな文化圏の読者は、タイトな文化圏の人々が抑圧されているのではないかと思うかもしれない。実際にこうした課題を示す兆候はいくつかある。日本の「引きこもり」現象などがそうであり、そうした心理的状態の人々は極端な孤立を求めている。日本でかなり高い割合で抑圧、仲間はずれ、「いじめ」が起こっているが、これは行動規範を無理やり守らせるメカニズムとしてだけでなく、ストレスの表れとして見ることができる。

特にいじめは、日本の学校では長年の課題となってきた。その他の点では親切で思いやりのある行動を考えると、いじめは驚くほど残忍になったりする。親の仕事の関係で数年間、海外の学校に通っていた「帰国子女」は異なる能力や行動を身につけていることが多いので、格好のいじめの的になりやすい。これは極めて深刻なため、父親は2年間の海外任務のために単身赴任し、母親は子どもと一緒に日本に残ることもある。マネジメントの杜撰な企業では、職場でこうしたいじめが続き、中堅社員の意欲低下やうつ病の一般的な原因とされている。[21]

タイトな文化とルーズな文化のどちらにも、制約や混沌を一時的に逃すための調整弁がある。ルーズな文化では、高度に構造化、組織化、同期化された活動の形をとり、人々が自発的に所定の役割にのめり込めるようにする。例えば、米国で人気があるのは、型が重視される空手など構成の明確な日本のスポーツ、高度に同期化されたヨガクラス、お揃いのファッション性の高い装備やアクセサリーをつけてチームで走るロードバイクなどだ。

逆に、タイトな文化では、硬直的な規範から逃れる機会がガス抜きとなる。日本では、仕事の後で一緒に飲みに繰り出し、さらに「二次会」やカラオケに行くこともある。お酒が入ることで、職場における多くの力関係がうまく対処される。というのも、自分たちの希望や考えを大っぴらに言える時間となるからだ。率直に言っても叱責されないという暗黙の合意があるが、こうして得た情報がビジネス上の意思決定やオフィスの勤務形態に反映されることも多い。もちろん、ハッピーアワーで会社の話をするのは日本特有のことではないが、ともすれば率直に話す機会がごく限られているので、より重要なことは間違いない。大企業のある部長から聞いた話では、昼間のオフィスは納入業者、顧客、経営上の問題を扱うためにあり、居酒屋はスタッフをマネジメントするためにあるという。

管理職に新たに女性が加わり、若い男性従業員の好みが変化していることにより、オフィスに新しいメンタリングの仕組みが必要になり、飲みに行くことは大幅に減少している。しかし現在も、料亭は引き続き、さまざまな会社の問題が解決され、取引が成立する場である。

日本のビジネス再興では、社長をはじめとする経営幹部層がより強力な役割を担い、新しい行動様式を備えた新しいタイプの組織構築へとトップダウンで誘導していく必要がある。これは、日本のタイトな文化を背景に対して起こっていることで、経営陣が講じるべき措置は、外部の人々には遅くて臆病に見えるかもしれない。しかし実際には、従業員たちが新しい職場の動向や組織を導き、自分たちのアイデンティティを形づくる規範の新しい定義を受け入れるように背中を押すための高度に組み立てられた慎重なアプローチであることが多い。従業員の口調、態度、外見が変わり始めているように、こうした変革の結果は現在、多くの企業で明らかになりつつある。

第3章

〈背景〉日本の経済発展——終身雇用を通じた安定

２０１９年４月、日本の大企業を代表する企業・雇用者のロビー団体、日本経済団体連合会（経団連）は、日本の人事制度システムの最も特殊な側面に挙げられる「**就活ルール**」を段階的に廃止することを発表した。[1] これは大卒者がサラリーマンとして生涯キャリアを積む場所を決める毎年恒例の求職活動の進め方だ。１９９０年代以降、この制度は活動時期の統一化や内容の標準化が進み、求職者の個性を消し去ってしまうほどだった。こうして、従業員と雇用者を効果的にマッチングする能力は失われていった。この重要な制度の終焉は、日本の雇用関係の大転換を象徴し、戦後の雇用パターンの根底にある論理に疑問を投げかけている。

「就活」制度の下で、大卒者の求人応募は経団連がおおよその筋書きを整え、日本の人事サービス大手のリクルートがその実行役を果たすという構図が見られたが、時間とともに、おそらく終身雇用よりも形骸化が進んだ。終身雇用の中心的な特徴（最初の10年間は横並びで昇進し、個別にキャリアを選択することはなく、職種ではなく会社の規模で給料が決まる）の前触れとして、学生たちは大学3年生を終える春頃に面接を受け、10月に内定通知をもらう。これにより4年生は勉学に励む必要がなくなり、年内の他の時期に就職活動をする人の受け入れ余地はほぼなくなる。

企業の人事部としては、年1度だけ採用し、一斉に入社式や研修プログラムを行うのは効率的で、そこから横並びの職場ローテーション、評価、昇進の道につながっていく。人事部の採用担当者は、主に縁故や大学のランクに基づいて新人を選ぶ。採用面接の目的は、個々の知識やスキルよりも、候補者のポテンシャルと自社のカルチャーに合った人柄かどうかを見極めることだ。大企業を志望する学生にとって、就職面接の唯一の目的は内定をもらうことで、通常は給与、仕事、さらに場所について交渉の余地はない。従業員は終身雇用と引き換えに、ほとんどの決定事項について主張するのを諦めてきたからだ。したがって、職を得る最良の戦略は、日本のビジネス規範の全項目にチェックマークがつくこと。つまり、礼儀正しく、適性があり、完全にノーマルであればよかった。

このように同質化へと押しやる状況は、多くの企業が採用を減らした1990年代と2000年代初めの景気後退の間に悪化した。リクルートは当時発行していたハンドブックの中で、面接での質問の答え方のアドバイスとともに、黒のスーツ、青いネクタイ、髪型など就活ルックを宣伝し始めた。その結果、高学歴の21歳の若者が面接会場で長い列をつくり、すべて同じ服装で、同じ質問に同じように答える準備をするという、奇妙な年間行事が行われるようになった。

2020年以降には、この超一元化されたやり方も見られなくなるだろう。このシステムは長い間風当たりが強かったが、2010年代後半に構造的な人手不足となり、転職する人が増えると、ついに自然な成り行きを辿ることとなった。最初に風穴を開けたのは外資系企業だ。経団連の脚本に縛られずに、トップ人材を獲得でき、時にはスキルに見合った報酬を提示した。その後、スタートアップもそれに倣った。高度に熟練したスペシャリストを探すためには、同時期に行う採用活動は役立たないからだ。最終的に、若者の就職観が個別化し、後述するように終身雇用そのものの論理が大きく変わったことにより、この制度はほぼ完全に機能しなくなった。それとともに、日本は雇用という社会の安定を支える大きな柱に手をつけ始めた。

新しい人事制度の時代へと移行し、すべて完了するまでには、一世代はかかるのだろう。この改革は、広く共有されている日本企業の社会的責任をめぐる理解に影響を及ぼし始めている。戦後日本が経済的に豊かになるのを支えてきた「カイシャ」は多くの点で企業以上の存在であり続けた。会社は社会の公器であり、人々が成長し、学び、努力し、献身を示し、保護を求める場であり、社員は家族だと言われてきた。[2] 長期的な雇用構造は安定と互恵に対する社会的選好を強化し、下請けシステムや家族にまで及ぶ。雇用は長い間、日本の社会契約の拠り所であり、1990年代以降、日本が変化するグローバル競争環境に適応するスピードが遅々として進まない主な原因となってきた。2020年時点で、日本は新しい雇用システムを構築中で、古いシステムの安定、予測可能性、献身的な終身雇用の維持に努めながら、ダイバーシティの促進、個別化されたキャリアパスやスキル形成、新しいタイプの労働移動性に対する要求に応えようとしている。

本章では、戦後日本のビジネス・システムを振り返りながら、改革や変革の議論のベースラインとなる古いシステムについて概説する。戦後の復興と高度成長期に、企業は政府の要請に応じて急成長を遂げただけでなく、保険の仕組みもいくつか確立させた。企業グループを結成し、メインバンクと関係を構築したのだ。また、景気循環を通じて着実に生き残り、長期雇用の義務を果たし続けられるように、巨大なコングロマリットを築き上げた。続けて、かつての米国の「組織人間」の日本版となるサラリーマンの典型的な生活やキャリア、システムにおける非正規労働者と中小企業の役割についても説明する。

そして最後に、1980年代後半のバブル経済とその後の崩壊についても簡単に触れたい。バブル崩壊は巨大な経済的な損失をもたらし、日本は20年間にわたって停滞、低成長、社会的苦痛を味わうこととなった。日本がこれまで雇用や資金の過度な流動性や、米国経済の特徴になってきた株価中心の企業戦略を回避してきた背景には、おそらくこのバブル崩壊がもたらした莫大な損失と社会的苦痛があるのだろう。

戦後の高度成長期

第二次世界大戦後の日本経済について一言で語れば次の通りだ。日本は戦後の瓦礫の中から立ち上がり、技術面で西洋にキャッチアップするために、輸出促進と幼稚産業保護論に基づくビジネスモデルをつくった。政府は成長を促進し、無駄な重複を避けるために、積極的に輸出産業を選び、各産業でチャンピオン企業を支援した。国内産業を外国との競争から守るために輸入障壁を築き、厳格な金融規制を設けて株式市場と債券市場へのアクセスを最大手だけに限定した。こうした制約により、企業の資金調達は銀行システムを通じて行われ、借入コストを低く抑えるために金利が規制された。こうして財務レバレッジが高くなり、民間投資の中心に銀行が来るようになった。[3]

日本の高度成長期の驚くべき成功は、勤勉さと創意工夫によるところが大きいが、恵まれていた部分もある。というのは、当時は域内の競合相手は少なく、政府債務もほとんどなく、アジアの選ばれたリーダーとなって米国との安全保障体制下で営まれてきたからだ。このアプローチは功を奏し、日本はアジアで最も経済先進国となり、比較的平等で、取り残された人が少ない民主的な社会が築かれたのである。

産業政策

1950年代、日本は絹織物と機械仕掛けのブリキ玩具を中心に生産し、1970年代初頭まで「メイド・イン・ジャパン」は安価でローテクを意味した。こうした評判を払拭するための政策や企業戦略は、迅速な学習を奨励し、産業や技術の基盤を向上させることを中心としていた。これは主に通商産業省（現・経済産業省）が担当する産業政策を通じて行われた。1960年代、通産省が選んだ勝てる産業は、鉄鋼、造船、化学薬品、加工処理（石油精製、ゴム、セラミックス、医薬品など）、重電機（タービン、発電機、発電所）だった。

その後、石油輸出国機構（OPEC）がカルテルを結んだことから、1973年と1979年にいわゆる石油危機が起こり、1972年から1981年にかけて原油価格は1バレル3・40ドルか

図表3-1　戦後日本のビジネスモデル

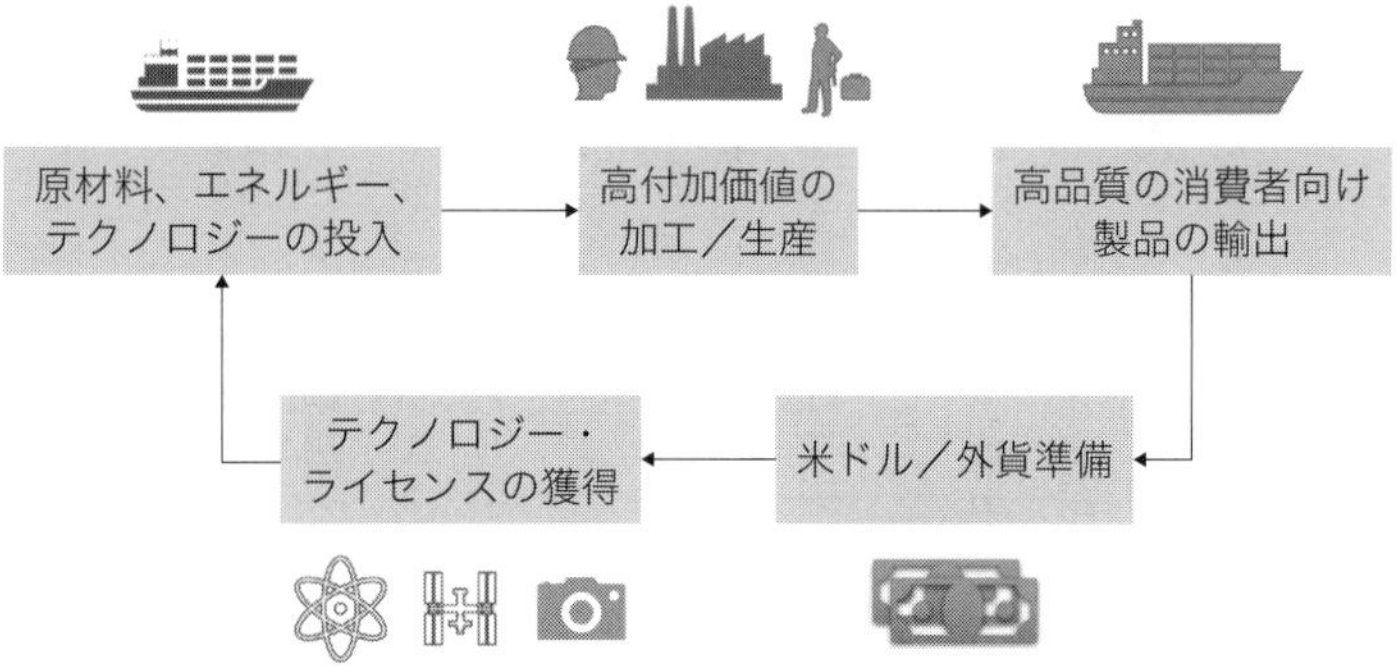

資料：著者作成

ら31・80ドルにまで急騰した。[4] これによって日本のエネルギー集約型の重工業は根幹から揺さぶられた。通産省は速やかに新しい政策プログラムを立ち上げ、低公害で非エネルギー集約型のハイテク分野を日本の産業基盤に追加した。通産省が選んだのは、今日も日本の基幹産業である自動車、エレクトロニクス、精密機械である。

戦後日本のビジネスモデルは、図表3－1に示すように、成長の好循環を創り出し継続的な改善を促すことを目指していた。日本は天然資源が限られているため、このサイクルはエネルギーや原材料の輸入から始まった。それを使って付加価値製品をつくって輸出することにより、必要な外貨を稼ぎ、西洋のテクノロジーの購入やライセンス契約に当てた（時には、ただ模倣することもあったが）。当初は試行錯誤の連続で、設計や製造品質に関してキャッチアップすべき点が多かった。しかし、サイクルを回すたびに、急速に組織学習と品質向上が進み、企業は新しい大量生産とイノベーションの組織能力を開発し、次のサイクルでさらに複雑の高付加価値テクノロジーを導入して拡大していった。

この成長モデルの成功例は、日本の特殊化学品産業である。同産業は今日まで世界的な競争優位を構築し維持してきた。1つだけ例を挙げると、1964年、レーヨン糸を生産していた東レは、必要な複雑な製造プロセスを学ぶために炭素繊維に多額の投資をした。当時はユースケースがなかったが、いつか重要な素材になるという直感に基づき、たとえ高くついても、将来の投資と見なされたのだ。実際に、東レのエンジニアには、高品質と低いバラツキでこの材料を大規模バッチでつくる経験と知識を得る上で幸先の良いスタートとなった。炭素繊維は今日、ゴルフ用品や自転車から、自動車や航空機まであらゆるものに使われ、日本はその世界有数の生産国となっている。50年にわたって一貫して高品質の炭素繊維をつくってきた経験をもとに、東レ、帝人、三菱ケミカル、クレハはここ20～30年で、同製品の世界市場シェアの半分以上を占めてきた。

この反復学習と改善の進め方はやがて、高い歩どまり率と低いバラツキで非常に複雑で高品質の製品をつくる能力に基づく、ものづくりのコアコンピタンスとなっていった。こうした重点的な取り組みは、適正手続きや社内のやり方との親和性、逸脱への許容度の低さなど、日本のタイトな文化の傾向とうまく合っていた。然るべき手法で正確に職務を行うように、従業員をすぐに訓練することができた。

このたゆまぬ品質向上や改善が織り込まれた手法として最も有名なのが、トヨタ生産方式だ。1960年代初めに開発されて以降、世界的に自動車生産に採用されてきた手法だが、もともと必要に迫られて編み出されたものだ。というのも、当時のトヨタは小さな会社で、資源は限られ、無駄を省く必要があった。また、ほとんどの部品を外部委託していた。トヨタの独創的なところは、安定的な部品供給企業の階層を構築し、注意深く管理した上で、ジャストインタイムの配送、品質のつくり込み、継続的な改善と学習という、高度に同期化されたシステムを中心に生産の流れを築き上げたことだ。[5]

貿易黒字

図表3－2は、戦後日本の取り組みの成果を示している。1950年代と1960年代は、その40年後の中国に匹敵する年平均10％のGDP成長率を記録したので、「高度成長期」と名付けられた。石油ショック後、成長率は平均5％と半減し、1990年代から2000年代初めには約1％に低下する。

1970年代まで、日本の原材料とテクノロジーの輸入は輸出額を上回っていたが、1980年代初めから貿易黒字が拡大し、その約半分は米国向けだった。米国人が思い浮かべる1980年以降の日本のイメージは、うまく設計され気の利いた消費者向け製品の輸出マシンだろう。2度の石油危機を経て、米国の消費者は燃費の良い日本の小型車を愛好するようになった。というのも、やたらに大きくてガソリンを食うアメ車よりも、信頼性が高く、維持費も安いからだ。米国人は日本製のコピー機やファックス機などオフィス機器をはじめとして、カメラ、テレビ、ステレオも使うようになり、米国の家電業界の崩壊を招くほどだった。

日本が貿易黒字を維持できなくなったのは、東日本大震災と福島第一原子力発電所事故が起こっ

図表3-2　戦後日本の年間GDP成長率と貿易収支（1956〜2018年）

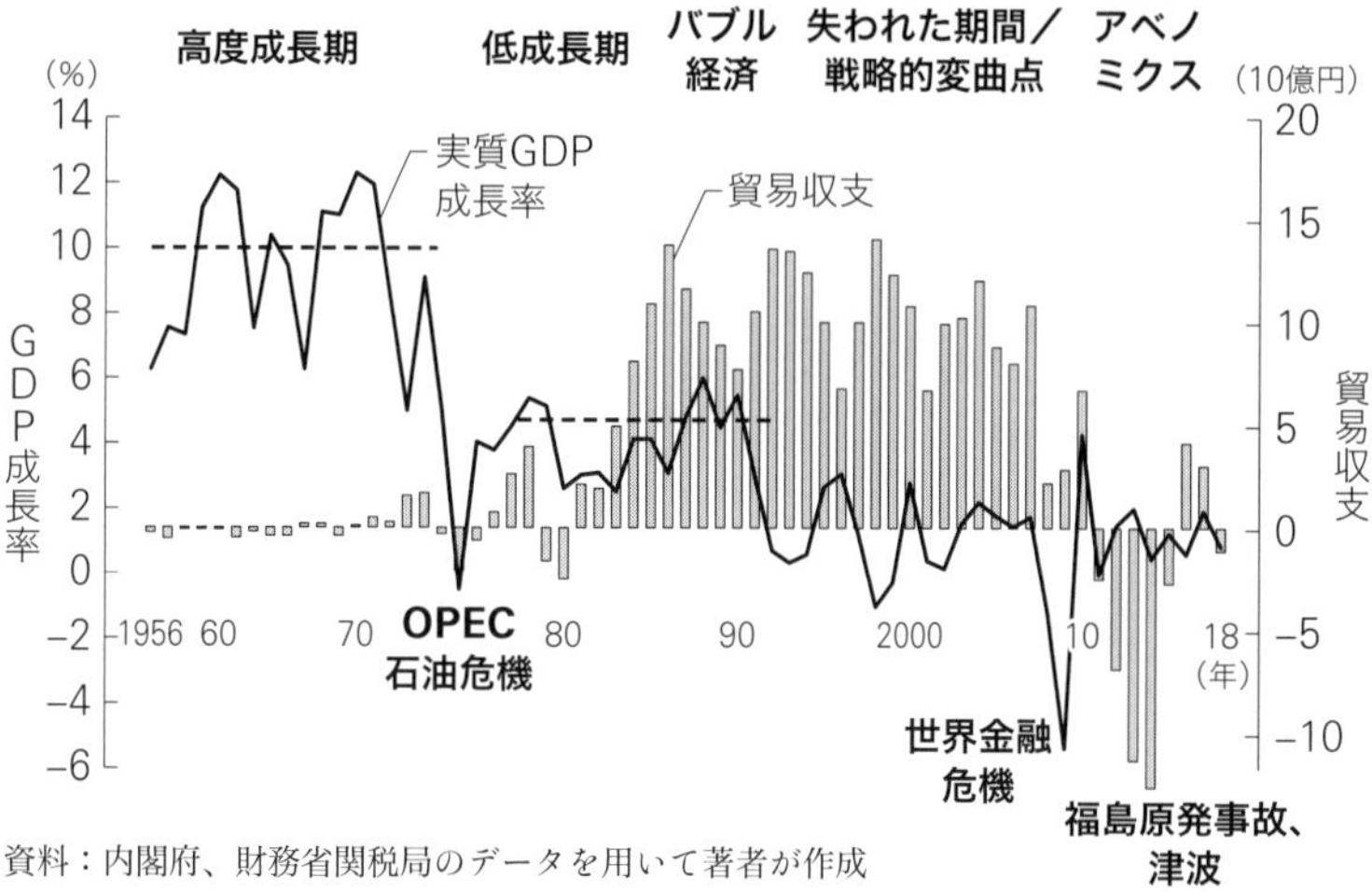

資料：内閣府、財務省関税局のデータを用いて著者が作成

た2011年のことだ。このときには、国内の52の原子力発電所がすべて停止したことにより、石炭、石油、液化天然ガス（LNG）を大量に輸入する必要が生じた。

1980年代初め、米国はこの急拡大する貿易黒字を非常に憂慮し、10年に及ぶ貿易戦争が勃発した。米国は日本に対して、輸入保護を撤廃し、市場を開放し、金融システムの規制緩和に踏み切るよう迫った。こうした交渉は、戦後日本のビジネスモデルを終焉へと向かわせた。1990年代に入ると、グローバル競争の性質も変わり始める。韓国や台湾を筆頭に、アジア諸国が日本の成長モデルを模倣し始め、世紀の変わり目には競争相手として食い込むようになり、ついには日本のお株を奪ったのである。

社会契約

図表3－2から、日本の高度成長期の特徴と

して、年間の成長率の変動が激しく、乱高下しがちだったことがわかる。高いレバレッジをかけた成長マシンは本質的に危うさを秘め、経営者たちは安全第一を好む性分を満たすためにも、安定剤を求めていた。企業にとって、最初の大事な拠り所となったのは政府だ。関係省庁は特定の企業を選び、金融面でステロイド剤を投与したが、ここから、苦境に陥った場合には自分たちが選んだ企業を保護しなければならないという一定の相互義務が生じた。長時間、勤勉に働く従業員にとって、貢献すればいずれ報われるという保証も必要であり、それは終身雇用の形をとった。終身雇用は、戦後日本の社会契約、つまり、社会の中でのギブ・アンド・テイクに関する暗黙の合意の中核をなすものとして捉えられる。終身雇用は、国家と民間部門、大企業とその従業員の相対的な役割と責任をしっかりと規定した。

戦後日本の社会契約では、政府は補助金などの支援を行い、大企業の急成長を後押しした。大企業はこの支援と引き換えに、年金だけでなく、保険、研修、住宅、そして当然ながら長期雇用も含めて、福利厚生を提供する責務を負った。このようにして、政府は失業保険を含めた社会保障費を大幅に節約し、その分をサービス業など中小企業向けの補助金に回した。このシステムにおける従業員の義務は、勤勉に働き、企業に自分のキャリア形成、賃金、昇進、退職を完全に委ねることだ。これは企業のコスト削減に役立った。というのも、必要に応じて社員を別の地位や業務に配置できるので、人材が固定費であるシステムに一定の柔軟性を持たせられるからだ。こうした合意は大企業への部品供給企業、特に製造業の下請け企業にまで拡げられたので、全体として、勝者が成功することは、その経済に浮かぶすべての船のために水位を引き上げることを意味した。

企業戦略：規模とネットワークを通じた保険

多額の融資を受けていた企業は政府との緊密な関係に加えて、自社が確実に存続できるように、民間の仕組みもいくつか創り上げた。1つ目が、いわゆるメインバンク制度だ。このシステムでは、6大銀行（そのいくつかは戦前の株式所有構造と歴史的な結びつきがある）がそれぞれの**系列**グループ傘下の約35の中核企業のメインバンクとなった。メインバンクはグループ各社の財務情報にアクセスできる特権を持ち、どこか1社が苦境に陥ればメインバンクが救済に乗り出し、リストラと再建を行う。メインバンクの安定化させる力の証として、戦後の大企業の倒産件数は100件未満である。

銀行にとっての成長の鍵は、規制金利下で非常に高くつく救済措置を避けながら、融資を増やすことだ。そのため、顧客企業の成長と多角化を望んでいた。そうすれば、より多くの融資が必要となるうえ、企業の安全性が高まる。当時の戦略上の知恵では、関連性のない収入源を持った複数事業を運営することから、非関連多角化は安定につながるとされていた。1つの事業が不調に陥っても、会社全体は危険にさらされない、というわけだ。借入金の金利を支払うのに十分なキャッシュフローを生み出している限り、銀行はその企業の効率性には関心を持たなかった。この方程式では、利益、粗利益、株価は無関係となる。銀行が知りたがったのは、顧客がどのように売上高で成長を続けるかという長期計画だった。

大企業の経営陣にとって、これは1つのメインバンクが長期にわたる主要な貸し手、株主、金融サービス提供者であり、自社の計画や財務に関する詳細情報を持つことを意味していた。また、苦境に陥ったときには、経営再建のためにメインバンクが介入したり、トップを銀行関係者に入れ替えたりすることに対して暗黙の了解があった。このような干渉を避け、銀行を満足させ続けるために、企業経営では売り上げの大きい事業に重点が置かれた。そのため、多くの企業は複雑で無秩序に広がった事業体となり、全体の利益率が5％以下であっても満足していた。こうした規模や安定性は銀行家には喜ばれたが、どの事業に注力し、どの事業から撤退するかという厳しい意思決定を経営者がしなくてもよいことになる。このシステムにおける企業戦略は、選択よりも、コングロマリットをさらに成長させるべく中期計画を作成することだと理解されていた。このメインバンク制度ならではのレガシーは今日でも、多くの企業に根強く残っている。

日本の大手200社はメインバンクに加えて、グループ他社との緊密な関係を通じて、安定と取引上の恩恵も得られた。したがってグループ企業は、特に危機の際には、互いに優先的かつ長期的な取引を行うほか、企業間信用を提供し合うという暗黙の了解があった。例えば、自動車会社のマツダは1970年代初頭に、OPECによる最初の石油危機の直前に燃費の悪いロータリーエンジンに賭けていたため苦境に陥り、巨額の評価損を計上せざるを得なくなった。住友銀行（マツダのメインバンク）は救済融資と経営再建計画を携えて動いたが、マツダを本当に救ったのは、住友グループ全社の全従業員とその下請け企業にマツダの新車を購入するよう呼びかけたことだ。「ファミリー」メンバーの多くがそれに応じて協力した。[6]

こうした企業グループは、安定的でしばしば相互に株式を持ち合う関係を通じて、株式市場の変動に対する保険にもなってきた。グループ企業や取引パートナーは、特に危機や脆弱な時期に売却しないという理解の上で、お互いの株式を取得した。これはつまり、各社の主要株主は収益性や株価をあまり気にしないということだ。さらに、株式持ち合いは買収に対して非常に効果的な障壁となった。持ち株比率はそれぞれ平均3%未満と小さくても、合わせればグループ全体の発行済株式の25〜35%になる。「スクイーズアウト（少数株主排除）」規定もなかったので、敵対的買収の際に少数株主は保有株を手放さなくてもよい。株式の約70%が売買されない安定した持ち合い状態にあると見られた１９８０年代以降、日本の株主構造に起こった大きな変化については、第6章で取り上げる。なお、配当は非常に低いレベルに設定され、通常は業績と連動していなかった。その結果、安定株主の持ち分に対する収益率はかなり低く、グループの一員として得られる安定のために支払う保険料の一種と見ることができた。[7]

株式持ち合いは、グループ企業が相互に寛容であることも意味していた。企業経営に口出しはせず、監視はもっぱらメインバンクのみに任ねる。その結果であるコーポレートガバナンス制度はステークホルダー資本主義と呼ばれてきた。そこでは、株主はその会社の成功に関心のある当事者の1人にすぎない。[8] 従業員、下請け企業、取引パートナーや顧客、銀行、社会全体などのステークホルダーはすべて、会社の安定性と長期的成長という同じ基本的関心を持っていた。取締役会は企業内メンバーから構成され、経営の監督に当たるのは苦境に陥ったときに限られた。メインバンクと良好な関係にある限り、低収益ゾーンで無制限に活動することができた。これは、日本経済全体が右肩上がりで成長する高度成長期はうまくいったが、時間とともに機能不全が起こり、階層化や社内政治化を招き、集中と推進力が失われた。最終的に、日本企業のグローバル競争力は損なわれていった。

このように、規模は戦後日本の至高の目標となり、それを測るのは売上高だった。官公庁は規模に応じて割り当てや技術ライセンスにアクセスできるようにし、大企業が事業拡大するためのインセンティブを与えた。銀行はこのように大きすぎてつぶせない企業に熱心に融資しようとした。株式市場で収益性や効率性が評価されなければ、すべての売り上げは良い売り上げであり、どれだけコストがかかろうとも、1％でも多く市場シェアを獲得できれば勝利となるのだ。新聞が毎年発表する企業ランキングは、売上高、資産、時には純利益の大きさに基づいていたが、財務比率を見ることはほとんどなかった。

社会的にも、最も多くの人材を雇用する大企業は最も高く評価され、企業ランキングが高ければ、従業員の社会的地位も高まる。経団連の序列は規模に基づき、給料も規模で決まるため、就活中の大卒者は大企業を志望した。経営者の報酬もまた会社の規模に準じていた。大きい会社は時価総額が高くなると一般的に考えられていたので、規模は株価の面でも重要である。かくして高度成長期においては、どの企業も経営目標は明らかだった。利益に関係なく、より多く売ることだ。

企業は成長するにつれて、さまざまな産業に事業を広げ、それが日本の産業基盤となった。もともと電気機械会社（モーター、タービン、発電機、掘削機を製造）だった日立製作所が家電事業（冷蔵庫や洗濯機からトースターオーブンまで）を追加するというように、当初は中核事業を拡張していた。ところが次第に、追加される新事業は中核事業から離れていった。1980年代までに、日立は1000社以上の子会社を擁し、新幹線、送電線、製鉄所、原子炉建設から、半導体やストレージ（スーパーコンピューティング、DRAM）、テレビや液晶ディスプレイ、医療機器（MRI画像、DNAシーケンス）、材料や化学品、顕微鏡、電池、携帯電話、掃除機にまで広がっていた。2010年代までに、こうした子会社のうち30社以上が、日立を大株主とする上場子会社となった。

このような拡大に歩調を合わせて、1873年に創業した電気機械やエレクトロニクスを手掛ける東芝も同じく、家電製品から医療機器、発電機、原子力発電所、レーダー、放送インフラ、コンピューターメモリまで、幅広い事業に投資した。1990年代には、世界初のノートPCであるダイナブックや、NAND（フラッシュメモリ）も発明している。東芝は日立と同じく、1990年代には900社以上の子会社を擁していた。この種の事業拡大は業界や企業を超えて行われ、アジャイルとは無縁の巨大企業が大量に生み出された。[9]

終身雇用は新しい事業部門と子会社が加わることで、このコングロマリットに大きく貢献した。人を雇うのは簡単だが、解雇はできないので、衰退事業から撤退するときには、ゆっくりと段階的に退出するしかなかった。しかし、すべての売り上げは良い売り上げだったので、これは優先事項ではなかった。さらにいうと、1998年まで、日本の会計規則では連結会計が義務づけられていなかったので、企業は最も重要な子会社や収益性の高い子会社のみを報告していた。この環境では、業績の悪い部門から段階的に撤退するという困難な課題よりも、すべての子会社を存続させるほうが簡単だ。この戦後のレガシーを正すことが、現在の日本のビジネス再興の中心的なテーマとなっている。

終身雇用の仕組み

日本には終身雇用を概説した法律もなければ、この安定的な雇用は労働組合に関連したものでもなかった。それどころか、期限つき契約の「非正規」労働者とは対照的に、「正社員」は期限なしの雇用契約を結んでいた。１９６０年代の一連の判決で、この長期的な性質のオープンエンド契約が確立された。それは、次の４条件をすべて同時に満たさない限り、解雇を事実上禁じるというものだった。(1)企業が経済的に行き詰まっている。(2)非正規労働者がすでに解雇されている。(3)企業内組合が同意している。(4)解雇される労働者は何度も能力不足であることを示してきた。言い換えれば、能力不足だけでは解雇の根拠にならない。むしろ、その労働者の能力に見合った仕事を割り当てるのは、会社の責任である。このため、採用選考時のミスは非常に高くついてしまう。人事部門がリスク回避のために、新入社員を選ぶときに礼儀正しく社風に合った性格といった基準を使う理由もここにある。

１９９０年代後半の経済的に困難な期間に、苦境に立たされた企業が存続できるように解雇規制がやや緩和され始め、今日では解雇問題をめぐって４つの基準の１つを満たせば法廷で争っても十分に勝訴する可能性がある。しかし、法廷では依然として従業員を保護する傾向があるので、解雇するのはやはり困難でコストがかかる。また、解雇によって、企業が将来的にトップ人材を引きつける能力が大きく損なわれる危険があるので、評判に関わるコストも大きい。

サラリーマンのキャリアパス

終身雇用の主な受益者はサラリーマンだ（最近ではサラリーウーマンも含まれる）。大企業や中堅企業では今日でも、こうしたキャリアトラックで給料をもらっているホワイトカラーにとって終身雇用は明確に定義された互恵的な関係に基づいている。会社は従業員の教育、昇進、健康と年金にコミットし、サラリーマンは労働時間、勤務地、職務内容を含めてキャリアプランにおける権利をほぼ譲り渡す。その見返りとして、サラリーマンの給料は高い。また、55歳頃に役職定年を迎えるが、退職時には年金が保証されており、通常は人事部が企業ネットワークを通じて仕事を斡旋してくれる。

キャリアパスはかなり予測可能だ。サラリーマンは22歳頃に入社し、最初の10年間は同期入社の人と一緒に研修を受け、足並みを揃えて昇進する。米国の大学のクラスメートと違って、同期はともにキャリア上の親しい仲間となり、大企業の中で他部門とつながりを持つための重要なリソースになる。仕事の面では、最初の2年間は見習い期間だ。軍隊や「相撲」部屋などのスポーツ界、さらには暴力団グループにも通ずる人事慣行で、縁故や才能に関係なく、全員がまったく同列に扱われ、下積み経験を積む。これは、会社の価値観を教え込み、社員が上司の指示にすぐ対応するようになることを目的とした社会化の一環である。このブートキャンプで社内研修を繰り返した後、続く8年間はローテーションでさまざまな部門を2年ずつ経験し、社内の業務やカルチャーを完全に理解するために「オン・ザ・ジョブ・トレーニング」（OJT）を受ける。10年働いた後に初めて年金が出ることは、最初のトレーニング期間をうまく切り抜けるための強力なインセンティブとなっている。

伝統的な仕組みでは、給料は会社の規模によって決まり、職務ではなく在籍期間に基づいて支給される。業績評価は直属の上司が担当し、努力や態度に基づく。つまり、勤勉に働き、最善を尽くし、適切に振る舞っているかどうかで評価する。[10] 世界中の多くの企業で当てはまるように、出世への最良の戦略は長時間働き、うまく注文を取り、チームのために個人的な好みを犠牲にし、おそらく最も重要なのが、上司を立てることだ。第8章で見ていくように、こうした人事管理の実践は、高品質な製造、組織学習、改善における戦後日本の成功の重要な源泉であり、今日でも引き続き重視されている。

マイナス面を挙げると、経営の下手な企業では、人事部や企業内組合が総じて受動的な役割しか果たさないので、いわゆるパワーハラスメントを受けても、従業員の救済手段は長い間限られてきたことだ。また、上司の権限が大きく、部下のキャリアを狂わせることもあった。時間とともに、大企業が一律に用いてきたこのブートキャンプ方式は、システム全体をかなり硬直化させてきたので、調整すべき時期をすでに迎えている。

伝統的なシステムでは、能力主義は給料に反映されるのではなく、職務の品質や重要部門へのローテーションにまず適用される。優秀な社員には留学など2年間の特別教育を受けさせる。約10年の横並びの昇進でほぼすべての同期が「課長」レベルに達した後で、トップ争いが始まる。課長止まりの人もいれば、しばしば熾烈を極める競争に勝ち抜いて「部長」レベルに昇進する人もいる。約30年間、忠実に勤め上げて55歳または60歳になると、一緒に入社した同期全員は定年退職となり、一部の人はおそらく子会社やサプライヤーで第2の仕事に就く。

部長の中で優秀な人は再び雇われ、新しい期間限定の委任契約を結んで「取締役」として上層部に加わる。取締役にはいくつかのランクがあり、最高責任者クラスに昇進するために何度か再任され、最終的に社長や会長の座に就く。最近ではごく一部の例外はあるものの、日本の社長は内部昇進者で、流動性の高い上級幹部市場は存在しない。第6章で詳しく見ていくが、社長の報酬は部長の給料の倍数で決まる。これが、日本が平等主義社会となっている大きな理由だ。従来の考え方では、社長の報酬はその企業に生涯仕えることとの対価だ。日本の一般的な社長像は親切で、礼儀正しく、謙虚な人物で、会社と従業員の幸福に対して責任があることを自覚し、明確なビジョンを持ったリーダーというよりも、任期を勤め上げる役人に似ている。

従来の考え方では、従業員は会社に忠実であることが期待され、個人の権限は限定的だ。多くの場合、企業が本人の希望とは関係なく、新しい職務や勤務地に異動を命じることがある。その職務には、競合他社との価格交渉や帳簿上の売り上げの水増しなど、許容範囲を超える行動も含まれることがある。それは東芝など複数の企業の会計スキャンダルを見れば明らかだ。[11] しかし、このように不祥事が明るみに出たケースで特筆すべきことは、その違反行為が通常、個人的な利益のためではなく、会社のために行われることだ。米国のトップ日本経済研究者のヒュー・パトリックが指摘するように、日本では、従業員が会社**から**盗むのではなく、会社**のために**盗みを働くのだ。[12] 従業員は犠牲と忠誠心の見返りに相応の互恵を求める。つまり、適切な待遇、予測可能な昇進、生涯にわたる安定した収入、年金などだ。企業年金は老後の生活設計の中心になっているので、従業員は企業が安定して長く存続するために経営されることを全面的に期待している。

伝統的な家族の理想

終身雇用を中心に、理想的な家族と女性の役割という広く共有された概念が形成された。郊外に理想的な家族と住宅を持つことをはじめ、サラリーマンは多くの点で米国の1950年代や1960年代の組織人間と似ていた。ただし大きく違うのは、米国の理想には、ホレイショ・アルジャーの小説のように無一文から大金持ちになるアメリカンドリームや、のし上がっていく機会が含まれていることだ。日本では結束を乱してトップを目指すことはそれほど一般的ではない。それよりも目標は、快適なライフスタイルを実現することだった。持ち家があり、子どもの教育費を賄うことができ、平等と安全という共通の感覚を持つ、安定した中産階級の一員になることだ。

絵本に出てきそうなこの日本人家族は郊外の小さな家に住んでいるが、東京では、夫が満員電車で長い時間かけて通勤し、長時間働くことも多い。そのため女性は結婚すると、理想的には2人の子どもの母親となり、お金のやりくりや、自分や夫の高齢の両親の世話を含めて、ほぼすべての家事を引き受ける。彼女は大卒で、子どもたちを良い学校に入れることを第一に考える。「教育ママ」と呼ばれる役割だ。子どもを幼稚園に入れると、18年後に就活がうまくいきそうか、かなり確実に想像できる。息子は父親と同じようにサラリーマン生活を送るように育てられる。理想的な娘は穏やかで、従順で、思いやりがあり、教養がある（書道、生け花、茶道もたしなむ）。願わくは、若いサラリーマンと結婚して理想が長く続きすればよい。[13]

今世紀以前の時代には、大企業で総合職の女性を見かけることは珍しく、女性の役割に対する社会の期待は克服しがたいことが証明されていた。しかし、第9章で見ていくように、家族の役割も含めて、多くのことが変わり始め、日本のビジネス再興にさらに貢献している。

非正規雇用者と転職者

終身雇用は人件費が固定費になるので、企業にとって高くつく。そのため、自由に従業員の配属先を変える以外に、一時的な景気変動に対応する仕組みが必要だった。1つの調整弁が、給料の安い中小企業の下請けに出向させる方法だ。1970年代のマツダの再建では、営業促進と再建支援のためにサラリーマンが自動車ディーラーに出向した。第2の調整弁は、景気に応じて人数を調整しやすい、いわゆる非正規労働者である。

「非正規」雇用はたいてい3年未満の契約期間であり、雇用主は福利厚生や長期的責任を負わない。戦後の日本経済はほぼ完全雇用で展開していたので、非正規従業員の大多数を占めていたのは女性と高齢者だ。女性は、通常のキャリアを通じたスキル向上や訓練から長く遠ざかっているため、子どもが大学に進学し家を出た後の働き口は往々にして限られ、再就職の道は事務職しかなかった。日本で女性が非正規従業員の主要グループとなってきたのはそのためだ。

2018年時点で、日本の民間部門の労働者全5600万人のうち、3500万人は終身雇用で、2100万人は期限付き契約を結んでいた。女性は全雇用者の46%で、非正規雇用では71%にのぼる。[14] この水準は他のOECD諸国とほぼ同じで、キャリアの選択肢や向き合い方は現在、変わりつつある（第9章を参照）。しかし、このデータの重要性は、女性が果たす役割をめぐっていかに職場で長い間、潜在的なバイアスが形成されてきたかにある。こうしたバイアスを克服するのは引き続き非常に難しい。

非正規雇用にはほかにも、アルバイト（例えば、飲食店で働く学生）や高度な専門性を持った契約社員などがある。1970年代から、リクルート、パーソルテンプスタッフ、アデコ、マンパワーなどの人材派遣会社が台頭し、一時的な仕事を見つける新たな機会を提供するようになった。しかし、他国と同様に、これは若い労働者にとって二分化されたシステムにもなっている。派遣社員は賃金が低く抑えられ、OJTの機会にも恵まれず、一般的な社会保障を超える恩恵をまったく受けられない。[15] 1990年代の景気低迷の中で、期間契約を結ぶ従業員数が着実に増え、2000年までに日本の労働人口の約3分の1に達した。

米国の組織人間が取引人間に取って代わってかなり経つが、日本では現時点でも、民間部門の従業員の約3分の2がまだ長期的な雇用保障の対象となり確定給付年金がもらえる仕事に就いていることは注目される。[16] これは、日本の社会や生活の質に非常に大きな意味を持ち、21世紀の労働市場の現実と従業員のニーズ変化にシステムを合わせるために日本政府や産業界が慎重なアプローチをとってきたことを物語っている。

中小企業：下請けとサービス事業者

ほとんどの国で、中小企業は経済の非常に大きな部分を占めている。日本でも過去数十年から今日に至るまで、大企業（雇用者数300人以上または資本金約300万ドル以上）は全体の約0・3％にすぎない。しかし、大企業は雇用者全体の30％、GDPの49％を占めている。大企業がもたらす雇用の安定は、それぞれの関連する安定した階層構造の下請け網を通じて、中小企業にも波及してきた。[17]

1990年代のサプライチェーンのグローバル化により、国内下請けとの関係構築の論理が崩れるまで、日本の中小メーカーの約80％が買い手である大企業1社と密接なつながりを持ち、その多くは排他的な下請けとなっていた。[18] こうした中小企業にとって、買い手企業の垂直型下請け網に入ることで、安定と予測可能性が得られた。こうして、大企業の社会契約上の義務は多数の中小企業やそのブルーカラー労働者にも及んだ。つまり戦後は、チャンピオン企業の成功が経済全体に浸透していったということだ。グローバルな製造と調達がこの国内下請けシステムの脅威になり始めると、多くのメーカーは中小企業の従業員に対しても自社の従業員と同じように責任を感じ、下請けの階層構造を徐々に解消し始めたときも、ゆっくりと進めた。

こうした時間をかけたアプローチは、コスト抑制に苦労している大規模な組み立て事業者にとってはしばしば問題となった。1999年、日産自動車は倒産の危機に直面し、フランスの自動車メーカー、ルノーが37％の同社株式を買収して救済された。COO（最高執行責任者）として日産に送り込まれたカルロス・ゴーンはグローバル購買を導入し、下請け企業の数を減らし、従業員を解雇し、主要な元請け業者に30％のコスト削減を要求したため、「コストカッター」として知られるようになった。ゴーンは外国人なので、そうした思い切った措置をとっても許されると見なされていた。しかし、ひとたび前例ができると、他の自動車メーカーも追随した。これをきっかけに日本の中小企業の製造基盤が大規模に再編され、国内サプライチェーン全体でコスト面の規律が整備された。この中小企業レベルでの再編は、日本のビジネス再興のもう1つの重要な側面であり、大企業が事業をリポジショニングするペースがゆっくりであることの説明になる。

日本の小規模企業の第2グループはサービス業に従事し、建設会社から、小規模小売店、自営の飲食業事業者、クリーニング店、銭湯まで幅広い。大企業やその取引先と比べると、これらの企業は昔から不安定な状況にあった。１９６３年、中小企業支援という明確な目的で、通産省内に中小企業庁が発足した。[19] 融資を受けやすくする政府の信用保証など、さまざまな財務支援プログラムや補助金が設けられた。中小企業は投票を通じて大きな影響力を持ち、そこから中小企業向けの政策や公的融資プログラムが増殖し、近所の小さな文具店や野菜・果物店など、事業の成長見通しや明確な事業目的を持ってこなかった事業者までをも下支えしたのである。

景気が低迷すると、小さな店は客であるサラリーマンやその妻の善意にも支えられた。おそらく今でも、多くの日本人は小さな企業や老舗企業に愛着を持っている。それは感傷的な理由もあるが、誰もが経済成長の恩恵を受けるべきだとする公平感から来ている。[20] だから、超効率的なスーパーマーケット・チェーンなどさまざまな点で近代化が進んでも、多くの主婦は地元の野菜・果物店で買い物を続けた。それが親切で思いやりがあることなのだ。

とはいえ、日本社会のこうした側面は、世代交代もあって変化しつつある。高齢の店主の多くは、子どもは大企業に就職し、家業を継ぐことに関心を示さないなど後継者問題に直面している。第7章で見ていくが、この後継者問題から国内で新しいタイプのプライベート・エクイティ産業が生まれ、日本の中小企業のスキルや競争力の向上に役立っている。

1987〜1991年のバブル経済：浮かれた時代をどう読み解くか？

高度成長期の成功はバブル経済で頂点に達し、4年間にわたって、資金が容易に手に入る金融緩和政策や過信に煽られて、不動産と株式市場で価格が高騰していった。日本政府、銀行、産業界のリーダーたちは、「ナンバーワン」、つまり世界最大の経済大国になるという考えに酔いしれた。後から考えれば、バブルの原因は、規制上のミスと、企業に蔓延していた傲慢さや無謀さが重なった結果、不正融資や過度な投機が行われたことにある。成功を重ねる中で過信が生まれ、資産インフレやその後の歴史的規模の崩壊へとつながった。[21]

その背景となったのが、日本の貿易黒字の急増に対して、米国が1980年代に始めた貿易戦争だ（2018年から始まった米中貿易戦争とよく似ている）。日本との貿易戦争は10年以上続き、やがて深刻化し、両国間でさまざまな緊張が走った。米国の主張は、日本の規制が厳しく、閉鎖的な製品市場や金融市場が米国企業の貿易障壁をつくり、そこから円安になり、それらが相俟って貿易黒字になっているというものだ。日本は、米国製品の品質が相対的に低いことが黒字と関係しているのではないかと反論したが、それでも、国内システムの安定を確保するため、金融規制緩和を皮切りに段階的に譲歩していった。

当初、日本から世界の金融市場への参入が許されていたのは最大級の優良企業だけだったが、戦後の硬直的な金融規制は長い年月をかけて1つずつ取り除かれていった。その後、1985年にニューヨークのプラザホテルで為替レートに関する合意が結ばれ、円高の悪影響を相殺するために日本銀行は金利引き下げなど広範な金融政策を開始したが、国内の過剰な貸出行動や不動産バブルを煽ることになった。

金融規制の緩和により、大手銀行はかつての主要顧客をグローバル市場に奪われた格好となり、新規顧客に目を向けざる得なくなった。以前は、銀行の主な顧客は有名な大手企業であり、メインバンクの役割を果たしていたが、これはかなりリスクの低いビジネスといえる。馴染みのない新しい企業に融資するためには、信用リスク評価に関する深いスキルが求められたが、それは大半の銀行の能力を超えていた。結局、段階的な規制緩和にただつけ込もうとする国内の開発業者や企業に融資するようになった。[22]

「島国の日本では、土地の需要過剰が永遠に続く」という怪しげな考えから「地価は上がる一方だ」と多くの人が信じており、やがて本格的な金融マルチ商法へと発展していく。東京の中心部にある皇居は一周約5キロだが、1990年にはその周辺地域の価格がカリフォルニア州全体の不動産価格よりも高く評価されるようになった。[23] 日本の大企業は浮ついた空気に惑わされ、苦労して稼いできた大量のキャッシュを浪費し、国際的な買収に走った。その多くがやたらに高額でトロフィーのような不動産だ。ハワイのホテル、ロサンゼルスのダウンタウンのショッピングモールやオフィスビル、そしておそらく最も有名なのが、三菱地所が1989年に購入し、破滅的な結果に至ったニューヨーク市のロックフェラーセンターだろう。

1990年後半に、金融緩和政策が危険な資産投機を助長していることに気づいた日本銀行は急速な一連の金利引き上げを開始し、浮かれ騒ぎの終わりを告げる合図となった。マルチ商法の多くは崩壊し、借り入れ比率の高い企業は上昇した金利をカバーしきれなくなった。1990年8月までに、日経平均株価はピーク時の半分にまで急落し、資産価格も下がり始める。事態が収拾した頃には、国中で不動産価格が87%下落し、特に大都市で減少幅が大きかった。バブル期の銀行融資のほとんどは膨らんだ不動産価格を基準とし、東北地方の急傾斜の雪山ゴルフコースへの融資など杜撰なプロジェクトも含まれていた。資産価格が下がり続けるにつれて、バブルを底支えしてきた基盤が崩れ、銀行は不良債権の山を抱えることになった。

金融の崩壊はその後、巨大な銀行危機を引き起こし、それは2003年まで続いた。いくつかの大手銀行が国有化され、破綻した銀行もあった。衝撃的なことに、その失敗に深く恥じ入るあまり自殺した銀行幹部が複数名にのぼった。ほんの数年前に世界最大だった、その同じ日本の銀行に今では公的資金が注入され、合併を余儀なくされたのだ。上位20行は最終的に6大グループに統合された。こうしてかつての企業集団の境界線が曖昧になり、三菱グループを除いて、大きな「系列」がその戦略的な意義を失った。[24]

新たに合併した銀行グループの最大の課題は、いかに不良債権の山を処理するかである。当時の日本は、不良債権の明確な定義もなければ、銀行制度内も含めて子会社に関する説明義務もなかったので、不良債権処理に伴う被害の全容が十分に把握できなかった。後日の推定では、株式保有と不動産だけで１９８９年度のＧＤＰの３年分に相当する国富が失われた。ここには、過払いの買収、無駄な投資、非効率な資産生成に伴う死重損失、新事業の組織能力を構築しなかった機会コストなどは考慮されていない。比較のためにいうと、米国が大恐慌の間に失った国富は１９２９年のＧＤＰ（１年分）に相当する規模だった[25]。

不良債権は、自行の最大顧客にさえ救済の手を差し伸べられないところまで銀行を弱体化させ、大小を問わず企業倒産の引き金となった。銀行は少なくとも何らかの価値を得ようと、借り手に対して担保権を行使し、差し押さえた資産の投げ売りを始めた。それを手に入れようと海外金融機関が日本に詰めかけ、それによって第6章に示すように、日本の大企業の株主構成や株主のモチベーションをことごとく一変させたのである。

「安全第一（リスク回避）」のために学習に力を入れ、ゆっくりと慎重な意思決定をする日本のタイトな文化の中で、どうしてこのようなバブルが起こりうるのかと不思議に思う人もいるかもしれない。バブルの最中に、適切な行動をめぐる日本の規範から明らかに逸脱したスキャンダルも起こった。官僚や政治家の間でさえ腐敗や汚職がはびこり、銀行役員は融資承認の規則を無視した。市場シェア争いとそこから生じた群衆行動には、繊細さは微塵もなかった。金融市場における不合理なギャンブルが爆発的に増加し、経営幹部は経費を無駄遣いしていた。こうした熱狂的流行の一端を示す事例の1つが、大阪のダークレディ、尾上縫だ。バー経営者の彼女は一時期、国内最大の個人投資家となった。ガマガエルの石像を使った株式市場予測スキルに基づく出資金詐欺（ポンジ・スキーム）で、40億ドル以上の投資資産を蓄えたのである。[26]

この断絶の1つの解釈として、バブルは心理的な愚行であり、その結果として日本の規範を大きく逸脱し、あたかも日本の政財界全体でリーダー層が居酒屋やカラオケ店で羽目を外したかのようになったと考えられる。経済的な解釈では、バブルの根源はモラルハザードの結果といえるのかもしれない。企業や銀行は、金融面の危険な賭けからの保護策として相互保険制度に過度に依存していた。経済・社会の安定性を担保するために十分に整えられた政府のさまざまな措置や、メインバンクや系列を通じた多くの安全メカニズムを基盤に30年間成長した後だけに、経済・社会全体でリスクに適応しているという認識が生まれた。[27]バブル期には、政治家、官僚、バンカー、経営者の誰もが規範的なレーダーを失い、経済・社会全体を揺るがすようなリスクを読み違えたのである。

バブルの後遺症

１９９１年頃にバブルが崩壊したが、当初はそうではないという見方がされていた。株価暴落は一時的な現象にすぎず、力強い成長が必ず戻ってくるだろう、と。ところが、状況は悪化の一途を辿った。１９９５年に大手地方銀行と2つの信用組合が、１９９７年には大手の都市銀行と証券会社が破綻した。１９９８年、長期信用銀行の大手2行が国有化された。金融システムの崩壊を避けるために、大手行に約９００億ドルの公的資金を投入するという緊急措置法が発表された。銀行部門が統合、再編、不良債権の処理を完了するのには２００５年までかかった。[28]

ビジネス再構築の転機となったのは１９９８年だ。銀行危機に加えて、新たなグローバル競争、社会的危機が起こり、政府の政策が突然無効になってしまう事態も重なり、戦後システムが行き着いた到達点は自明のものとなった。大企業は過剰人員、不良債権、非中核的資産という三重苦に悩まされた。高度成長期に築き上げた高度に多角化されたコングロマリットは突然、大きさを持て余す存在となった。多くの事業分野に薄く広く展開しすぎており、経営構造はあまりにも形骸化していた。これは悲惨な業績数値から見て取れる。２０００年代初頭、日本の上場企業の営業利益率の中央値は５％未満であり、純利益がゼロの場合も多かった。[29]

こうした業績不振の企業には、日本の旗艦企業も含まれていた。例えば、２０００年から２００９年までの10年間で、富士通の平均営業利益率は２・６％と、かろうじて日立の２・１％、ＮＥＣの１・８％を上回った。これらの企業が苦境を乗り越えられた唯一の理由は、レガシー顧客と政府機関から経常的な利益が入ってきたからだ。ＲＯＥ（自己資本利益率）を見ると、米国企業の15～20％に対し、日本の大企業の平均は１９８１年に約８％、１９９０年代初頭に６％、２０００年は３％だ。[30]明らかに、大企業は価値を創造して利益を出す能力を失っていた。

企業業績の回復が遅れ、ここまで悲惨な状態が20年間続いた理由は主に２つある。まず戦略面だ。第４章で取り上げるように、グローバルな環境の変化に適応するために、日本企業は新しい競争方法を見つける必要があった。しかし、必要なリストラを進めるためには、会社法や労働関係法の変更が欠かせなかった。それらの改正は１９９８年から２００６年にかけて長期的かつ段階的に進められた。それゆえ、企業はバブル期の過剰能力をすぐに清算処理することができなかっただけでなく、人員の自然減を通じてリストラを行い、段階的に撤退することを迫られた。

さらに、国家が危機的状況にあったこの時期、国が企業に対して全面的に期待していたのが、できる限り従業員に対する責任を果たすことだった。大規模な人員削減は、企業が倒産の危機に瀕している場合にのみとりうる選択肢だ。そこには、この危機に立ち向かう最善の方法に対する社会的な選好が反映されていた。つまり、厳しい社会的コストを払って急回復させるよりも、多くの人々の生計確保を優先させるということだ。ほとんどの企業は、もはや必要がなくても、なるべく多くの従業員を雇用し続け、政府はもはや実行可能でなくても、中小企業を支援しようとした。有権者、株主、経営者、商店主、従業員としての役割の中で、人々は段階的なアプローチを好む姿勢を示した。

その代償は高くついた。失われた20年の間、低い経済成長率、低い生産性、政府債務の増加、株式市場の停滞、世界から見向きもされない無力感を味わうこととなる。しかし今、振り返ってみると、政治的、経済的、社会的な安定を極力維持することで、社会的な転換が限定的になってコストが抑制されたため、長期的には日本に大きな恩恵をもたらした可能性もある。

暴動なき苦悩

すべての企業と人々が救われたわけではない。世紀の変わり目には解雇は避けられなくなり、多くの中小企業が倒産した。銀行破綻を最も切実な問題として感じたのが中小企業だ。こうした企業では、銀行のクレジットライン（信用限度枠）がなくなれば、資金難に陥って事業継続がままならなくなる。プライベートブランド品やマルチレベルの国内サプライチェーンで一大帝国を築いた小売業のダイエーやマイカルなど、いくつかの大企業が破綻すると、排他的取引をしていた下請け企業も巻き添えを食らった。さらに、サプライチェーンのグローバル化は、多くの3次や4次の下請け企業を脅かした。

図表3－3は、1991年から2018年までの企業倒産件数、失業率、さらに自殺者数も示している。1998年から2001年の間に、日本の倒産件数は過去最高水準に達し、2000年だけでも1万9000件を超えた。負債総額は2200億ドル以上にのぼる。このうち中小企業は、倒産件数の約98％、負債総額の50％を占めていた。この大規模破綻には生命保険2社が含まれ、莫大な金額の個人貯蓄が消え去った。[31] ホームレスや日雇い労働者の割合、強盗、家庭内虐待、アルコール依存症、うつ病、自殺が急増したことからわかるように、この経済崩壊は社会不安や大きな苦痛を引き起こした。[32]

しかし、個人的にも、社会的にも、これほど辛酸を舐めたにもかかわらず、日本の社会的、政治的な基盤は基本的にそのまま残った。社会の成長セグメントが予期せぬ影響を受けても、第1章の図表1－1の通り、パニック、暴動、過激なポピュリズムの台頭、所得格差の有意な上昇は見られなかった。この反応は、公の場での怒りの発露やアクティビズム、ウォール街占拠運動、ポピュリズム政治家人気の高まりなど、2008年の世界金融危機後に米国で起こった状況とはまるで違っている。

図表3-3　社会的苦痛の指標（1991～2018年）失業、企業倒産、自殺

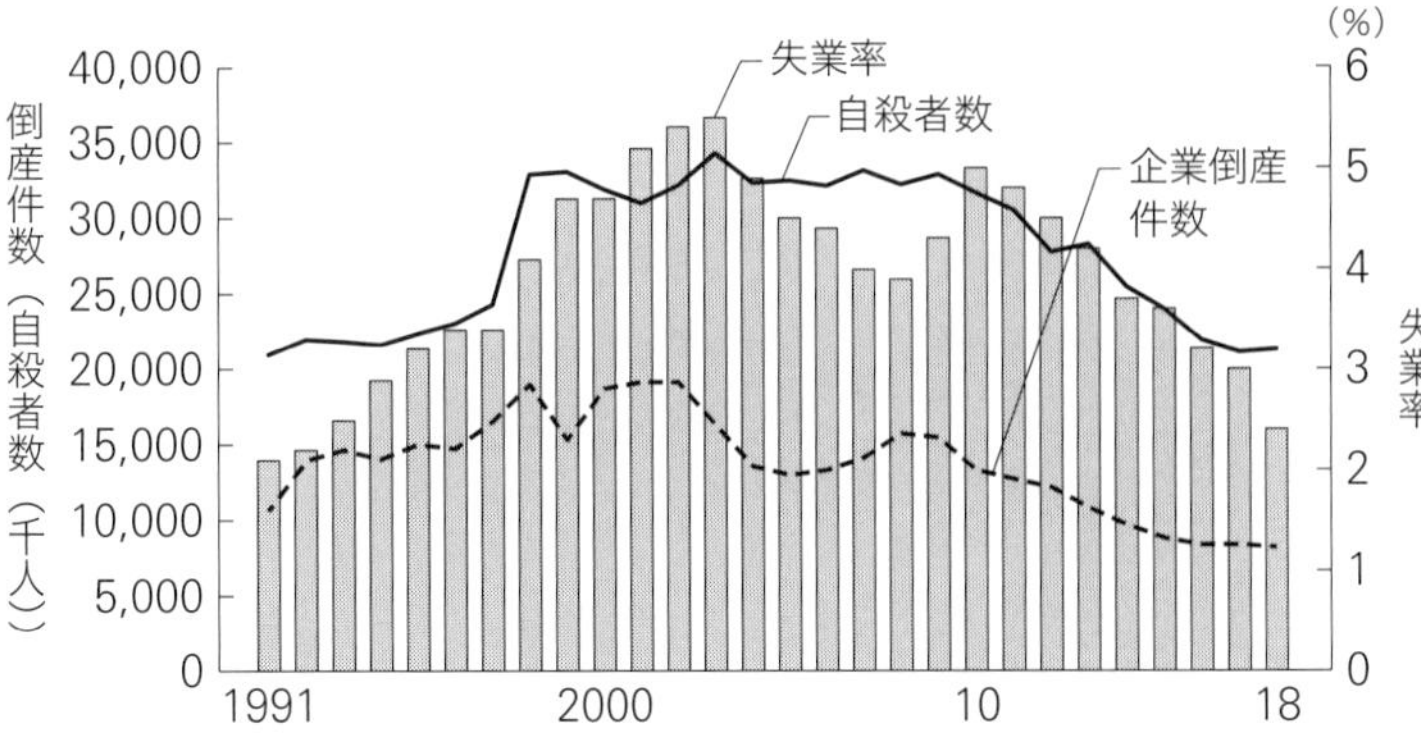

資料：統計局の労働力調査の結果、東京商工リサーチの全国企業倒産状況、厚生労働省の自殺の統計

ここでも重要な役割を果たしたのが、日本のタイトな文化だ。大地震の時と同じように、ほとんどの人は経済崩壊を社会として苦しむべき時だと見なし、自分のことだけを考えたり、危機に乗じて私利私欲に走ったりすることはなかった。主要課題は、すべての人のためにダメージを和らげるように社会的な転換の度合いを抑えることだったのである。

すでに述べてきたように、調整のペースは遅かったので、海外では、日本の１９９０年代から２０００年代初めの期間を「失われた10年」と呼ぶ人もいた。回復が遅々として進まないことへの焦りから、日本でもこの言葉が使われるようになった。特に、バブル期以降に生まれた若者にとって、なぜ父親やおじさんたちが明らかにリストラを必要とする企業に毎日いそいそと通勤するのか解せなかった。ミレニアル世代の間では、新しいものを求める感覚が芽生えていたのだ。

しかし詳しく分析していくと、企業にとって失わ

れた20年はまったく失われた時代ではない。むしろ着実かつ慎重に熟慮された変革（transformation）の時代だった。日本企業は20年以上かけて、アジアの中で競争し、中国の台頭やサプライチェーンのグローバル化に対応するための新しい方法を考え出した。この戦略的リポジショニングの最後に、多くの日本企業はアジアのサプライチェーンの中でハイテク分野の投入財や部品の重要な提供事業者として再浮上している。刷新がスローペースであるために、大規模な社会的損失が食い止められ、失業率が緩やかに増加しただけで全体の移行が進んだ。２０１０年頃には社会的苦痛を示すさまざまな指標が低下し、危機前のレベルに戻り始めた。

バブル崩壊の傷跡は深く刻み込まれ、ビジネスパーソンの間や社会全体で、追求すべき妥当な目標として株価を位置づけることへの一定の不信感が植え付けられた。もちろん、グローバル競争や金融にとって企業の株価は重要であり、企業間で比較し、企業の適合性を評価する手段として役立つ。しかし第6章で見ていくように、ストックオプションは依然として役員報酬の重要部分ではなく、企業の時価総額を引き上げるためだけの自社株買いには、大いに懐疑的な視線が向けられている。バブル崩壊とその余波に希望の兆しがあるとすれば、株価上昇を追求することの価値に対する冷静な見方を日本に吹き込んだことかもしれない。

第4章

〈新・日本企業の戦略〉集合ニッチ戦略

2011年3月11日に東日本大震災と福島原発事故が起こるまで、製造業の生産高がグローバルで「わずか」10%のシェアとなり、日本は経済的な重要性を失ったというのが、世界における一般的な印象だった。ところが、東北地方での原発事故のニュースが流れると、世界は突如、その10%の大部分が液晶パネル、半導体、電池、医療機器などの製品づくりに欠かせない重要品目であることに気づいた。なかには、日本企業が合わせて世界シェア100%という品目もある。その供給が震災によって脅かされ、日本製投入財は10%という数字が示すよりもはるかに重要であることが浮き彫りになったのだ。[1]

2011年、東北地方には30以上の精密機械や医療機器の工場、10以上の化学品や素材工場、3つの大型自動車工場があり、20社以上の自動車部品サプライヤーが拠点としていた。全体では、この地域は日本の電子部品やデバイスの生産の約10%、輸送機械生産量の3%を占めているとされる。[2]震災でこれらの工場が物理的に被災したことに加えて、この地域の電力、物流、マンパワーが寸断された。被災企業の対応はまさに日本のビジネス規範に則っていた。まるで地震が自分たちのせいであるかのように、迷惑をかけたことを謝罪し、迅速な再建と再開のために全力を尽くすことをグローバル顧客に保証した。そして奇跡的にも、3カ月以内に出荷したのである！

企業間のチームワークは供給網再構築の取り組みの一部となっていた。例えば、数週間にわたって余震が続き、工場内のロボットを何度も再調整し、専門家を派遣する必要があった。この過程を早めるために、日本有数の工場オートメーション企業で、多くの産業用ロボットを手掛けるファナックのエンジニアが昼も夜も作業し、ロボットが自ら再調整できるようにする新しいソフトウエアを開発した。その後、ファナックは被災したメーカーにこの新手法を寄贈している。[3]

2010年にNEC、日立、三菱電機の半導体事業が合併して設立されたルネサスエレクトロニクスも、地震によって世界的なボトルネックが発生した一例だ。同社は世界最大級のマイクロコントローラ（マイコン）メーカーの1つで、自動車用マイコンの世界シェアは44％だ。同社が手掛ける半導体チップは、エアバッグ、エアコン、ダッシュボードの軽量器、オーディオ、ナビゲーション、さらには重要なエンジン制御ユニットまで、車内の電子的なものをすべて制御するので、これがないと車を動かせない。しかも、メーカーやモデルごとにカスタマイズされるので、他の場所では専用チップを購入できなかった。

ルネサスは北日本に工場が8つあったが、2011年はその全工場が被災した。7工場は1カ月で生産が再開されたが、最大規模を誇る那珂工場の被害は甚大で、復旧に1年以上かかるというのが同社の見解だった。那珂工場は世界最高レベルの品質基準で知られ、長期間にわたって閉鎖すれば、世界の自動車生産の約半分が停止してしまう。そうした事態を回避するために、自動車メーカーが音頭をとって東北の企業全般に従業員ボランティアを募り、ルネサスを支援しようとした。協力者は続々と集まり（一番多いときで２５００人を数えた）、工場の復旧に向けて昼、夜、週末と交替で時間外も働いた。こうして震災後３カ月も経たない２０１１年６月１日に再開にこぎつけたのである。[4] これは特殊な出来事ではなく、ほかにも同じような事例はいくつも見られた。ほとんどの工場が震災から数週間以内に生産を再開している。

　こうした取り組みが行われた理由の１つは、グローバルなスケールで競合する他社に追いつかれ、買い手を奪われることを懸念したからだが、そういうことは起こらなかった。実際に、多くの製品分野で、グローバルなサプライチェーンの中で日本企業がさらに重要性を帯びるようになった。それが前面に出たのが、２０１９年の日韓の貿易摩擦だ。韓国が第二次世界大戦に伴う損害賠償を要求し続けることに失望し、日本は同年7月4日に韓国を「ホワイト国のリスト」から外した。両国間で自由に取引されていた3つの特殊化学品について輸出許可申請が必要となり、その審査に最大で90日かかる可能性が出てきた。非難の応酬が繰り広げられたが、その根本原因が何であれ、この争いは世界貿易を混乱させる恐れがあった。問題の特殊化学品は、フッ化ポリイミド、フッ化水素、フォトレジストである。これらの化学品は非常に高価で、最高品質のフォトレジストは1ガロン（約4リットル）で中型車が1台買えるほどだ。

　日本企業はこうした先進的な化学品で世界市場の80％以上、最上級カテゴリーの高性能の半導体製造に必要な超純フッ化物エッチングガスに至っては１００％押さえている。フォトレジストは、ＪＳＲやＴＯＫがはじめとする日本企業が世界市場の約90％を占める。２０１９年に、こうした素材は、日本の対韓国年間輸出額の約12％の60億ドルにのぼった。大したことはなさそうに見えるかもしれないが、その影響は絶大だった。審査手続きの減速化によって、現在のチップ製造だけでなく、サムスンとＳＫハイニックスの次世代通信技術である５Ｇ用半導体開発にも支障をきたしかねない。アップルなど米国企業のつくる製品にもこうした部品は必須である。

これに対応して、韓国政府は化学品の国内生産を促進するプログラムに資金を拠出したが、この計画がすぐに成功するかどうかはかなり疑問視されていた。日本企業は１９７０年代から半導体製造能力を構築してきたからこそ、世界有数のサプライヤーとなっているのだ。特殊化学品の生産は、レシピを見ながら手の込んだ料理をつくるのと似ている。高い純度で一貫して生産するのは難しく、時間をかけて経験や暗黙知をかなり蓄積していく必要がある。できあがったスープを単純に分解して、リバースエンジニアリングで模倣するというわけにはいかないのだ。家庭でレシピ通りに難しい料理をつくるのとは違って、こうした化学品には揮発性があり、有毒物質や腐食性物質だったりする。

こうした出来事はすべて、世界経済における日本の新しい競争優位性を示している。つまり、他社が簡単に模倣できない重要な投入素材や部品を供給できるという強みだ。こうした部品の価値は貿易データでは十分につかめない。また、「ジャパン・インサイド」のラベルも貼っていないので、こうした依存関係は多くの人にとって驚きとなる。日本企業にとっては20年かけて進めてきたことが今、実を結びつつあるのだ。

本章では、1990年代以降の韓国、台湾、中国の台頭がいかに競争と協働における新しい北東アジアの力学を生み出してきたかを取り上げる。これにより、日本企業は消費者向け製品の輸出業者から、グローバルな「ジャパン・インサイド」サプライヤーへと移行する必要があった。最初に概説するのは、戦後日本の成長戦略を無効にした、アジアでの競争力学の変化についてだ。一連の投入財での集合ニッチ戦略がどのように生まれたのか。また、戦略的リポジショニングと会社の刷新という2つの主要な構成要素にも言及する。1998年から2006年にかけて行われた政府の改革により、選択と集中による刷新が可能になり、2010年代には、アベノミクスで変革マネジメントが新たな喫緊の課題となった。後半でパナソニックとソニーの事例を取り上げるが、ここからリインベンションに関する日本固有の課題がいくつか浮き彫りになる。両社は共に選択と集中に向けて複数の試みを開始したが、一部の事業部門は大幅な赤字であるにもかかわらず、長い歴史があるため、いまだに撤退できずに苦しんでいる。

これから見ていくように、集合ニッチ戦略は体系立てて計画されたものではない。むしろ、1社1社がゆっくりと入念に上流のニッチ技術に移行を始め、全体として、グローバル市場とアジア市場の新しい力学の中で競争優位性をもたらすようになってきたものである。この変革はゆっくりと進んできた。本章の最後に、このスローなアプローチは、コストがかかる一方で、企業再編の進め方として適切であるのかどうかを考えたい。というのも、パナソニックとソニーは困難な時代にも経営の安定性を保ち、収益と雇用を創出し続けただけでなく、強力な競争相手としても再浮上しつつあるからだ。

変革の必要性：アジアにおける新しい競争動向

日本のバブルが崩壊したのは、ちょうど世界の競争環境が劇的に変化し、戦後日本のビジネスモデルが時代遅れになったときだった。エレクトロニクスや半導体から鉄鋼や自動車まで幅広い業界で、韓国と台湾が直接の競合相手となった。さらに、「世界の工場」として中国が台頭してきたことも重なり、半導体などの投入財と高品質な消費者向け製品を大量生産するという得意分野で、日本は打ち負かされた。おそらく高級品カテゴリーを除けば、主力の家電製品でにわかにコスト競争力を失ってしまったのだ。その後の日本企業の対応は、北東アジアに競争と協働というまったく新しい力学もたらした。

日本企業は今、韓国、台湾、中国に対抗するために、より高い技術領域に常にアップグレードしていく必要がある。トヨタのレクサスやプリウスなどの自動車、特殊鋼や化学品、電車や人工衛星などのハイエンド・インフラ設備などを見れば、過去20年にどのような経緯を辿ってきたかがわかる。しかし、アップグレードだけでは十分ではない。常に先行し、基本的な最終製品の市場を失った分を埋め合わせるために、新・日本企業はこの基盤の上に深みのある競争優位性をもたらす新規レイヤーも追加する必要がある。少なくとも中期的にアジアの競合他社がつくれない新技術でリーダーになれる領域や、規模拡大に時間がかかりすぎて敬遠される領域に進出する、ということだ。

ファインケミカル、先端材料、センサーなどのハイエンド部品は、新・日本企業が強力な暗黙知、経験、専門スキルを蓄積してきた製品分野の例だ。その一部はかなり小さなニッチ製品だが、極めて重要で利益率が高い。このように、新・日本の戦略は一連のニッチを追求し、それを足し合わせることで、結果的に東アジアの競合他社に先駆けて、イノベーションの最前線で大きな利益をもたらすプレゼンスを持つことだ。

グローバル・サプライチェーン

この移行のきっかけとなったのは、1990年代に始まったサプライチェーンのグローバル化である。バリューチェーンは、事業戦略において生産プロセスを価値創造の段階ごとに明確に分解し、各段階のコストと**価値獲得（利益）**を分析するための枠組みだ。[6] 1990年代半ばまで、ほとんどのメーカーは、一国内、さらには一企業内にバリューチェーンを築いていた。研究開発や製品設計から実際の生産や販売に至るまで、社内の生産プロセスに頼り、部品を外部委託する場合に限って、地域や国内のサプライヤーを用いたのだ。

しかし1990年代以降、輸送・物流コストが大幅に下がり、製品のモジュール化でかなり標準化された部品が出回るようになった。コスト削減圧力が高まる中で、政治的な貿易障壁が撤廃されたことが組み合わさり、グローバル調達と生産がより経済的になったのである。こうして企業は世界中でコスト・パフォーマンスが一番高い場所にさまざまな生産段階を配置し始め、グローバル・サプライヤーから部品を調達した。

バリューチェーンの枠組みから導き出される戦略的に重要な点は、すべての生産段階に同等の価値があるわけではないことだ。独自のテクノロジーを持ち、難しい生産プロセスに精通することにより、付加価値も利益率も高くなる。付加価値と難易度がより高い段階でポジションを獲得すれば、企業は長期的に勝つことができるのだ。このため、有力な製造モデルは、社内で組織能力を構築してローカルサプライヤーとしての基盤を維持するモデルから、グローバル製造ネットワークを管理して、世界中の最適な場所にそれぞれの部品や生産段階を外部委託するモデルへと移行した。必要とされるマネジメント・スキルも、現地のオペレーション管理や輸出の専門知識から、広大なグローバル生産拠点のネットワークを運営することへと変わった。

これが最初に起こったのは、日本有数の輸出産業である電子機器や自動車を中心とする、モジュール化と標準化の度合いの高い産業である。その後、工具、プラスチック、繊維、ガラス、セラミックスにまで拡大し、2000年には業界ごとにサプライチェーンがグローバル化し、地元のサプライヤーに大打撃を与え、大規模な組み立て業者とはまったく異なる購買やサプライチェーンの運営スキルが求められるようになった。

スマイルカーブ

中国が世界の工場として台頭すると、価格競争が激化した。業界の伝承によれば、1990年代初めにこうした状況を受けて、台湾のコンピューター会社であるエイサーの創業者がナプキンの裏側に「利益のスマイルカーブ」を描いたという（図表4－1を参照）。この曲線は製品生産プロセスの各段階の利益ポテンシャルを表し、上流（設計、部品、生産機械）と下流（小売り）が最も利益率が高くなる。エイサーのCEOは、自社が曲線の底に来る組み立て工程にとどまっていることを懸念していた。利益率が最も低く、中国本土の企業がすぐに優位に立てそうな領域だったからである。

それ以降、スマイルカーブは日本政府の報告書や戦略をめぐる議論ですっかり定番の図表となった（ちなみに、米国ではスマイルカーブはほとんど知られていない）。アジアの競争力学とともに、新領域のコアコンピタンスへのリポジショニングという日本の具体的課題も端的に表しているからだ。さまざまな消費者向け最終製品の総合組み立て業者の最大手でいることは、日本にとって悪手となった。韓国のサムスンやLGエレクトリック、台湾のエイサーとエイスース、中国のハイアール、グリー・エレクトリック、ハイセンスなどの企業と競争する唯一の方法は、サプライチェーンの上流、つまり、つくるのが難しく、模倣するのも難しいセグメントに移行することだと、日本の経営者は気づいている。

日本企業のビジネス再興

上流のコアコンピタンスを構築すれば新たな優位性になることはすぐ見て取れるが、この上方向への移動における経営上の課題は極めて手強い。それは2つのステップに分解できる。(1)新しいコアコンピタンスもしくはその改善に組織を集中させる。(2)企業の刷新と行動様式の変革をマネジメ

図表4-1　製造業における利益の「スマイルカーブ」

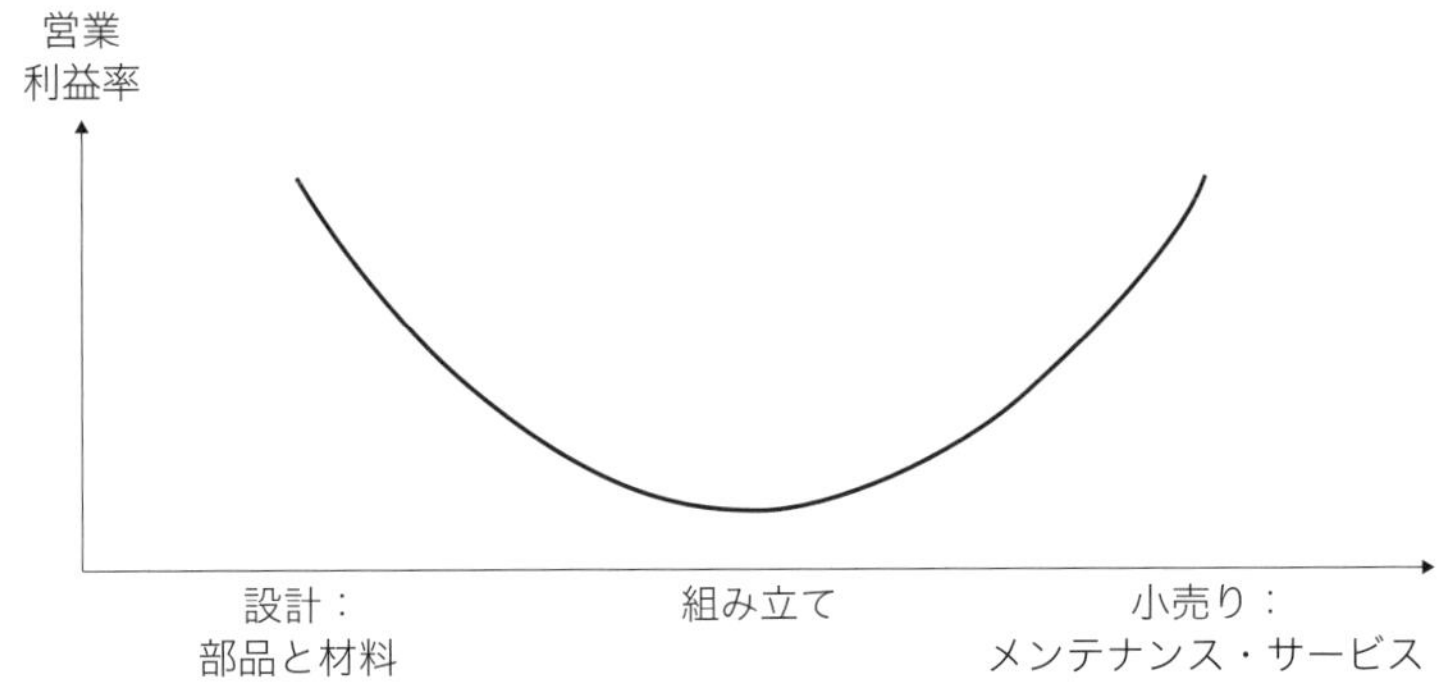

資料：エイサーのスタン・シー氏が考案したスマイルカーブに基づき筆者作成

ントし、探索とイノベーションの新しい進め方を構築する。選択と集中は新しい企業戦略を策定しなければならないことを意味する。また、カルチャーの変革マネジメントは、作業手順、スキル、インセンティブ、カルチャーを社内で再設計することで新しい戦略を実行し、それによって飛躍的イノベーションを可能にするということだ。

(1)　戦略的リポジショニング

日本のリインベンションの第一歩は、企業戦略を再設計し、新たな勝ち方を明確にすることだ。これには4つの分野が関わってくる。まず、新旧含めて中核事業を特定しなくてはならない。次に、非中核事業はすべて売却や解体をして撤退する。その一方で、設備や人材に投資する有機的なやり方、もしくは、その事業の市場リーダーを外部から獲得することを通じて、中核事業を強化する必要がある。それが実現したら、中核となる組織能力を伸ばし活用しながら、新しい中核事業を跳躍台として競争力のある新事業へと拡張していかなければならない。これには、研究開発の新しいアプローチが求められる。

２０００年前後に日本の産業界で流行語となった「**選択と集中**」は、戦後のコングロマリット解体という第1の波を指していた。[7] ２０００年から２００６年までの間に、日本大手５００社の推定75%が少なくとも1回は組織を再編し、34%が少なくとも1つの事業から撤退したと報告されている。直ちにこうした改革に着手した企業もある一方で、電気機器メーカーの三洋、パイオニア、シャープなど、完全に出遅れて最終的に他社に買収されてしまった企業もある。改革に乗り出した企業は、低いところにぶら下がった果実、つまり、バブル期に参入した非中核事業を切ることから始めた。日本製鉄の半導体事業、ソニーのフランス料理店チェーンのマキシム・ド・パリなどがその例だ。

しかし、新しい中核技術を構築してアジアで先頭を走るためには、組織を再編成するだけでは足りない。選択と集中の第2の波を見ることになった理由もそこにある。２０１０年代後半、デジタル経済で競争するために、中核事業の真のリポジショニングと方向転換が行われた。これは、かつての中核製品やしばしば自社の代名詞にもなってきた伝統的な事業から撤退しなくてはならないので、さらに難易度が高かった。この戦略的な方向転換は社内にはびこる既得権益と衝突せざるを得ず、明確な方向性と強力なリーダーシップが求められる。

例えば、富士写真フイルム（現・富士フイルム）は本書の執筆時点で時価総額２３０億ドルの企業となり、界面化学における持続的なコアコンピタンスを基盤に、電子機器や医療機器などの製品分野向けファインケミカルで強い競争力を誇っている。同社は１９３４年に創業し、アナログ写真フィルムで2大グローバル・リーダーに数えられた。世紀の変わり目に、デジタル写真がいずれフィルム事業を駆逐することに気づき、液晶画面に必要な化学フィルムに果敢に軸足を移し始め、半導体材料、医療機器（内視鏡、画像技術）、化粧品、再生医療へと事業領域を拡大した。２０１２年に破産申請した主要な競合相手のイーストマン・コダックも、アナログ・フィルム事業で破壊的変化が起こることを認識していたが、伝統事業を葬り去ることに対して、社内の抵抗を克服できなかった。富士フイルムは幸運にも、当時強力なＣＥＯが居合わせていた。[8]

(2)　企業の刷新

事業部門の再編はまた別物だ。組織全体の変革を促進し、新しい企業アイデンティティを構築していく。日本企業が価値の高いニッチを独占し守り抜くためには、技術的ブレークスルーの最前線での発明を意味する、いわゆる**ディープテクノロジー**を発展させなくてはならない。それには通常、多額の投資が必要となり、不確実性が高く、それを使えば事業化できることが実証されていない場合も多い。既存の漸進的イノベーションの進め方とはかなり勝手が違うのだ。このため、日本のビジネス再興の第2弾は、飛躍的イノベーションで既存の強みを補完するために新しいやり方を取り入れて、迅速に、かつリスクを負いつつ、創造的な研究や事業開発を行うことを中心にした企業カルチャーの構築を促すことだった。

重要なのは、古いものを新しいものに置き換えるのではなく、既存の強みを維持し強化しながら、将来の事業分野で新しい競争方法を構築するという二重のアプローチがとれる新しい構造をつくることだ。これを実践するためには、新しい企業カルチャーと新しい構造を築き、成熟した手順と先駆的進め方を共存させ、従業員が新しい多様性を受け入れやすくする必要がある。第2章で言及したように、タイトな文化の中でこうした変革を実行するためには、特別なプレイブック（作戦）と個別の展開、決断力とビジョンを備えたリーダーシップが求められる。こうした側面はすべて、ほとんどの日本企業にとって新しいものだ。

さらに具体的に言うと、日本企業は既存のものづくりのカルチャーに新しい飛躍的イノベーションのカルチャーを追加して、東アジアにおける競争で先行するために自社を推し進めていく必要がある。製造業では通常、規模の拡大、コスト削減、着実でバラツキの少ないアウトプット、現場の細かな処理手順への注意が重要になる。対照的に、テクノロジーの最前線に躍り出るためには、「素早く動いて破壊せよ（move fast and break things）」というフェイスブックのスローガンに見られるように、リスクテイク、イノベーション、多様性、逆張り思考を奨励する進め方が求められる。第8章で見ていくように、企業にとって重要なのは、ひとつ屋根の下で両利きの経営を進めていくことだ。なぜなら、新しい機会を常に探索したり、新規事業を既存オペレーションに統合したりしなければ、長期的に生き残れないからである。[9] また、ただ新しいビジネスに完全に切り替えればよいというものでもない。既存事業は拠り所、新しい探索に資金を回すリソースの源泉、技術基盤として必要なのである。

「ジャパン・インサイド」への移行

日本の産業がスマイルカーブの上流に移動し始めたストーリーの重要な部分は、1970年代から培ってきた下請けレイヤーの技術力にある。これまで日本の大手メーカーは大きな下請け網に依存し、一次下請けは材料や部品（カメラ用レンズ、ガラス基板、マスク、ディスク、メモリー・ストレージなど）、膜材料、エレクトロニクス用ポリマー、手間のかかる特殊金属や金属部品、コネクタ、コンバータ、半導体、コンデンサに至るまで、世界トップクラスの競争力を持っていた。2000年前後、製造業大手の中には方向転換に出遅れた企業もあるが、関係する下請け企業の動きははるかに素早かった。

この動きの典型例が携帯電話業界だ。1990年代後半、日本の携帯電話業界が世界の技術リーダーだったことを覚えている人もいるかもしれない。1999年、NTTドコモは世界初の携帯電話技術、iモードを開発した。htmlでインターネット上のウェブサイトにアクセスできるため、電話を利用するためのウェブ設定は不要だ。業界の伝承では、携帯電話にカメラをつけて、テキストメッセージを送れるようにするアイデアも日本で生まれた。時代の先端を行く消費者として知られる女子高生が、友だちの電話番号を写真に撮って保存したり、おしゃべりは迷惑とされる公共交通機関の中でも絶えず話がしたかったからだという。

しかし、日本の大手電子機器メーカーは有利なスタートを切ったにもかかわらず、携帯電話業界の技術シフトを大きく読み違え、折りたたみ式携帯電話にこだわったため、スマートフォン競争で敗れてしまう。[10] それでもなお、そうした調達先の企業は世界で最も優れていた。アップルは2007年発売のiPhoneを開発したときに、日本でピカ一の技術クラスターを見つけた。ソニーがアップルに負けても、日本の部品供給基盤がiPhone内部を制覇したのだ。

このようにして、携帯電話から「ジャパン・インサイド」時代が始まった。2010年代の新しいアジアのサプライチェーンの典型的な経路は次の通りだ。まず日本からハイテク素材やファインケミカルを韓国や台湾に輸出し、こうした国々で液晶パネルなどの部品が（日本の製造機器・装置を使って）生産される。その部品が中国に出荷されて、中国で組み立てられ、米国を含む世界の消費者市場へと輸出される。2010年代初めに、実際の携帯電話をつくる際の付加価値のうち推定34%が日本で生み出されていた。次いでドイツが17%、韓国が13%、米国が6%、中国はわずか3・6%である。[11] こうした数字には、素材や複雑な部品、特定の部品をつくるための機械類は含まれていない。

それから10年後の2019年6月、日本経済新聞がファーウェイの携帯電話の上位機種で同様の評価を行っているが、やはり重要部品の主要サプライヤーは日本だった。部品総数は1631点、生産コストは364ドルとされ、そのうち中国企業は部品80点で付加価値の38%を占め、米国は16%（15点）、韓国（562点）と台湾（83点）はいずれも8%だった。日本企業は全4台のソニー製カメラも含めて869点の部品で付加価値の23%を生み出していた。評価に含まれなかったフィルター、発振器、振動器、電池端子などもすべて日本製だ。[12] さらにこの調査では、韓国、台湾、中

図表4-2　2018年の北東アジアの貿易関係（単位：10億米ドル）

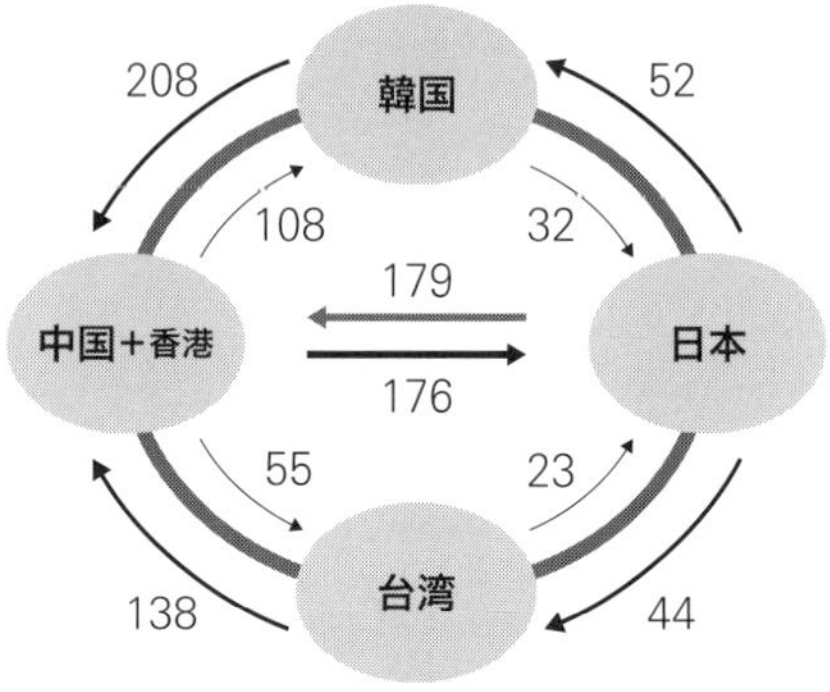

資料：国際連合国際貿易統計データベース、台湾経済部国際貿易局のデータを用いて著者作成

国の部品のうち、指紋ユニット用フラッシュメモリやセンサー、チップや電池の製造に必要な先端材料など、日本からの投入材料でつくられたものがどのくらいあるかは考慮されていない。

「ジャパン・インサイド」の影響はサプライチェーンを通じて追跡するのは困難だが、貿易統計には反映されている。図表4－2にあるように、2018年時点で、日本は韓国と台湾に対してかなりの水準の貿易黒字を計上しており、韓国と台湾は中国（香港を含む）に対して大きな貿易黒字となっている。一方の中国・香港と日本との間の貿易は、輸出も輸入もほぼ均衡していた。アジアにおける日本の貿易や取引関係については第5章で詳しく取り上げたい。

集合（アグリゲート）ニッチ

アジアのサプライチェーンに対する日本の重要性は決してスマートフォンに限ったことではない。さまざまな産業で次々と「ジャパン・インサイド」が繰り返されてきた。日本企業は自動車の小型電動機について、シート、ウインドウ、ワイパー用モーター（推定80％）、車両パワーステアリング（40％）、炭素繊維（66％）、高性能センサー（タイプによって40〜70％）などで世界シェアを誇る。医療やオフィスオートメーション機器の一部領域では、日本の世界シェアは合計で70％を超えている。こうした製品部門の一部は小さいかもしれないが、他の製品を生産する上で欠かせない。これらは輸出に貢献するだけでなく、日本のグローバル産業基盤にも浸透し、大手の新・日本企業の競争力の一助となっている。

こうしたニッチ市場でのグローバルな影響力を評価するために、経済産業省は過去20年間、さまざまな製品や投入財分野における日本企業の合計世界市場シェアを調査してきた。最初の調査が行われたのは２００３年であり、日本企業はすでに家電製品の市場のほとんどから撤退していたが、投入財は優勢で部品が51％、素材が70％を占めていた。[13]

こうした評価はそれ以降も繰り返され、対象を広げていった。２０１８年版ではさまざまな重要製品における日本の優位性がはっきりと見て取れる。[14] 幅広い業界や製品分野９３１のグローバル市場を分析した結果、２０１７年時点で日本企業は３０９製品で50％超、１１２製品で75％超、57製品で１００％の世界シェアとなっていた。言い換えると、日本企業は少なくとも４７８のグローバルなハイテク製品市場を席巻していたのだ。

こうしたことから、経済的な価値創造がかなりの規模になるのも納得できる。自動車（日本企業は世界の売上高のほぼ3分の1を占める）など大型最終製品分野を除いて、調査対象である投入製品９００品目の世界市場規模は平均すると約40億ドルだ。全品目の日本の合計市場シェアは平均で約50%、ニッチ製品１つ当たり20億ドルである。こうした製品市場は巨大なものから小さな市場まで多岐にわたるので大きなバラツキがあり、関係する企業も、複数のニッチ領域を手掛ける巨大な多国籍企業から、専門特化した小規模サプライヤーまで幅広い。

これらの企業はＢ２Ｂサプライヤーで、業界外では社名を知られていないことが多く、供給する製品は他の最終製品に使用されるが、そこに名前が表示されることはない。しかし、その多くは日本有数のグローバルメーカーで、国内では知られる大企業が名を連ねている。このため、これらのサプライヤーをグローバルなニッチ領域を占有する小さな知られざる企業を指す「隠されたチャンピオン」と見なすのは誤りだろう。[15]それどころか、アジアのサプライチェーンで競争を展開する日本企業はあらゆる分野にまたがり、小さくもなければ、隠れた存在でもないことが多い。特に化学品業界は国内で知名度が高く、往々にして大型工場を操業している。しかも、これらの数字は日本企業の世界市場シェアの合計であり、製品がすべて日本国内で生産されているわけではない。したがって、集合ニッチ戦略は日本企業による成長中のグローバル生産ネットワークの説明にもなる。

さらに、無段変速機や内視鏡用球面レンズから、ハードディスクドライブ製造用ブランク材、車載電池、アイソレータやコンデンサなど携帯電話の部品まで、日本企業が世界市場を独占する製品分野のほとんどが重要な技術分野だ。他の投入財の生産を支える素材を数えただけでも、日本企業は97の上流製品、２１２の中間投入財で世界シェア50%を超えている。今度、飛行機に乗るときに注目してほしいのが、機体そのものは欧米製である確率が非常に高いが、ファスナーなど非常に小さなものから、ボーイング７８７の胴体用炭素繊維まで、日本企業が18品目で世界市場シェア50%

を占めることだ。電池で動くデバイスにおいても、日本企業が合わせて16の重要なバッテリー材料で世界市場を独占している。

集合ニッチ戦略は、製造業のレベルにとどまらず、新・日本企業のグローバル・リーダーシップに新たな次元を加えている。しかし、それはものづくりに限定されない。現在は、システムエンジニアリング、デジタル製造、エッジ・コンピューティングなどデジタル経済関連の分野でもこの概念を拡げつつある。第10章でこうした新たな動きに光を当てたい。

事例：ＪＳＲ――ゴムの靴底からフォトレジストと抗体へ

「ジャパン・インサイド」部門で新しい競争力を持った新・日本企業の代表例がＪＳＲだ。自動車タイヤ業界の素材供給業者からポリマーの世界的リーダーに変わり、半導体や液晶パネルの生産に必要な素材を手掛けている。２０１９年の日韓貿易摩擦の火種となったフォトレジストの世界有数のメーカーでもある。

ＪＳＲは１９５７年に、ブリヂストンの創業者である石橋正二郎が、輸入天然ゴムへの依存を抑える目的で、自動車用タイヤに合成ゴムを利用する可能性を探索するために日本合成ゴムとして設立した。合成ゴムは石油依存度が高い製品で、１９７０年代のＯＰＥＣによる石油ショックでＪＳＲの存続は危ぶまれた。ＪＳＲは石油依存度を低減するために、ポリマー、特に電子機器産業用ファインケミカルで新しい組織能力を開発した。今日ではこの独自のポリマー技術を用いて、エラストマー、プラスチック、半導体やフラットパネルディスプレイ用材料などを製造している。この知識は2000年代初めにライフサイエンス分野に参入するときにも役立った。

JSRは2019年時点で、多くの場合、世界の主要な買い手の近くに設置した工場や研究所からなるグローバル・ネットワークを構築している。製造するのは、合成ゴム（タイヤ、ホース、ベルト、自動車部品用）、エラストマー（スニーカーなどの靴底用）、合成ラテックスなどのエマルジョンだ。2019年の総売上高は45億ドル。エラストマーが売り上げの40%と総利益の約15%を占め、いわゆるデジタルソリューションが売り上げの30%と利益の50%超を生み出している。JSRの米国子会社JSRマイクロは一貫した品質のリソグラフィ材料を生産し、インテルのサプライヤー品質賞を何度も受賞している。[16] 新しいライフサイエンス・セグメントは売り上げの9%、利益の5%とまだ小さいが、体外診断薬や試薬、バイオプロセシング、抗体などの分野に将来性を見出している。

日本の化学産業は全体で86万人以上を雇用し、製造出荷額の14%を占める大規模で収益性の高い産業だ。[17] 三菱ケミカルホールディングス、住友化学、東レ、帝人、旭化成などの有名企業から、宣伝広告は少ないがやはりイノベーティブな日東電工、DIC、カネカなどまで幅広い企業が揃っている。そのほとんどが特定の世界的なニッチ領域を制している。つまり、「新・日本企業」は新しい顔と名前になっているのだ。デジタルソリューション分野では、JSRが競争する相手は主に日本勢だ。感光性スペーサー材料やコーティング剤では東洋インキ、日産化学、チッソ、大阪有機化学工業など、関連するニッチ領域ではTOK、信越化学、富士フイルム、住友化学などとも競合する。名前を聞いたことがなくても、世界中の多くの人々はこうした企業の製品とたぶん毎日接しているはずだ。

1998年の戦略的転換点と小泉ブーム

JSRは時間をかけて変革に成功した事例だが、すべての企業が同じように順調だったわけではない。1990年代のバブル崩壊後、自社の競争優位性を見つけあぐねる企業も多かった。こうした企業のために弁護すると、戦略的リポジショニングが当初遅々として進まなかった背景として、1世紀前の規制によって、子会社のスピンアウトというシンプルな動きですら、困難でかつ高くついたことが挙げられる。戦後の安定原則の下で、新事業はすぐに追加できても、既存事業から撤退するのは不可能に近かった。1998年の銀行危機の影響が広範囲に及び、多くの企業が苦境に追い込まれてようやく、裁判所は整理解雇が認められる場合の解釈を緩和し、企業を救済するためのダウンサイジングを認めるようになった。

2000年前後には、企業間で改革組と出遅れ組という二極化が見られた。伝統的な大手企業のいくつかは、戦後の安定と保険の仕組みが負債になっていることになかなか気づかなかった。メインバンクや企業グループなど安全メカニズムに依存を続けていたので、たとえ競争力が急速に低下しても、一定の保険がかけられていたのだ。しかし、リストラを行わないので、出遅れ組は目に見えて肥大化していく。改革組からすれば、企業グループの有用性は低下していた。方向転換して新しいものを生み出そうとする企業にとって、系列に属するコストや制約はあまりにも高いうえ、それに見合うメリットはもはやない。内側からグループを前進させつつ結束力を維持してきた三菱グループは例外かもしれないが、新・日本企業の離脱によって系列関係の妥当性は薄れていった。[18] 出遅れ組と改革組の分断はロビー活動団体にも及び、改革組は大企業が集う経団連を「ゾンビクラブ」と呼び始め、経済同友会に新たな活動の場を求めた。2014年に日立製作所の中西宏明会長が会長に就任してようやく、経団連は改革の流れに乗ることとなった。

1990年代後半、政府は改革組の要求に耳を傾け始めた。1998年から2006年にかけて、明らかに戦略的な転換点となるような抜本的な法改正が行われた。[19] 透明性と情報開示を強化し、企業再編を可能にすることを目的として、文字通り、商取引に関するすべての法律が改正された。そのプロセスは1998年の「金融ビッグバン」と呼ばれる金融改革プログラムから始まった。財務上の説明責任を求める変更の中で最も重要なのは、間違いなく連結会計の導入を義務づけたことだろう。簡単に言うと、上場企業は今やすべての子会社の情報を開示しなければならなくなった。子会社が抱える不良債権の報告義務も含まれているので、事業部間の相互補助がどのくらい行われているかが明らかになる。日光は一番の消毒剤だと言われるように、新たな透明性がもたらされたのだ。

1998年の第2の重要な改革は、外国貿易とクロスボーダー金融取引に関する残存する規制を撤廃したことだ。日本政府は戦後、幼稚産業保護政策のためにこの制限を設けていたが、時間が経つにつれて、貿易の妨げになりかけていた。それが取り除かれるということは、日本国民が自由に海外に投資できるということだ。同じく、外国人も企業買収を含めて自由に日本に投資できる。さらに、外国人投資家から国内企業を守るために政府が講じる措置が大幅に削減され、日本企業は国際金融市場の規律に向き合わざるを得なくなったことも意味する。

1998年の金融ビッグバンで金融庁が発足し、銀行と証券市場の監督当局が統合された。同庁は2002年から2005年の銀行危機の事後処理を監督した。このとき、大手4行が巨大金融持ち株会社に統合され、不良債権を処理し、単なる貸し手から金融サービスの提供者へと移行した。古くからのメインバンクも変わった。今でも1つの銀行をメインバンクとしている企業は多いかもしれないが、そこで意味する関係性は、株主、貸し手、救済者としての銀行から、その企業の主要なM&Aアドバイザー、プロジェクト・ファイナンスのシンジケーター、アセット・マネジャーへと変わりつつある。[20]

1997年以降10年にわたって、商法、会計制度、税法、労働法が毎年改正された。これらの法律は古くて複雑で、企業改革の法的障害となっていた。2006年に、これらの改正はすべて「日本の会社法における100年に1度の大改革」と呼ばれる新会社法に一本化された。[21]この新法に至るまでは、改正のたびに、従前の制約が少しずつ取り除かれていった。また、新しい破産規則をはじめとして、事業撤退、合併、企業のスピンアウトやカーブアウトを促進する新しい手続きが導入された。株主の権利も大幅に拡大され、2007年の金融商品取引法（日本版SOX法）では新たな内部統制と独立監査人による監査が義務づけられた。さらに透明性を高めるために、企業の情報開示、内部監査、コンプライアンスの分野でも会社法は大幅に改正された。[22]

こうした政策は日本株式会社（corporate Japan）を活性化させ、それを主導した首相の名をとって「小泉ブーム」と呼ばれた。2003年から2008年にかけて、日本では（低水準ながらも）プラス成長が17四半期続き、新たな希望が芽生えた。2008年の「リーマンショック」、2011年の東日本大震災、福島原発事故によって、それは突然、終わりを告げた。全体的に見れば、小泉政権の取り組みはルールブックを変更し、それによって日本の大企業が勝つために必要な論理も変わった。主に赤字の非中核事業を対象とした選択と集中の第1の波を呼び起こすことで、バブル崩壊の残滓を一掃するよう迫ったのだ。しかし、それでは多くの大きなコングロマリットがそのまま残ってしまう。本当の意味で変革を成し遂げるためには、再編の第2ラウンドとして実際に戦略転換を行う必要があった。

アベノミクス

2012年、日本が東日本大震災から回復しつつあり、安倍晋三が2度目となる首相に選出され、新しい改革プログラム「日本再興戦略――Japan is back（日本は戻ってきた）」をスタートさせた。これはアベノミクスやウーマノミクスなど、巧みなマーケティング・スローガンを使って展開され、法改正に加えて、ソフト・ローに基づくナッジとシェイミングを駆使して実行された。

第2章で述べたように、ナッジによる規制は、人が自分のバイアスに導かれて公共の利益になることを選ばせる選択アーキテクチャを提供することだ。ナッジはすでに世界的に幅広く用いられている。例えば米国では、学校給食で不健康なメニューを外す、選びにくくする、望ましくないように見せるなどの動きが増えている。米国の老後資金計画では、個人貯蓄がオプトイン（自分で選んで利用する）方式ではなく、オプトアウト（利用が前提で自分の意思で脱退できる）方式になっている。欧州の一部の国では臓器提供の意思表示で同じくオプトアウト方式を用いている。[23] 法律制定と比べてナッジのメリットは、法律を起草する必要がないのでスピード感があり、受け入れ率が高く、制裁の必要性が少ないことなどだ。前向きな強制や同調圧力が結びつき、ナッジは法律よりも実効性が高い場合もある。日本のタイトな文化の中で、ナッジとシェイミングは特に強力なツールといえる。

アベノミクスはこのメカニズムを重用している。「日本再興戦略―Japan is back」の最大の影響は、個々の規制緩和措置よりも、政府が改革組にお墨付きを与え、伝統を破るようなビジネス再興に対して社会的承認が得られるようにしたことかもしれない。社内の抵抗に直面している経営幹部にとって、アベノミクスはトップダウンで刷新プロセスを進める大義名分となり、変革プロジェクトの着手が大幅に進んだ。

アベノミクスにより、ファイナンス市場は戦略的な方向転換のパイプ役として新たに認識されるようにもなった。選択と集中の第2ラウンドでは深部に迫る変革を行い、数十億ドル規模の事業を含めて、古い中核資産を処分する必要がある。これは、そうした資産を売却するための流動的な市場があって初めて可能になり、外国人投資家を引き付けなければならないということだ。この目的のために、企業はコーポレートガバナンスを変更し、情報共有、経営者とオーナーの関係、株主の権利について新しい構造を導入する必要がある。第6章と第7章で見るように、アベノミクスはこうした領域を改革し、ガバナンスとスチュワードシップの新しいグローバルスタンダードを遵守するよう企業を後押しすることで、この課題達成を推し進めた。

新しい企業改革のマインドの影響は、アベノミクスを開始して5年以内に現れ始めた。2013年から2019年の間にGDPは着実に増え（476兆円から549兆円になった）、企業の税引き前利益と民間投資は過去最高を記録した。東証一部上場企業は収益性が高まり、2018年の平均ROE（自己資本利益率）は10・1%と、過去最高水準だった（米国の優良企業は14%、欧州では10%）[24]。2017年に安倍首相が3期目に選出された後、アベノミクス2・0では、成長を促進する社会経済変革に向けたより幅広いプログラムも発表した。2019年を目標に、雇用と年金改革、教育・子育て改革、ウーマノミクス、移民、包括的な働き方改革などが盛り込まれた（第9章を参照）。

アベノミクスは一見すると成功しているようだったが、批判がなかったわけではない。海外からは改革がまだ不十分で遅いと見られていた一方で、日本国内ではあまりにもドラスティックで、社会的なバランスを壊しかねないと見ていた人が多かった。アベノミクスのスローガンを軽視したり、権限を伴わないナッジを誤りだとする批判もある。しかし企業にとって、アベノミクスは単なる法改正を目指すものではなく、むしろ企業経営を行う環境を再構築するものであり、今後も変革を導くだろう。

事業を切る難しさ：パナソニックとソニー

グローバル競争の変化、古いビジネスモデルの終焉、法改正、選択と集中の10年、アベノミクスは多くの大企業を変革に向けて押したり引っ張ったりしてきた。しかし、多くの経営者にとって、変革はいまだに課題となっている。終身雇用など制度上の制約から、創業者の精神に忠実でなければならないと広く認識されていることまで、米国の経営者とは大きく異なる障害に直面している。日本で変革を押し進めることの難しさを示しているのが、パナソニックとソニーという2つの有名な電機メーカーの事例だ。

日本が輸出主導型の成長で絶頂期にあった1980年代後半、パナソニックとソニーは、家庭でお馴染みのラジオ、テレビ、カセットプレーヤー、ビデオカセットレコーダー（VCR）、ターンテーブル、ステレオシステムの巨大なブランドだった。ウォークマンやハンディカムの類いのデバイスを持っているとすれば、この2社か日本の同業他社のラベルがついているはずだ。その後、両社の躍進は止まり、iPod、携帯電話、ビデオストリーミング、タブレットなどの機会を逸した。少数のハイエンド製品を除いて、サムスン、LGエレクトロニクス、アップルの製品によって脇に追いやられたてしまったのだ。ただし、1980年代に日本の輸出品に押されて倒産に追い込まれた米国のゼニスやRCAと違って、ソニーとパナソニックはすっかり様変わりしたとはいえ、まだ事業を続けている。両社のストーリーは、創業者と従業員に対する忠誠心と義務という価値観の長所や短所、さらには、雇用や主要技術を守ることと経済効率との間のトレードオフを物語っている。

パナソニック

1918年、松下電器工業（2008年にパナソニックに社名変更）は、日本で最も有名な起業家で実業家の1人、松下幸之助によって大阪で設立された。1980年代までに、パナソニック、クエーサー、テクニクス、JVC、ナショナルの5ブランドを擁する世界最大の総合家電メーカーに成長した。1977年、フォーチュン誌は「日本で最も魅力的な成功企業」と評している。1987年にはVHSシステムを発明し、世界のビデオテープレコーダー（VCR）市場を席巻した。これは主力製品として全売り上げの40%、利益の60%を占め、危ういほど依存度が高かった。ちょうどサムスン電子が今日、携帯電話への依存度が高いのと似ている。

確かに、1989年の世界の電子機器におけるパナソニックの地位は多くの点で、2019年のサムスンの地位と酷似している。1980年代、パナソニックの他の製品分野はオーディオ（売り上げの10%）、白物家電（17%）、情報・産業機器（17%）、部品（半導体を含む、16%）だった。[25] 同社の戦略は素早いセカンドと製造のエースになること。つまり、他で発明されたテクノロジーの市場を偵察し、それを気の利いた家電製品や家庭用品に仕立て上げる。例えば、ビデオテープの録画技術はシリコンバレーで発明され、ソニーがベータマックスとして最初に市場で売り出した。しかし、パナソニックのエンジニアは録画時間を長くして利便性を高める方法を考え出し、ドミナントデザインをめぐる競争に勝利した。

1990年までに、パナソニックの売り上げは550億ドルを突破し、営業利益率は10%で、国内外の何百もの事業部や子会社で19万人の従業員が生産活動に従事していた。[26] 従業員は松下幸之助の経営理念を崇敬し自社の「宝」と考えていた。パナソニックの組織はゼネラル・エレクトリックと似て、事業部が独立したプロフィットセンターとなっていた。また、自社ブランドのみを扱う小規模店舗2万5000店以上で構成される巨大な全国小売チェーン網を築き上げていた。これによって売り上げが伸び、製品の価格設定やポジショニングをコントロールできるようになり、新しいデザインのベータ版をテストし市場に製品をプッシュしながら、顧客からのフィードバックをもらい、ロイヤルティの高いユーザー基盤を構築することができた。

しかし2010年代初め、このかつてのチャンピオンは、傾いた事業の立て直しに悪戦苦闘していた。売り上げは約700億ドルだったが、2012年度と2013年度はいずれも約90億ドルという巨額の損失を計上していた。1990年代に入ってパナソニックが凋落したのは、同社の戦略(デジタル世界に素早く移行しなかったことを除く)を忠実に模倣した韓国のサムスンやLGエレクトロニクスの台頭など、さまざまな要因による。パナソニックの製品ラインは時代遅れとなり、アナログの専門家だらけの研究開発ではうまく対応できなかった。新製品を開発しても、鳴かず飛ばずで終わる。1995年のゲームプレーヤーは見事に大失敗し、デジタルカメラも不発に終わった。日本の台所で圧倒的なシェアを誇る主力製品の冷蔵庫でさえ、品質問題が発生して役に立たない。サプライチェーンのグローバル化が進み、日本製家電の輸出というパナソニックの本国中心的なアプローチは通用しなくなっていた。国内では、ビックカメラなど新たに強力な販売チャネルが台頭し、既存の販売店は消えていった。

１９９１年、ソニーがコロンビア・ピクチャーズを買収したのを模倣するかのごとく、ＭＣＡ（ユニバーサル・スタジオとＭＣＡレコードを所有）を買収したが、１９９５年に売却し16億ドルの損失を計上する羽目になった。工場は稼働しないまま、リーダーシップをとる人もいない。しかし、この間もずっと、創業者の経営基本方針は神聖不可侵なものであり続けた。部門間での内部対立や硬直化した手順が大きな非効率性を引き起こしても、それは変わらなかった。士気が低下し、「公平性と誠実さ」という基本方針が真っ先に失われたとビジネスパートナーは報告している。

２０００年、米国経験もある営業畑出身の中村邦夫が社長に就任した。[27] 中村は８０００人の従業員に早期退職を求め、販売体制を固め、小売店を段階的に減らすことでダウンサイジングを図り、世界の17の大型工場を閉鎖した。同社の伝説的な組み立てライン（製品が流れてきて部品を取り付ける）からセル生産方式（部品を集めておいて製品を組み立てる）へという革命的なシフトを断行した。また組織全体を統合して合理化し、グローバル事業を再編し、「デジタル時代に模倣者の居場所はない」を謳い文句に中央研究所に対して新しい方向性を打ち出した。[28] バランスシートも整理した。２０１２年と２０１３年の驚異的な１８０億ドルの損失計上の一部は、２００８年の三洋電機買収後の減損処理によるものだ。三洋は強力なバッテリーとソーラーパネル事業を持つ競合相手だったが倒産に追い込まれた。こうした買収により、パナソニックは新規事業でスマイルカーブの底辺から脱するはずだったが、なかなか成果に結びつかなかった。結局、コングロマリットとして苦戦を続け、厳しい事業の縮小を余儀なくされた。

優れたリーダーとして広く認められていた中村でさえ、このコングロマリットの再集中を果たせなかった理由については諸説ある。[29] 創業者が長年築き上げてきた組織構造は、部門間の無駄な重複や競争を生み出した。墨守されてきた人事慣行は従業員のやる気を殺ぎ、プロジェクトをつぶすことになった。中村は何よりも、パナソニックの深く浸透した価値観とタイトな文化に縛られていたと言われる。創業からの事業ラインを尊重し敬意を払うことへの義務感が共有されていたので、テレビと半導体という赤字部門を方向転換させることができなかった。西洋人の目には、これは感傷的で愚かにさえ見えるかもしれないが、受け継いできた遺産に忠実であり続ける日本的な義務感が表われている。

創業者の孫である松下正幸が1986年に取締役になり、伝統を声高に擁護した。創業者が率いる企業を除いて、日本のレガシー企業は6年間CEOを務めた後に会長になるという長年の慣行により、実質的に合議制によって運営されている場合が多い。つまり、社長が会長の後ろ盾を得たり、何らかの形で前任者を超える権限を行使する方法が見つからない限り、改革を進める権限が制限されてしまうということだ。中村は最終的に自社のカルチャーを変えられなかった。

2012年、コンピューター科学者として研鑽を積み、「パナソニックマン」としてキャリアを歩んできた津賀一宏が社長に就任した。同社は深い危機の只中にあったが、この時点で小泉改革は完了しており、アベノミクスが始まったばかりだった。津賀はありふれた消費者向け製品から移行し、ハイエンドの消費者向け製品か、自動車や航空機のエンターテインメント・システム用リチウムイオン電池など新しいＢ２Ｂセグメントだけに新たに集中することを発表した。２０１３年にはプラズマパネル、２０１６年にはテレビ向け液晶パネルの生産を中止した。さらに携帯電話からも撤退し、収益性の高いヘルスケア事業の80％を売却した。その代わりに人工知能（ＡＩ）に特化している米国のアリモを買収した。

２０１７年に、パナソニックは異例の人事を行った。マイクロソフト・ジャパンの元社長である樋口泰行をグループ傘下のコネクテッド・ソリューションズのトップとして、元ＳＡＰ幹部の馬場渉をパナソニックのビジネス・イノベーション本部長として招聘し、研究用の「新しいバイオスフィア（生命圏）をつくる」というミッションを与えた。

２０１８年までに、パナソニックは黒字転換した。しかし、５８２の子会社、世界の工場、営業所で約７００億ドルの売り上げを達成したが、営業利益は約40億ドル（6％未満）にすぎず、相変わらず利益面ではぱっとしない。パナソニックは意図的に、ハイエンド製品を除いて家庭の居間でのプレゼンスを断念し、家電製品、ライフ／エコ・ソリューションズ、コネクテッド・ソリューションズ、自動車の5つの中核事業セグメントに再編した。家電部門は唯一の消費者向け事業だが、いまなお売り上げと利益の約4分の1を占める。現状で最も収益性の高いセグメントはコネクテッド・ソリューションズで、売り上げの8分の1、総利益のほぼ4分の1を生み出している。航空電子工学、プロセス・オートメーション、モバイル・ソリューションで構成され、会社の将来を担う事業と目されている。新生パナソニックは製造とシステム構築の洞察力で新たな評判を得て、Ｂ２Ｂ電子機器業界で地位を築きつつある。

こうした変革にもかかわらず、パナソニックの変革はまだ道半ばであり、相変わらず多くの消費者向け製品を生産している。根強いカルチャーと変革に対する中間管理職の抵抗は予想以上に大きな障害となってきた。２０１９年、津賀社長は新しい選択と集中の戦略に沿った中期計画を発表した。過去20年間で5回目となる。しかし、おそらく今回は違うだろう。松下幸之助の孫が２０１９年6月に引退し、２０１９年11月にパナソニックは液晶パネルと半導体からの完全撤退を発表した。[30] この変革が最終的にどうなるかはわからない。しかし、パナソニックが元来の製品からきっぱりと決別するために20年も苦労してきたことは、日本の環境で伝統的な巨大企業をスリム化し、方向転換するのがいかに大きな課題であるかを示している。

ソニー

ソニーの場合は、また違った経緯を辿った。ソニーは常にファーストムーバー、発明者であり、大きく成長した後もずっと「独自路線を行く」中小企業のような姿勢をとってきた。ソニーブランドには世界中にロイヤルティの高いファンが存在し、パネル商品はもう製造していないのに、今日でもソニーは最高のテレビをつくっていると認識している人が多い。

ソニーの成功はよく知られている。創業は１９４６年で、最初に手掛けた製品はメガホン〈訳注：前身の東京通信研究所時代の電気炊飯器とする説もある〉だ。それに続いて、磁気テープレコーダー、１９５５年には世界初のトランジスタラジオをつくった。そこからテレビ技術へと拡大し、１９６８年にトリニトロン・カラーテレビを発明し、30年間、世界でテレビ販売を席巻した。

１９７９年のウォークマンが発明されるまで、消費者は外出先で音楽を聴きたいと思っていたことに気づいていなかった。ウォークマンは１９８５年に続けて出されたビデオカメラも同じく大ヒットする。１９８９年、ソニーはコロンビア・ピクチャーズを買収し、その後、ＭＧＭを追加した。１９８８年から２００４年にかけて、コロンビア、ＣＢＳ、ＲＣＡ、アリスタ、ＢＭＧなどのレーベルを買収し、今や世界2位の大きさの音楽レーベルになっている。[31]

パナソニックと違って、ソニーはアナログからデジタルへの移行にかなりうまく対応しているように見えた。１９９０年代にはデジタル・ハンディカム、サイバーショット・デジタルカメラ、パソコン「ＶＡＩＯ」も手掛けた。トリニトロンはフラットパネル・テレビ「ブラビア」に進化し、２００７年に初のフルカラーの有機発光ダイオード（ＯＬＥＤ）テレビを製品化した。１９９９年にロボット犬「ＡＩＢＯ」が創られ、２００１年にソニー銀行が設立された。２００３年、ソニーは東芝とのブルーレイ・ディスク戦争で勝利した。その一方で、半導体分野で世界的に強いプレゼンスを築き、２００４年には世界初の非接触チップ「FeliCa」を開発した（現在は日本でＪＲ東日本のスイカカードやアップルペイなどの決済サービスを推進している）。ＣＭＯＳチップの世界市場シェアの40％を占め、イメージセンサーへの投資は現時点でソニー製品の多くで技術面の支柱となっている。

その後、躍進は止まり、アップルが登場してきてソニーのお株が奪われた。ソニーにとってとりわけ最大の失態はデジタル版ウォークマンを見逃し、ｉＰｏｄに敗北を喫したことだ。この話で何とも歯がゆいのは、ソニーが実は当時の勝ち組テクノロジーを開発していたのに、市場投入に失敗したことだろう。その最初の前兆となったのが、1975年のベータマックスの大惨事である。同製品は技術的に優れていたが、消費者ニーズに対応していなかった。米国人はたとえ品質は劣っても、3時間のサッカーの試合を録画したがっていることをパナソニックは見抜き、VCR戦争に勝利したのだ[32]。

2000年代初めにも、こうしたことが何度か繰り返された。ソニーは2003年という早い時期に、事実上のスマートフォンのプロトタイプを持っていたが、そのポテンシャルを見抜けなかった(2007年にアップルのiPhoneが発売された)。2007年にアマゾンの「Kindle」が登場するはるか前にソニーは電子リーダーをつくっていた。消費者の関心を引くことができず、テレビ番組をデジタルで録画するTiVoや、自宅以外の場所から録画を見られるようにするスリングボックスの技術の初期バージョンを生かせなかった。デジタル・ウォークマンについても、ソニーはアップルがiPodをつくる前にそのテクノロジーを開発していたが、音楽を共有すれば自社の音楽レーベルの売り上げに響くことを懸念し、発売を見送った。コンテンツ事業への多角化は、期待していた相乗効果を生み出すどころか、自社製ハードウエアの発売を脆弱化させてしまったのである。

こうした失敗から明らかになるのは、1995年から2005年までの間のどこかでソニーが失速したことだ。1990年代前半の業績不振を挽回するために、社長の出井伸之が1999年に人員整理を含む厳しいリストラ策を打ち出すと、士気の低下を招いた。創造性と探索の自由で長い間有名だった研究開発のための予算も削られてしまう。台湾と韓国の電子機器企業は両手を広げて、不満を抱いたソニーのエンジニアを歓迎した。特にサムスンはそれによって大きな利益を得たとされているのに対し、ソニーはｉＰｏｄだけでなくスマートフォンでもチャンスを逃してしまったのだ。[33] ブランド価値を大きく毀損し、方向性を見失ったまま、出井はソニーを去った。

２００５年、カリフォルニア州でソニー映画部門を運営していたハワード・ストリンガーが新しい社長に抜擢された。彼は2年間で15事業から撤退し、製品モデル数を20％削減し、11事業拠点を閉鎖するというリストラ計画を発表した。また、20億ドルのリストラ費用をかけて、（ほとんどが不採算の）事業を約10億ドルで売却した。[34] このダウンサイジングを通じて、２０１２年までの7年間のうち6年間で巨額の損失を計上し、２０１２年の損失額は64億ドルを記録した。ソニーはプレイステーションと金融サービス事業のおかげで、この難局を切り抜けて生き残った。しかし今日でも、最大の赤字部門であるテレビ事業から撤退していない。パナソニックと同じく、ソニーも創業者が発明した旗艦製品を手放すのに苦労しているのだ。

ソニーがこれほど多くの失態を演じた理由を解説すれば、本が1冊書けるほどだろう。日本で最も優秀な技術者として挙げられる創業者たちのレガシーもさることながら、傲慢さが一役買ったことは間違いない。バブル経済の時代に多角化し、不動産（マンハッタンのソニービルを含む）やレストランチェーンへの進出を決めたことも大きな失策だ。[35] しかし何よりもソニーを傷つけたのは、最高の技術製品をつくることを目指していた技術者と、営業やマーケティングのスタッフとの間の終わりなき闘いだ。後者は、より使いやすさを求める消費者の声に耳を傾けようとしない技術者に反感を募らせていた。これらの部門リーダーたちは反目し合い、同じ部屋に居合わせるのを嫌がるほどだった。こうした状況は、日本語を話さない外国人社長には負担があまりにも大きく、また優秀な従業員が大挙して辞めていった。先導者がいないまま、ソニーはユーザー・ニーズや市場との接点を失ってしまったのである。[36]

平井一夫は２０１２年（津賀がパナソニックの社長に就任したのと同じ年）にソニーの社長に就任し、財務に強い人材を登用した。経営再建を推進し、大幅なコスト削減を指揮した。ハイエンドを除くすべてのテレビ事業から撤退し、研究開発部門を再構築し、シリコンバレーでイノベーティブなスタートアップや製品を買い漁り、バランスシートを改善するための大幅な財務・会計上の施策を実施した。これにより、純利益は２０１６年の６億ドルから、２０１７年には40億ドル、２０１９年には80億ドルへと大幅に増加し、売上高は約７７０億ドルとなる。こうした過去最高益とともに、平井はＲＯＥを２０１６年のマイナス１％から、２０１７年に８％、２０１９年に20％に高めた。第６章で見ていくように、平井は２０１８年に日本で最も高報酬のＣＥＯとなり、戦後の最高記録となった。

利益の数字が本当の意味で経営再建を示しているのか、単なる会計上の取り扱いによるものなのかははっきりしない。２０１９年時点で、利益を生み出すという面ではいまだに、ソニーの主力事業はゲーム会社、音楽レーベル、銀行だ。製品ポートフォリオは相変わらずプレイステーション、スパイダーマン映画、半導体、デジタル映画館、保険サービスなど、さまざまなセグメントにわたっている。プレイステーションと関連機器が全売上高の４分の１を占めているとはいえ、ソニーの中心的なアイデンティティは依然としてＲ＆Ｄラボ（研究所）にあり、悩みの種はテレビ事業である。ホームエンターテイメントはほとんど利益を出しておらず、携帯電話によって単体のカメラがほとんど売れなくなったため、カメラ事業は大きな圧力にさらされている。

ゆっくりと調整することの功罪

ソニーとパナソニックはいずれも何十年もの間、売り上げの大部分を稼ぎ出すが利益は最低水準にある独自製品を持ち続けてきた。次々と中期計画を発表しても少しずつしか効果を出せずに数十億ドルの損失を積み重ねて、何年も泥沼状態にあった。米国であれば、ウォール街はそうした空転に我慢できないだろう。1980年代にRCAやゼニスなど米国の電子機器企業が日本企業との競争で苦戦し、低い利益しか生み出せずにいると、数年で清算に追い込まれた。その結果、多くの失業者を生み、それぞれの組織が復活を遂げて膨大な研究開発力を新しい発明に向けるチャンスは潰えた。

ウォール街のヘッジファンド、サード・ポイントのアクティビスト投資家であるダニエル・ローブは実際に、ソニーに対して、いわゆるコングロマリット・ディスカウント〔訳注：企業全体の価値が各事業の価値を足し合わせたときよりも小さい状態〕を解消し、株価の「再評価」のために事業の一部を売却するよう繰り返し要求してきた。ローブの見解では、踏ん張って何とか切り抜けようとすることで生じる非効率性は単なる失敗にすぎないのだ。

しかし別の見方をすれば、この2つのストーリーは組織再編を通じて長期的な選択肢を維持している事例とも考えられる。確かに、パナソニックとソニーはどちらも信じられないほど動きが遅い。時には無能呼ばわりされ、大きな市場機会を逸してきた。「本来はものになったかもしれない」機会コストは天文学的である。しかし日本のビジネス観では、過去の機会コストは誠に残念だが、命取りになるものではない。2社は多角化した事業ポートフォリオにより、儲けの出ないゾーンで長い間くすぶっていた状態を乗り越え、2008年の世界金融危機の間、巨大な損失を被っても生き延びることができた。

米国のRCAやゼニスとは違って、ソニーとパナソニックは今日も存続している。2019年3月時点で純利益は約110億ドルに達し、40万人を雇用し、世界中の何百万もの人々に楽しさやエンタテインメントを提供している。おそらく事業の一部を売却すれば株価が上がることは事実だとしても、そうした動きは日本が好むトレードオフの選択、つまり、会社が長く存続することや、その歴史、雇用、テクノロジーを貴重で重要なものとして持ち続けることとは相容れないだろう。

グローバル競争と現在進行中のリインベンションで試されているのは、まさにこのトレードオフをめぐる選択だ。第6章と第7章で見ていくように、ガバナンス改革と世界の株式市場の影響を通じて、経営者が空転状態を止めて、自社を未来へと導くための厳しい意思決定を始めることへの圧力が高まっている。大切な従業員やテクノロジーを守り、社会で自社の役割を果たせるような長期的な視野と、利益最大化の追求とのバランスをうまくとっていくことは、日本の経営者が今後折り合いをつけなくてはならない領域なのである。

第5章

〈インパクト〉グローバル・ビジネスにおける日本の影響力

1980年代、米国のランドマークが日本企業に相次いで買収され、「米国が売りに出されている」と言われるほどだった。[1] 豪華なホテルやきらびやかなオフィスがずらりと並ぶ中で、日本企業はいかにも「ジャパン・アズ・ナンバーワン」然とし、カリフォルニアのペブルビーチ・ゴルフコースやニューヨークのプラザホテル、ロックフェラーセンターなど象徴的な物件を手に入れた。しかしバブルが崩壊すると、手に入れたトロフィーだけでなく、融資元の銀行もいくつか消え去り、一部の米国人に、他人の不幸は蜜の味とばかりに「だから言っただろう」と言わしめたのである。

その一方で、1980年代と1990年代の日米貿易戦争で日本からの輸出品は数量制限や課税の対象となり、多くの日本の自動車・電子機器企業、部品メーカーは米国の生産工場への投資を余儀なくされた。オハイオ州、ケンタッキー州、テキサス州（ホンダ、トヨタなど）から、ロサンゼルスとサンディエゴのすぐ南のメキシコのマキラドーラ（ソニー、京セラ、パナソニック、シャープ、三洋、日産など）まで、日本企業の工場が出現した。この影響は不動産取引よりもはるかに目立たなかったが、２０１６年には米国の路上を走る日本車の75％が米国で生産されていた。米国17州にある日本車メーカーの工場投資額は４５０億ドルを超え、生産台数は全体で４００万台、46万人以上の雇用が創出された。[2] これは自動車だけの数字だ。日本政府の推定では、２０１７年に特に中西部、テキサス州、カリフォルニア州で米国人84万人が現地の日系企業で働き、これら企業への部品供給企業で働く人員まで含めると雇用者数は１５０万人を超えるという。[3] こうした投資によって二国間貿易は縮小したが、日本の産業は米国経済に不可欠なものになっていった。

それと同時に、アジアでは重要な変化が進行中であり、同地域における米国の役割を決定的に変えつつあるにもかかわらず、多くの米国のビジネス関係者は気づいていなかった。この地域での戦略的合弁事業や提携、海外直接投資（ＦＤＩ）、Ｍ＆Ａ、さらに集合ニッチ戦略による貿易依存度の高まりなどが組み合わさって、日本企業はグローバル・サプライチェーンの拠り所とアジアの中心的存在になった。日本の成長モデルが減速し、米国がよそ見をしていたときに、アジアは日本をモデルとし、リーダーとして受け入れ始めたのである。

まず初めに、戦後日本の成長モデルは１９８０年代にアジアＮＩＥＳ（新興工業経済地域である韓国、台湾、シンガポール、香港）の主要な開発戦略となった。その後１９９０年代に入ると、日本はＦＤＩを拡大し、東南アジア諸国に進出し、日本企業はアジア発展における主要な資金提供者となった。21世紀初めに、日本の銀行3行はダム建設やエネルギー設備など超大型インフラ・プロジェクトを支援するシンジケートローンを組み、いわゆるプロジェクト・ファイナンスの世界的リーダーとなった。日本の資本は直接的な融資、もしくは間接的なオフショア生産を通じて、中国の経済成長にも資金を提供してきた。中国で賃金が上昇するにつれ、東南アジアでも同じパターンが見られるようになった。日本は、ソフトバンクの有名な投資ファンドだけでなく、シリコンバレーからシンガポールまでリサーチやベンチャーキャピタルの拠点を持つ500社以上の日本企業を通じて、世界のイノベーションやスタートアップ活動に対する主要な資金提供者となった。日本は今や世界中の技術革新の重要な協力者となっているのだ。

東アジアや東南アジアにおけるこの新しい経済の結びつきの根底にあるのは、文化的なつながりが増していることだ。日本のタイトな文化の側面が見えると、米国人は違和感を持つことがあるが、アジアでは、ビジネスにおける文化的障害ははるかに少ない。第二次世界大戦の傷跡がいまだ癒えない一方で、ミレニアル世代は前の世代よりも怨恨感情は大幅に少ない。彼らは日本のポップカルチャー、美容製品、ファッションを熱烈に受け入れている。また、日本のブランドと高品質の評判により、日本の化粧品、映画、ファッション、スタイルは贅沢さや達成感の新たなシンボルになっている。日本への旅行、サシミを食べること、日本式のヘアスタイル、日本のファッション、日本の化粧品の使用などは、将来有望な次世代の若いアジア人プロフェッショナルのトレードマークになってきた。アジアのミレニアル世代にとって、日本は見上げる存在なのである。

図表5－1は、貿易、投資、現地での活動から旅行者や留学生まで、さまざまな分野における日本のグローバルな影響力がわかるデータをまとめたものだ。貿易データから読み取れる以上に、日本の影響力ははるかに根強い。日本との関連性について地域や国ごとに順位（カッコ内）を見てい

図表5-1　アジア、米国、欧州における日本の影響力（2018年）

	日本への輸出（100万米ドル）	日本からの輸入（100万米ドル）	海外直接投資（100万米ドル）2017年	対日直接投資（100万米ドル）2017年	事業拠点（2017年）	日本への旅行者	日本への留学生
中国＋香港	178,777 (1)	177,862 (1)	147,663 (4)	11,068 (6)	32,349 (1)	10,587,838 (1)	124,474 (1)
米国	140,664 (2)	83,571 (4)	491,368 (1)	59,212 (2)	8,606 (3)	1,526,407 (6)	2,932 (7)
韓国	52,482 (5)	32,112 (7)	36,883 (7)	4,067 (8)	945 (8)	7,538,952 (2)	17,012 (4)
EU	83,740 (4)	87,760 (3)	397,711 (2)	113,060 (1)	6,449 (4)	1,548,780 (6)	10,115 (5)
ASEAN	114,476 (3)	112,138 (2)	204,543 (3)	25,765 (3)	12,545 (2)	3,247,526 (4)	95,325 (2)
その他	168,063	254,776	272,640	40,308	14,637	6,742,353	49,112
合計	738,201	748,218	1,550,808	253,480	75,531	31,191,856	298,980

注：括弧内は日本のランキング。1位はグレーで示している。海外直接投資は2017年末の残高データである。事業拠点には生産拠点や営業拠点も含まれる。留学生データは一部の国のデータがないため概算である。

資料：貿易は国連商品貿易統計データベース、直接投資は日本貿易振興機構（JETRO）の「日本の対内外直接投資」、事業拠点は外務省の海外在留法人数調査統計、在留外国人はe-Stat政府統計、訪問者数は日本政府観光局の月次・年次統計データ、留学生は日本学生支援機構より。

くと、中国（香港も含む）は7分野中5つで1位になっている。中国はこれまでのところ日本の最大の貿易相手国であり、日本の事業所や工場が最も多く置かれている国だ。訪日観光客や留学生も多い。ＦＤＩは１９９８年から２０１７年までの20年間の累計で見ると、長年の関係から米国が第1位となっている。しかし日本企業は現在、東南アジア諸国連合（ＡＳＥＡＮ）に代表される地域に、米国よりも多くの事業拠点（オフィスや生産設備）がある。日本は重要な貿易相手国、投資家、協力者、ファッション・トレンドセッター、さらには教育者になることも増え、さまざまな役割を果たしながら、強力なグローバル・プレゼンスを築いてきた。

本章では、２０１９年時点の米国、韓国、中国、東南アジアと日本との関係をそれぞれ見た後、日本が次世代アジア人に与える重要な影響についていくつか例示したい。そして最後に、日本の対外的なＭ＆Ａ活動について取り上げる。こうした活動は飛躍的に伸び、もはや力を誇示するためだけのものではない。むしろ、こうした新たな買収は国内市場が縮小する中で、いくつかの技術ニッチをさらに拡大し、日本製品の消費者基盤を広げるための戦略投資となっている。

日本と米国

本書の執筆時にデータが入手できた最後の年である２０１８年、米国は世界最大の貿易国であり、世界最大の財・サービス貿易赤字は合計で６２１０億ドルに達した。工業製品に限ると、赤字額は８９１０億ドルとさらに膨らむ。[4] ２０１９年の貿易戦争で数字面に陰りが生じる恐れが出てくるまでは、中国は日米両国にとって最大の貿易相手国だった。日本から見ると、中国（と香港）との貿易総額は３５６０億ドルと、すでに米国（２２５０億ドル）よりもはるかに上回っていた。２０１４年から２０１８年までの４年間で、日本の輸出のうち米国向けは20％、中国向けは約25％、東南アジア諸国（ＡＳＥＡＮ）向けは15％となっている。[5]

しかし全体的に見れば、米国は引き続き日本にとって最重要パートナーだ。日米関係は多面的で複雑な歴史がある。第二次世界大戦後、日本は太平洋地域における米国の最強の同盟国となり、今日に至るまで、日米安全保障同盟は環太平洋地域の地政学的な陣営を支えてきた。これは本書で扱うテーマではないが、日米同盟は貿易の流れ、資源依存、対アジア投資も方向づけている。ビジネス面では、貿易、ＦＤＩ、共同研究活動、長年の相互親和、尊敬、協働を通じて両国は密接に結びついている。しかし、すでに見てきたように、１９８０年代に日本の貿易黒字が急増し、米国の貿易赤字のなんと65％も占めるようになると、米国は強硬な態度で10年にわたって貿易戦争を展開し、日本側は米国も信頼しきれないという感覚を持つようになった。

米国は対日貿易赤字を減らすために、関税と現地調達（ローカルコンテント）を義務づけ、米国で組み立てられる日本製品の投入部品の一定比率を米国内のメーカーから調達するように要求した。[6]この新しい規制の影響を最も受けたのは、自動車、電子機器、鉄鋼などの産業である。日本企業は北米に組立工場や部品製造工場も開設し始めた。この結果として、中西部、テキサス、カリフォルニアに日本の巨大な製造業クラスターができた。図表５－１に示されているように、１９９８年から２０１７年までの間に、日本の対外直接投資の３分の１（約５０００億ドル）が米国に流入した。

それにもかかわらず、１９９０年代半ばに日本の成長率が鈍化すると、米国企業は中国に目を転じた。日本の海外生産へのシフトは、最初に米国、その後はアジアに拡がり、二国間での直接的な貿易の流れは大幅に減少し、日本との貿易不均衡はほとんどの米国の有権者にとって問題ではなくなったのだ。興味深いことに、日本は米国経済にとってはるかに強力かつ直接的な貢献者になったというのに、米国のメディアはとたんに見向きもしなくなった。政治的に煽られた貿易戦争から解放されるのは喜ばしいことだが、米国へのコミットメントを強めている時期に米国の経済政策や外交政策において日本の地位が格下げになったのは、日本政府には納得しがたいことだ。

米国は今日、もはや日本から輸出される消費者向け製品に依存していないし、日本側もアジアが豊かになっているため、米国の消費市場に強く依存していない。トランプ政権が新たな対アジア貿易戦争を開始した２０１８年時点で、米国の対中貿易赤字は全体の46％だったのに対し、対日貿易赤字はわずか８・５％だった。これは１９８６年の貿易紛争最盛期の赤字額と比べると、驚くべき変化といえる。当時の日本の対米貿易は、日本の輸出品の40％近く、輸入品の23％を占めていた。今日では輸出入ともに約20％に減少している。逆に米国では、１９８６年に日本は輸出の12％、輸入23％を占めていたが、今日では５％以下だ。[7]

今日の日米関係は目につく消費者向け製品の貿易よりも、表に出にくい依存関係によって特徴づけられている。まず、今日の貿易の重要部分は軍需品であり、機密扱いのものもある。長年の安全保障同盟を考えると、日本は大口購入者であり、技術協力者でもある。民間部門でも、深いレベルでビジネス・イノベーションと協働が行われている。20世紀の日米の戦略的提携や合弁事業の多くは、日本の関心事である技術面のキャッチアップに基づくもので、米国からは技術リーダーシップに対する脅威とみなされる場合もあった。しかし今日では、日本は対等であり、知識創造の重要な貢献者と見なされ、日米関係の基調は技術リーダー間の真の協働と相互学習へと進化してきた。

２０１８年に行われた民間部門での大規模な戦略提携の例として、クアルコムとＴＤＫが30億ドルを投じた次世代無線周波数技術の合弁会社、日立とジョンソン・コントロールズによる高度な空調ソリューションを目的とした26億ドルの合弁会社、ソニーと複数のシリコンバレーのハイテク企業とのＡＩ関連の協働、データストレージ用磁気テープシステムに関するＩＢＭとソニーのプロジェクトなどが挙げられる。また、日米の製薬会社間では、あらゆるレベルでさまざまな提携やグローバル研究プロジェクトが進行中だ。防衛分野では、レイセオンと三菱重工が弾道ミサイル防衛迎撃機を共同開発した。[8] 日米関係をめぐる日常会話の中では、こうした長年にわたる深いビジネスのつながりや合弁事業、さらに多くの日米企業が相互に抱く感謝や尊敬の念はしばしば見落とされてしまう。

米国政府が長きにわたって貿易拡大とサプライチェーンのグローバル化を推進してきた後で、２０１８年に保護主義に転じると、１９９０年代の辛辣な論調が再び戻ってきた。今回の矛先は中国に向けられていたが、それにもかかわらず、日本も集中砲火に巻き込まれた。貿易戦争の根拠となった二国間貿易データには、日米の結びつきの深さも、絡み合ったアジア経済の現実も、摩擦によって著しい地域的な外部不経済が生じることも、反映されていなかったからだ。これは、日米間の安全保障同盟と貿易関係だけでなく、地域全体の安定や経済への大きな懸念を引き起こした。

日本と韓国

韓国は日本の成長モデルを見習ったアジア四小龍（香港、シンガポール、韓国、台湾）のトップランナーだ。１９６０年代の日本と同じように、１９８０年代の韓国は主に幼稚産業保護、輸出促進、名だたるコングロマリット（「チェボル」と呼ばれ、戦前日本の財閥と構造的に似ている）間で勝者を選別することにより、急速に工業化を進めた。韓国は鉄鋼や造船をはじめとして、日本が選んだ産業まで模倣し、当初は安価で低品質の家電製品や自動車に参入した。その結果、サムスンとＬＧエレクトロニクスはその相対的なコスト優位性を利用して、家電製品や家庭用品でかつて日本が世界で占めていた有利なポジションを獲得した。

この過程で、歴史的にすでに緊張含みだった日韓関係はさらに競争的になった。１９９０年代に、日本は半導体産業での優位性も韓国に奪われた。韓国は日本の知的財産を盗み、東芝、日立、三菱電機、沖電気など多くの企業が編み出した生産方法を模倣したと言われている。ちょうど10年前に、米国企業が日本企業をまったく同じように非難し、当時の日米貿易戦争では半導体が長年のテーマだった。しかし、日本は劣勢に回るや、世界貿易機関（ＷＴＯ）での一連の提訴を行ったことからも明らかなように、知的財産権の侵害を防衛しようとする米国陣営に加わったのである。[9]当時の業界筋によると、日本企業はサムスン、ＬＧエレクトロニクス、ＳＫハイニックスに立腹するあまり、台湾に赴いて技術を共有するようになり、そのために台湾が半導体生産で韓国と肩を並べるほど強くなったのだという。これがまことしやかな業界話か真実かはさておき、日韓の間に存在し続ける不快な不均衡を物語っている。[10]

この経済的な競争から生じた緊張に加えて、歴史の記憶や謝罪をめぐる厄介な政治問題が二国間関係に影を落としてきた。日本は1910年から1945年まで韓国を占領し、その間に中央銀行の建築様式も含めて、韓国の経済制度に多大な影響を及ぼした。また、日本による韓国併合や戦時中の朝鮮半島の人々に対する強制労働や犯罪行為[11]といった植民地時代の傷跡はいまだ色褪せていない。現代の安全保障と貿易関係は緊密だが、依然として定期的に謝罪や賠償の要求が持ち上がる。

1965年に両国が外交関係を再開したときに日本は非を認めて多額の賠償金を支払うことで法的な解決を図ったが、2018年に韓国の裁判所が日本政府に加えて日本企業も戦時中の韓国労働者に賠償金を支払う義務があるとする判決を下すと、この問題が再浮上した。この件で絶えず強要されることを嫌った日本は韓国への輸出管理の厳格化を理由に2019年7月、自由貿易に関する「ホワイト国のリスト」から韓国を除外し、特定のハイテク品目の取引について許可申請を求めた。その対象には先端化学材料が含まれており、第4章で触れたように、次世代5G用の半導体開発に必要な3つの高機能化学品で日本に大きく依存していたサムスン電子にとっては特に懸案事項となった。

韓国は報復措置として、GSOMIA（日韓軍事情報包括保護協定）を延長しないと脅しをかけた。この協定は両国の北東アジア情報活動の支柱であり、両国の最も近い同盟国である米国との三国間協力にも関わってくる。特に北朝鮮のミサイル発射実験が進行中だったことを考えると、この協定を危険にさらすには間が悪かった。韓国の消費者は猛然と「日本製品」のボイコットを始め、反日感情は過去最悪レベルに達した。一方、サムスン電子のCEOは東京に何度も足を運び、3つの先端材料の輸出制限を解除すべく重点的にロビー活動を行った。紆余曲折を経て、韓国は最後の最後にGSOMIA延長に合意し、日本側は見返りとして、輸出規制対象の3品目の中で最も重要なフォトレジストのライセンスを緩和した。[12]

こうした交渉の行方は本書の執筆時点では定かでないが、この出来事で北東アジアの新しい現実に目が向けられるようになった。歴史と政治は複雑だが、各国経済はかなり融合し、グローバル・サプライチェーンの中で順々に連なった位置づけにある。そして、ますますビジネスが優先されるようになっている。後述するが、これは日中関係にも当てはまる。

2018年、日韓の貿易総額は840億ドル近くに伸び、図表4－2で見た通り日本の貿易黒字は200億ドルである。[13] 対韓国貿易は日本の輸出全体の7％、輸入全体の4％である。韓国にとって、日本からの輸入は11・5％であるのに対して、輸出は4・6％だ。[14] 製品別に見ると、2018年の韓国にとっての最大の輸入品は機械（製造機械や部品を含む）、化学品、精密機械だったが、日本は主に農産物を輸入している。いまだに日本で韓国車を見かけることも、その逆も珍しい。さらに、緊張関係と韓国の国内市場の閉鎖的な体質も反映して、日本のFDIのうち韓国に向けられたのはわずか2％で、事業拠点数は比較的少なく保たれ（図表5－1）、貿易が両国関係の中心となってきた。

集合ニッチ戦略により、韓国経済全体で日本への依存度がますます高まっていることも緊張関係の一因となっている。2015年頃、チェボルのサムスン・グループは韓国証券取引所の株式時価総額の約20％を占め、同グループの売上高はGDPの17％に相当した。[15] グループの中核企業であるサムスン電子は世界最大の携帯電話メーカーとなり、携帯電話やタブレットは総売上高の約60％にのぼる。しかし、携帯電話を生産や、中国との競争で先行し続けるための品質向上には、日本からのハイテク部材の輸入が必要となる。例えば、前述のフォトレジストなどの化学品に加えて、サムスンの半導体製造に欠かせない重要部材の32％が日本製だ。[16] 液晶画面をつくる製造機器も日本から調達している。韓国の工作機械業界に供給される部品や数値制御装置も同様で、依存度が90％を超えるものもある。[17] こうした工作機械は韓国の自動車分野にも影響を及ぼす。このように、韓国製品は、日本の集合ニッチ戦略によって「ジャパン・インサイド」を多数含んでいるのだ。

日本と中国

日韓関係と同じく、日中関係も歴史的に複雑だ。日本は中国文化から多くのものを借用してきた。文字、仏教、さらにはラーメンも中国に起源がある。逆に、日本の話し言葉、文法、神道、寿司は、日本のタイトな文化と同じく国産だ。第二次世界大戦はさまざまな顕著な傷跡を残し、近年は中国が軍事力を増強させ、外交関係に緊張が走っている。しかし、歴史が両国の関係を複雑にする一方で、経済関係はおおむねプラグマティズム（実用主義）に徹している。2018年、二国間貿易はほぼバランスがとれており、香港も含めて輸出入は約1780億ドルだった。中国は日本の最大の貿易相手国であり、輸出入のどちらも約25%を占める。中国にとって、日本は米国に次ぐ第2位の輸出先であり、輸入は米韓に続く第3位だ。[18]

日本は貿易面の役割に加えて、中国の製造業ブームを資金面で支えてきた主要な直接投資を担ってきた。日本企業は生産資本の主要な所有者であり、中国本土に欠かせない高品質な投入部材の主な（多くの場合、唯一の）供給源でもある。図表5－1が示すように、2017年、日本企業は中国に3万2000以上の営業所や工場を維持したり、中国企業に一部出資するなどしており、それらは最大の海外生産権益となっている。[19] 日本の対外直接投資のうち中国向けは10%にすぎないが、その70%近くが製造関連だ。ここでも、中国がアジアの組み立て業者で、日本がハイテク投入財の専門メーカーという分業体制が明らかになる。中国の消費者市場の規模、日本企業の重要な現地でのプレゼンス、貿易依存度は、両国の経済的な成功と密接に結びついている。

両国経済をさらに緊密にしているのが、グローバル・サプライチェーンにおける立場の違いから非常に貴重な相乗効果が生じていることだ。1960年代と1970年代の日本と同じように、中国は輸出促進と消費者向け製品の低コスト生産を通じて急成長を遂げた。中国は民主主義ではなく、大企業のほとんどが国有企業であるという明らかな違いはあるが、政府の補助金、国内貯蓄の多さ、技術面での適応力が主な推進要因となった。日本は戦後に最初の成長を遂げる間、海外投資に対して市場を閉ざしていたが、中国の成長は外国の資本や知識に大きく依存し、中国は進んで世界の組立工場となった。[20] つまり、日本が国内の垂直型生産能力を一式独自に開発し、絶え間ない改善と組織学習によって競争優位を築いて成長を遂げたのとは対照的に、中国企業は外国人が持ち込んだ技術を模倣し、その後、低付加価値や低コストの部分に当たる最終品の組み立てに注力したのである。日本は製品設計から最終的な販売まで完備された国内バリューチェーンを構築してきたが、中国は輸入、組み立て、再輸出のシステムを開発してきた。

スマイルカーブの上流に移る際に、このことは日本にとって役立つことが判明した。サプライチェーン全般で組織能力を持っている企業は、より低い付加価値活動をやめて、粗利率がより高い上流のニッチに切り替えられる。中国が同じように上流に進出しようとする場合には、２０１５年の産業政策プログラム「メイド・イン・チャイナ２０２５」で提案されているように、まずは必要な組織能力を構築しなくてはならないだろう。実際に、「メイド・イン・チャイナ２０２５」には、中国産業がどのようにして世界の工場を脱して、医薬品、自動車、航空宇宙、半導体、ＩＴ、ロボットなどの技術分野にサプライチェーンを移行させるかが詳しく記されている。[21] いずれも大規模な産業であり、日本の得意分野に食い込んでくる。

しかし、開発目標だけでなく、技術レベルや生産規模などの違いから、日中の産業構造は中期的に競争的というよりも補完的になる可能性が高い。中国政府は、労働人口の規模や素早い拡大への圧力を前提として、通常は巨大な製造設備での量産を約束する産業で２０２５年計画を推進している。対照的に、これは日本にとって、イノベーションと製造でまったく異なる組織能力を必要とするニッチを開拓するための活路になる。人口減少や人手不足を考えれば、規模の拡大はもはや利益率ほど重要ではなく、日本企業はものづくりのスキルをカスタマイズされた高粗利率のディープテクノロジーというニッチ分野に集中させせられる。

一部の中国の中小企業はおそらくこうした小さなニッチを開拓するにせよ、まだ日本の背中を追いかけているところだ。もちろん、日本の製造業は立ち止まっているわけではなく、動く標的を追い続けようと、常に改善し、より高い品質レベルで生産活動を行っている。したがって、中国の台頭はある意味で日本にとって脅威だが、日本が重要分野に集中し、継続的に改善とイノベーションを起こす集合ニッチ戦略をとれば、中国を邪魔することなく先行し続けられるかもしれない。

そうなると中国は困難な状況に陥る。「メイド・イン・チャイナ２０２５」の説明にあるように、輸入技術への依存から脱したいと思っても、小さくて模倣が難しい、あるいは非常に高品質でつくるのが難しいニッチな素材や製品については、やはり日本を必要とするからだ。一方、日本は中国の製造業者を他のアジア地域の労働力に置き換えられるので、依存度はそれほど高くない。移行にコストはかかるが、中国で人件費が上昇するにつれて、東南アジアに生産拠点などを再構築することは次第に経済的に見合うようになっており、２０１９年の米中貿易戦争により、この流れは大幅に加速している。例えば、２０１９年の数カ月間で、リコー、任天堂、京セラ、ソニー、コマツ、ファナックなど多数の日本の大企業は、中国への追加投資は保留としつつ、中国から台湾、タイ、ベトナム、他の東南アジア諸国へと生産をシフトすることを発表した[22]。

このため、中国が野心的な産業政策をとっているにもかかわらず、今のところ日本は引き続きクリエイターであり、中国はほぼ組み立て事業者に甘んじている。図表５－２は日中の二国間貿易の内訳と、日本の対中純貿易の状況を産業別に示している。日本は化学品、鉄鋼製品、輸送機器、光

図表5-2　日本の2017年の中国・香港貿易、産業別（一部抜粋）

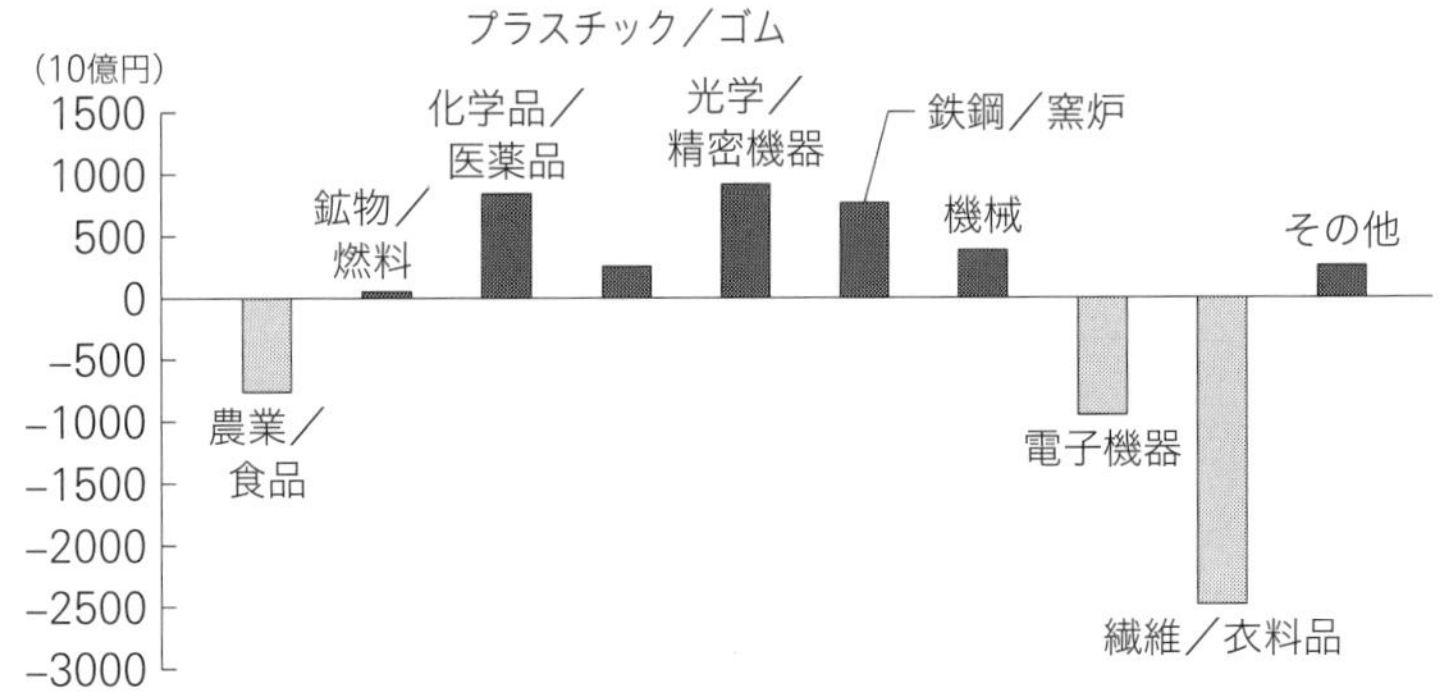

資料：財務省関税局のデータを用いて著者が作成

学・精密機械で大幅な貿易黒字を維持しさらに伸びているが、農産物、電気機械、衣料品、繊維製品については赤字となっている。ここから、日中が進めてきた分業だけでなく、両国関係の本質も浮き彫りになる。日本は一部の食料、固定電話機（中国企業が独占している）、（主に日本）ブランドの家電製品の組み立てや衣料品の生産、さらに中国の消費者市場に関して中国に依存しているが、中国は高機能化学品、製造機械、特殊材料などを日本に依存しているのだ。

　大豆や繊維は日本にとって重要だが、これらの分野は同列に扱えない。要するに、現在の経済構造では中国は日本を置き換えられないし、キャッチアップには時間がかかるだろう。逆に、日本は中国以外に投資先を移転できるが、販売先として中国の消費者市場を必要としている。東南アジアでのプレゼンスを拡大し、他の新しい消費者市場を成長させようと日本が熱心に取り組んでいることは、これで説明がつく。また、米国の貿易戦争がこの地域に経済的なストレスを与える中で、中国が日本と良好な関係を維持するために、歩み寄ってきた理由もここにある。[23]

もちろん、この経済的なプラグマティズムの一方で、重要な軍事的、地政学的なパワーシフトが進んでいる。日本が資源や貿易で中国に依存する状況を憂えるのと同じく、中国は米国依存を嫌っている。中国が急速に軍事化し、軍事的に威嚇することで、この地域に緊張や貿易紛争を引き起こしているが、そこから明らかになるのは深い融合から生じる帰結であり、脆弱性でもある。尖閣諸島をめぐって長年にわたる見解の相違がエスカレートした2013年以降、日本は防衛予算を着実に増やし、防衛力を拡大してきた。それに加えて、米中の貿易戦争は不確実性と投資の減速を生み続け、経済活動を弱めかねない。これが2020年以降どう展開するのかで、アジア全域の経済的、地政学的な関係が決まってくるだろう。

日本と東南アジア

中国ばかりに目が行って、残りのアジア諸国はとかく見落とされやすい。特に、東南アジアは急成長を遂げ、豊かになっているにもかかわらず、である。同地域には現在、6億5000万人が暮らし、名目GDPは2・5兆ドル（購買力平価は7・6兆ドル）を超え、成長率は世界のどの地域よりも速い。[24]過去10年間、ベトナム、タイ、インドネシア、ミャンマー、フィリピンなどで政治経済が発展したことにより、東南アジアは貿易と文化の両面で日本との結びつきを深めている。経済的には、日本は次の3つのチャネルで貢献してきた。タイの自動車やベトナムのタイヤなど、現地工場で国内向け最終製品の生産。より大きなサプライチェーン内におけるパススルー品の組み立てや部分生産。そして、ASEAN市場で販売される消費者向け製品を中心とした輸出だ。

図表5－1を見ると、ASEAN諸国は日本の輸出高に占める割合は欧州連合（EU）よりも高く、日本の事業所や工場は1万2545にのぼる。中国から他のアジア地域へとシフトする中で、その数は増加中だ。東南アジア10カ国（インドネシア、マレーシア、フィリピン、シンガポール、ミャンマー、ブルネイ、ベトナム、ラオス、カンボジア、タイ）を代表するアジア最大の政府間組織、ASEANの2017年の経済報告書には、日本の多国籍企業の数が増え、主要な雇用主となって成長に貢献しているなどの記載がある。そこからも、同地域で日本の役割が大きくなっていることが窺われる。製造業では、2016年のASEAN諸国の上位20社のうち日本企業は7社だった。ASEAN諸国における企業の投資活動全般でも、上位20社の中に三菱UFJフィナンシャルグループ（MFUG）、トヨタ自動車、東京海上ホールディングスの3社が入る。2016年時点で、3社合わせたASEAN諸国の総資産は1000億ドルを超えている。[25]

日本の3大銀行グループは東南アジアで大きなプレゼンスを築きつつある。例えば、2013年、MUFGはタイ大手のアユタヤ銀行を買収し、2018年にはインドネシアのダナモン銀行に60億ドルを出資した。ダナモンはインドネシア第5位の商業銀行で、インドネシアで日系自動車メーカーのサプライヤーである現地部品メーカーと強いつながりを持っている。一方、三井住友銀行はインドネシアの最大手の銀行のほか、カンボジアやベトナムの銀行の持ち株比率も高めた。大手銀行グループ3位のみずほもこの地域で強力なプレゼンスを築いている。[26] 2011年から2016

年までのわずか5年間で、これら3行の融資残高は1100億ドルから2000億ドルを超え、東南アジアの主要な貸し手と金融サービス事業者となっている。[27] プロジェクト・ファイナンスのグローバル・リーダーという役割とはすなわち、この地域の電力、エネルギー、交通、通信などの産業の巨大設備に資金を提供することである。[28]

対内直接投資に関して、シンガポールとミャンマーを除くすべてのASEAN諸国で、日本は1位か2位だ。近年、日本のFDIはタイが60%超、インドネシアが35%、ベトナム、フィリピン、マレーシアが15%以上を占める。日本企業はタイで3900以上の工場を、インドネシアとベトナムでそれぞれ約2000の工場を稼働させている。全体として、インドネシアは日本の政府系融資の最大の受け入れ国であり、それにタイ、ベトナム、フィリピンが続く。[29] 2019年に米中貿易戦争が始まり、工場や営業活動の形で日本のプレゼンスはさらに高まり、日本企業はこの地域での足掛かりに多角化している。例えば、ミャンマーでは2011年から2014年にかけて、FDIの93・6%が中国からだったが、2019年には日本にますます目を向けている。2017年だけでも日本からのFDIは5倍に拡大した。[30] 日本は同地域で経済的なプレゼンスを高めるのに伴い、複雑な対中関係のバランスをとるのに役立ちそうな地政学的な基盤づくりも目指している。

日本への憧れ：ポップカルチャーと消費者向け製品

ジェームズ・ファローズとデボラ・ファローズは2018年の米国中部地域の調査の中で、中国は近くで見るよりも遠くから見たほうがよい、米国は遠くから見るとひどいが、間近で見るほど良くなると指摘した[31]。同様に、アジアから離れるほど中国はよく見えるが、近づくほどいかに日本が今日のアジアの中心であるかがわかってくる[32]。これは貿易や投資にとどまらない。文化、ファッション、ポップミュージック、レジャー活動、ゲーム、テレビ、エンタテインメントなどの面で日本の影響力は、今後のアジア地域の地政学的連携を支える重大な要素になるだろう。日本は内に力を秘めたアジアの大国となり、多くの若いアジア人が熱烈にこの新しい現実を受け入れている。

足下では世代交代が進み、アジアでの日本の受け止められ方は和らいでいる。日韓で見られたパターンが中国や東南アジアでも繰り返されているのだ。例えば、中国の40歳未満の「アニメ世代」は日本文化に強く惹かれている。2017年、中国のアニメ市場規模は推定210億ドルで、さらに成長している[33]。中国で日本への観光旅行が飛躍的に伸びるにつれて、中国の人々は親近感を抱くようになった。文化、スポーツ、ビジネス、留学や就業経験など、日本から学びたいと思う中国人の数が増えていることは、おそらくどこよりも重要で、かつはっきりと見て取れる。図表5－1に示されているように、中国人からの留学生は約40％であり、ベトナム、韓国、インドネシア、ミャンマーの学生がそれに続く[34]。

憧れの場所として日本が浮上していることは、各国の調査結果にも表れている。図表5－3はピュー・グローバル・バリュー・サーベイにおける日本、米国、韓国、中国の最新の好感度を示している。日本はインドネシア、マレーシア、フィリピン、タイ、米国で最も好感度が高く、全体でも上位に入る。韓国と中国では歴史問題の影響で、日本への好感度はかなり低い。2019年の別の

図表5-3　アジアでの日本、米国、韓国、中国の好感度調査（2014～2017年）

	日本	米国	韓国	中国
バングラデシュ	71%	76%		74%
中国	14%	50%	54%	―
インド	43%	49%	21%	26%
インドネシア	76%	48%	54%	55%
日本	―	57%	25%	13%
マレーシア	84%	54%		79%
フィリピン	81%	79%	69%	54%
韓国	30%	74%	―	33%
タイ	81%	72%		72%
米国	75%	―	62%	43%
ベトナム	86%	85%	82%	10%

資料：ピュー研究所、グローバル・バリューサーベイ。データは2014～2017年のさまざまな年から各国で利用可能な最新の数字をとった。

調査では、日本に否定的な印象を持つ韓国人は50％にのぼり、その理由として75％が日本の誤った歴史認識に対する憤りを挙げていた。[35]

その一方で、日本の文化輸出に対するアジアの若者の消費意欲は旺盛だ。２０１０年代後半、アジアが米国に相反する感情を抱くようになると、高級ブランドを擁し豊かさを増す日本が新たに魅力的に映るようになった。「メイド・イン・ジャパン」の高品質で信頼性の高い商品への評判に加えて、アニメや「カワイイ」の概念（ハローキティなどの可愛らしさ）を超えた「クールジャパン」というヒップな概念が出てきた。日本はステータスシンボルとして新たな意味を帯び、少なくともミレニアル世代にとっては、戦後日本への反感を覆すものとなっている。若い中国人や東南アジア人が日本のファッション、スタイル、ブランドを真似したいと思う気持ちは、数字では表せないほどの盛り上がりを示し始めている。その間接的な表れが、訪日観光客が急増していることだ。2018年にASEAN諸国から300万人以上が日本を訪れ、タイだけで100万人を突破した[36]。

新しいアジアの消費者主義を支える文化的基盤は化粧品業界に典型的に見られる。次第に豊かになってきたアジアでは、元気の良い地元企業が成長し、欧米のステータスやブランドが侵食されている。米国が同産業で享受してきた以前の貿易黒字は赤字へと転じた。その一方で、日本の高級化粧品の輸出は2012年から2017年の間に3倍の37億ドル（シャンプーやローションは含まない）に達し、資生堂、花王（ビオレ）、カネボウ（SENSAI）、コーセー、シュウウエムラ、江原道、DHC、肌ラボなどのブランドでアジアの化粧品市場を席巻してきた。高級化粧品は集合ニッチ戦略の対象領域の1つだが、日本のブランドはアジア全域で優れた品質という評価や名声を得ているので、その文化的な影響力は絶大だ。この行動を取り入れようと、TATCHA（タッチャ）などの新しい欧米のブティックブランドは日本との深い精神的なつながりを強調し、日本的なポジショニングを打ち出している[37]。

韓国はこの分野でも強力なライバルになりつつあり、価格面では日本がねらうハイエンドよりも1つ下のポジションをとっている。この競争により、アジア全域で流行感度が高まり、両国の売り上げは拡大している。映画やテレビドラマも同じ流れで、韓国はアジアの視聴時間で日本の主力ライバルとなっている。日本のテレビドラマは涙をそそる道徳的なストーリーが多いのに対し、韓国のドラマはロマンス系が得意とされている。いずれにせよ、ファッション雑誌やグルメに関する交流とともに、日韓は若いアジア人の心と財布の両方をめぐって激しく競い合い、その過程で互いに切磋琢磨している。[38]

日本のグローバルな合併・買収

世界経済に及ぼす日本の影響力が拡大している最後の側面は、グローバルな買収を通じた新規事業の成長だ。1980年代の戦利品漁りのようなやり方とは違って、日本の最近の買い物は明確な戦略的目標に基づいている。例えば、国内市場の縮小に対応して、日本の生命保険会社は若者が多くを占めるより大きな市場で保険会社の買収に乗り出し、飲料会社は成長市場で競合他社を買収してきた。また、テクノロジー系企業はスタートアップを買収して自社のコアコンピタンスを強化したり、新市場への進出に役立てたりする一方で、既存企業も買収してニッチ市場における自社の優位性の強化を図っている。

図表5－4は、10億円単位で日本のM&A活動を示したものだ。その活動は「イン・イン」(日本企業が日本企業を買収)、「イン・アウト」(日本企業が外国企業を買収)、「アウト・イン」(外国企業が日本企業を買収)に分類できる。本章で特に注目したいのが、イン・アウトの取引だ。第7章でこの表の年間取引件数に再度言及するが、日本企業による外国企業の買収件数は、2010年の371件から2018年に777件へと倍増している。図表5－4から取引金額もわかる。資金

図表5-4　合併・買収（金額）、2006～2018年

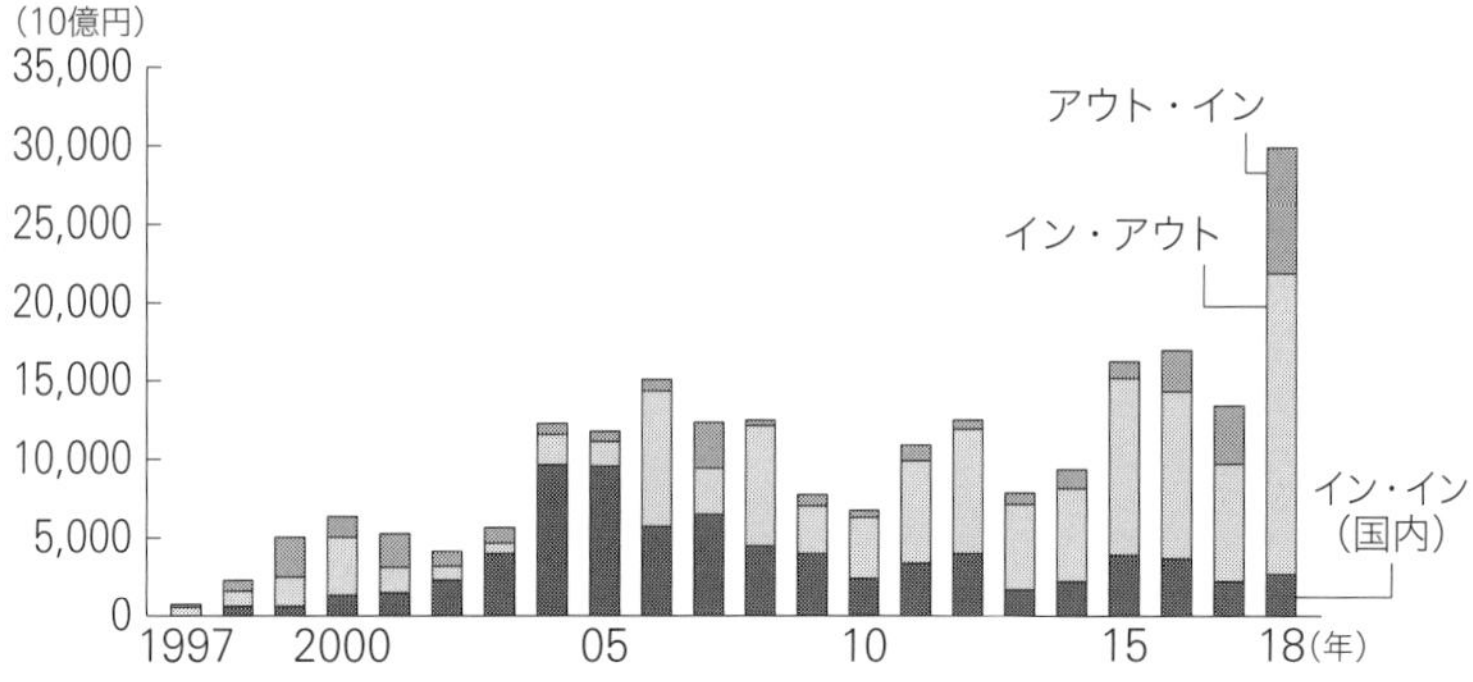

資料：MARRオンラインのM&Aデータを使用

の投入先として、イン・アウトのカテゴリーが最近の日本のＭ＆Ａ活動の大部分を占めている。２０１０年から２０１８年までに、日本企業は海外企業のＭ＆Ａに総額約８０００億ドルを投じ、２０１８年は過去最高の年となった。本書の執筆時点では、Ｍ＆Ａが増える傾向は２０１９年以降も続くことを示す明確な指標があった。[39] なお、こうした取引のすべてが公開されているわけではないので、ここに挙げたのは概算値であり、データソースによって数値は異なる。

日本では２０１８年にＭ＆Ａに総額で約３０００億ドル（30兆円）が投じられ、そのうち3分の2は日本企業による外国企業の買収だ（２１００億ドル）。過去最大となったのが、製薬最大手の武田薬品工業がアイルランドのダブリンを本拠とするシャイアーを６２０億ドルで買収した案件だ。そのほか、半導体メーカーのルネサスはシリコンバレーのインテグレーテッド・デバイス・テクノロジー（ＩＤＴ）を63億ドルで、日立はＡＢＢの送電網事業を64億ドルで買収している。リクルートは企業レビューや給与などの巨大データベースを誇る米国の求人情報サイト運営会社のグラスドアを12億ドルで買収した（詳細は第9章を参照）[40]。

その結果、日本はグローバルM&Aをリードする存在となっている。2014年から2017年まで、日本は米国、中国、英国、カナダに次ぐ5位だったが、M&Aの当たり年となった2018年に、米国に次いで第2のM&A国に躍り出た[41]。2018年以前でも、日本の買収先を挙げれば、驚くような企業が多数含まれている。例えば、スプリント（ソフトバンク）、ジム・ビーム（サントリー）、アメリカン・スタンダードとグローエ（LIXIL）、フィナンシャル・タイムズ（日本経済新聞）、デルのITサービス事業（NTTデータ）、スタンコープ・ファイナンシャル（明治安田生命）はいずれも日本企業が株式の過半数を取得している。しかも、これは1回限りの出来事ではない。アサヒビールを傘下に持つアサヒ・グループ・ホールディングスは、2016年と2017年にイタリアのペローニ・ナストロ・アズーロやチェコのピルスナーウルケルなど欧州の醸造所を合わせて111億ドルで買収した後、2019年にもアンハイザー・ブッシュ・インベブのオーストラリア事業の買収に119億ドルを投じた[42]。

グローバルM&Aの増加は、M&Aに対するマインドの変化や新しい戦略目的と合致している[43]。外国企業の買収は、選択と集中の第2の波に不可欠な要素となってきた。多くの企業は、非中核事業から撤退した後、新たに定義した中核事業を構築するために経営資源を投じるようになった。アベノミクスはイン・アウト型M&Aを積極的に後押しし、株式交換や他の海外企業の買収を困難にしていた要因に関して税制改革や規制緩和を進めた[44]。日本の銀行部門の再生もこの動きを活発化させた。

直ちに新しいM&Aブームの恩恵に与ったのは大手銀行だ。既存のビジネスモデルに修正をかけている最中に、M&Aによって2つの新たな成長の道が開かれた。それは、自ら海外の銀行を買収する道と、収益性の高いM&Aアドバイザリー事業を新たに展開する道だ。実際に、銀行は今や、より大胆で競争優位を決定づける取引をするようにクライアントに働きかけていると見られている。[45]これによって日本企業の海外進出はさらに後押しされている。そして、1980年代のトロフィー物件の購入とは違って、新しいグローバル展開は考え抜かれた戦略の一環であることが多い。

日本の海外買収の新しい戦略的な特色を示す例として、ブリヂストンがオランダのナビゲーションシステム会社であるトムトムのテレマティクス事業を10億ドルで買収した件が挙げられる。トムトムは自動運転技術用デジタルマップ開発でグーグルマップとの競争に注力するため、同事業から撤退したいと考えていたのだ。テレマティクスはフリート管理やコネクテッドカー・サービス用の車両関連データを手掛けており、マイクロソフト、ダイムラー、ミシュランが買い手候補として噂されていた。しかし勝利を収めたのは、世界最大のタイヤ会社のブリヂストンだった。ブリヂストンは現在、タイヤとセンサーを組み合わせて道路状況やタイヤ情報を収集することで、スマートカーの新しい能力を構築している。同社社長の津谷正明の説明によると、タイヤ産業は今やいわゆるCASE（コネクテッド、自動運転、シェアリングサービス、電動化）事業になり、ブリヂストンはこの変化を活かすために態勢を整えてきたという。[46]第10章で、多くの日本の大手製造業がデジタル製造やデータベースのサービスとの垣根を越えた新しい組織能力の獲得へと方向転換していることとを取り上げるが、グローバルな買収はこの新しい展開の重要な要素になっている。

このように、イン・アウト型M＆Aの急増は、日本のグローバルでの影響力の拡大に大きく貢献している。たまにしか観察していない人には必ずしも見通せていないかもしれないが、日本が世界経済に及ぼす影響力は、貿易収支や製品販売という標準的な指標をはるかに超えている。新たなM＆A活動は、日本のビジネス再興や選択と集中というより大きな流れの中で、昨日のビジネスの売却、明日の競争に向けた方向転換にもつながっている。国内で必要な新しい組織能力や市場を育てるだけでなく、グローバルな技術リーダーの地位も獲得しているのだ。こうしたM＆A活動には、新しいテクノロジーのニッチを構築する、新市場に進出して顧客基盤を拡大する、という2つの狙いがある。

このようにして、日本企業は世界各地で足掛かりを築き、以前にも増してグローバルになりつつある。そこで必要になるのが、第8章で取り上げる、新しいマネジメント・スキルと業務プロセスだ。静かに、しかし確実に、日本のグローバル・ビジネスへの影響力は拡大し続けている。

第6章 〈マネジメントの変革〉ガバナンス、スチュワードシップ、役員報酬

2015年2月、ウォール街のアクティビスト・ファンドのサード・ポイントを創設したダニエル・ローブは、ファクトリー・オートメーションとロボティクスのグローバルリーダーで、日本で最も収益性が高い成功企業の1つであるファナックに多額の投資をした。ローブは標的とする経営者を公然と非難して要求を通そうとすることで悪名高い。今回は、権利を取得した後、ファナックに「非論理的な資本構造」を改めて「目に余る」資本の非効率性を解消すれば、「大幅に再評価」(株価が上がることを示すウォール街用語)されるだろうと迫った。さらに、もっと積極的に企業情報を公開し、80億ドルの保有キャッシュを増配に回し、自社株買いプログラムを始めるべきだとも考えていた。ファナックはすでに成功していたが、ローブは同社の内部留保に手を伸ばして、手っ取り早くひと儲けしようと企てていたのだ。

富士山麓にあり、至る所に黄色を用いた社屋や施設で有名なファナックは実に長い間、カルト的

な秘密主義で知られてきた。都市から遠く離れた会社の敷地内で暮らし、外の世界とほとんど交流のない勤勉な社員に高賃金を支払っていることでも知られる。従業員の名刺には電話番号やメールアドレスの記載はなく、ハッキング攻撃には過敏なまでに神経を尖らせている。

２０１５年にサード・ポイントが乗り込んできたとき、ファナックは配当性向を固定し、無借金で、相当額の利益をキャッシュで保有していた。しかし、創業者の稲葉清右衛門博士の息子である社長は、ローブが要求した措置のいくつかをすでに検討していた。ファナックは２０１３年に取締役会を開かれたものにし、社外取締役を招聘し、何件か買収準備を進めていたのだ。第10章で取り上げるように、デジタル製造で競争できるように「ＦＩＥＬＤシステム」というオープン・プラットフォームも立ち上げていた。すでに変化に備えていたので、ローブが投資して数カ月以内に、ＩＲ（インベスター・リレーションズ）部門が設置され、配当を倍増させ、自社株買いを行ったので、アクティビストのローブも「日本の全体的な思潮が変わりつつある」とコメントした。[1]

ローブはその前の２０１３年６月にも、日本で肩慣らしをしていた。ソニーに14億ドル（７％）を投資し、その14カ月後には売却し、手際よく20％の売却益を得ている。当時のソニーは赤字続きで、６年間で５回の最終赤字を計上していた。ローブはソニーに対して、エンタテインメント事業と電子機器事業を売却するように要求した。ソニーには銀行しか残らず、抜け殻のようになってしまうので、この提案は日本だけでなく、太平洋の向こう側の米国でも顰蹙《ひんしゅく》を買った。当時ソニーの支援を受けた事業を保有していた俳優のジョージ・クルーニーは反対派に加わり、「良心のかけらもない。（中略）ただ富を築くだけだ。ヘッジファンドの人間がこうした判断を下す資格など断じてないし、我々の〔映画〕業界にとって危険な人間だ。ヘッジファンドの連中は雇用を創出しないが、我々は創出している」と述べている。[2]

ソニーの取締役会はローブの提案を検討したが、最終的に退けた。しかし、ソニーの社長（当時）で元CFOの平井一夫は、ソニーの映画部門で抜本的なコスト削減キャンペーンを開始し、VAIO（PC）事業を売却した。そのおかげで、同社の財務状況は大幅に改善された。

だが、日本では多くの人がクルーニーの抱いた不安を共有していた。確かに近代化とグローバル化を求める投資家の大きな圧力は、多額の内部留保を抱えて資本効率の悪い日本企業の多くには必要な揺さぶりかもしれない。しかし、短期的な利益を狙う金融工学を通じて手早く儲けるために株価を上げることしか考えていないアクティビストの圧力は、企業の将来に間違いなく悪影響を及ぼす。こうした活動は、日本で広く共有されている企業の安定と長寿を好む傾向とは相容れなかった。コーポレートガバナンスが大幅に見直されるにつれて、「ハゲタカ」と呼ばれる近視眼的なアクティビストの攻撃から守るために日本に新しいメカニズムをつくる必要があると痛感されるようになった。

戦後日本の取締役会はほぼ完全に内々で運営され、メインバンクが主に企業の健全性を監視する役割を担ってきた。しかしグローバル・ファイナンス時代には、このアプローチはもはや通用しなくなり、2015年に発覚した東芝の巨額の粉飾決算のように、大きなスキャンダルも起きていた。さらに、選択と集中のためのカーブアウトなど集合ニッチ戦略を実行するには、流動性のある金融市場が欠かせない。グローバル資金を東京に呼び込む唯一の方法は、株主の権利、経営の透明性、財務情報の開示に対する世界的な期待に応えることだ。このように、コーポレートガバナンス改革に対する日本の課題は、グローバル金融市場のニーズと、日本企業にとって長年うまくいっていた従業員への配慮、顧客へのコミットメント、長期的な価値創造の追求などとの間でいかにバランスをとるかである。

米国ではこの課題に対応するために、２０１０年代後半に、ウォール街を中心とするシステムに安定性やステークホルダーの視点をもっと取り入れようとした。[3] 背景には企業のパーパス（存在意義）と社会的責任に関する現代的な定義を省みようとする世界的な動きがある。シカゴ学派が提唱するように利益の最大化にひたすら専念するのか、それともＥＳＧ（環境、社会、ガバナンス）の検討、ＳＤＧｓ（持続可能な開発目標）やＣＳＲ（企業の社会的責任）の要請に見られるように、社会的利益に貢献すべきか。ハゲタカの餌食にならずに、こうした目標を追求するためには、どのようなコーポレートガバナンスの構造や仕組みが必要になるのか。企業や投資家は対立者ではなく、長期的価値を生み出すという共通の関心を持ったパートナーだという前提に立つ、新たなコーポレートガバナンスのアプローチを示すことで、日本はこの議論に一石を投じている。[4]

本章では、日本の新たな経営監視、スチュワードシップ、役員報酬について取り上げる。最初に、１９８０年代以降の日本の株主構造における大きな変化を見ていく。現在、東京証券取引所の上場企業における株主の5割を占める機関投資家や海外投資家の要求に応えるために、株主と経営者との間で新たな参加や交流の手段を構築する必要があった。そこで、取締役会を開かれたものとし、新たに透明性を持ち込むガバナンス改革と、アセット・マネジャーの積極的な参加を促す新しいスチュワードシップ・コードという、2本柱で構成されたサンドイッチ方式がとられた。こうして内部統制と外部監視が結び付くようになった。

ガバナンス改革と新しいスチュワードシップ・コードを展開する際には、日本のタイトな文化環境では極めて効果的であることが証明されてきたソフト・ロー、ナッジ、シェイミングに大いに頼ることとなった。ガバナンス改革では、上昇しているもののまだ米国の約10分の1程度にとどまっている役員報酬について、透明性を担保するための新しいルールを設け、取締役会による管理の対象とした。

2019年時点で、新しいシステムには2つの顕著な特徴がある。第1に、現行の改革の究極の目標は、新しい規律を導入することだ。これは、監視に加えて、新しいビジネスに方向転換するための難しい戦略決定を通じて、役員クラスに会社の刷新を迫ることを意味する。

第2に、私の解釈では、新しいスチュワードシップ・コードは機関投資家にガバナンスの担い手となる能力開発を求めることによって、短期志向のアクティビストに直面しても、新しいシステムに強靱な対応力を持たせようとする日本の試みである。日本の大手資産運用会社が企業を監督するための新たな専門知識を習得するにつれて、ガバナンスに関する主流の考え方はさらに変わっていくだろう。その結果、日本の経営者は今や、株主に関してまったく新しい圧力、機会、権利、責任に直面している。サンドイッチ改革はそれと合わせて、結果的に米国を特徴づける金融化(financialization)と過度な資金移動に対する新たな防御策となるかもしれない。日本のコーポレートガバナンス制度は変化しつつあるが、米国とは大きく異なる軌跡を辿ってきた。

何のためのコーポレートガバナンスか？

日本のコーポレートガバナンスの概念は、米国の概念とは長らく対照的だった。米国では、コーポレートガバナンスはプリンシパル（株主）とエージェント（経営者）との間の利益相反を前提に始まる、エージェンシー理論の影響を色濃く受けてきた。経営者は「自己利益と罪悪感」で動き、裏切ったり自分だけ豊かになろうとしがちなので、そうした弊害から株主を守る必要がある。[5] このパラダイムの下で、取締役会を通じた監視、介入権、代表権によって株主を保護するのが、コーポレートガバナンスの役割だ。戦後日本では、それとはまったく逆の見方をしていた。市場は予測不能で不確実だから、経営者を市場から守る必要がある。これは、取引相手との長期的に株式を互いに持ち合う関係を築くことで実現された。

近年、他の動機づけ理論のほうが結果の説明力が高いことを示す根拠が増えており、エージェンシー理論の予測は経験的に成り立たないとして批判にさらされている。[6] 2008年の世界金融危機により、銀行や企業による破滅的な金融工学手法や不正行為などが多数発生し、長年くすぶっていた問題も表面化した。米国で構築されているガバナンス、監督、役員報酬の仕組みでは、経営陣が近視眼的になり、企業と従業員の長期的な幸福にとってしばしば有害な行動をとるように促してしまう。アクティビスト投資家が取締役会の議席を得て過大な報酬を迫るスキームは、ガバナンスというよりもむしろ強奪に近く、役員報酬が天文学的レベルに急拡大することは不平等の原因となっている。

英国やOECDで最近改訂されたガバナンス・コードの文言から判断すると、株主と経営者が同じことを望んでいるという前提で始まる新しいアプローチが登場している。そこで目指すのは、長期的に価値を創出し、持続可能性や社会的責任などの社会問題に貢献する健全かつ安定的な成功企業だ。この観点で考えると、コーポレートガバナンスの役割は、株主と経営陣の対話や協働の仕組みと、利害をバランスさせるセーフガードをつくることだ。

これは日本の新しい目標でもある。第3章で言及したように、今世紀に入るまでコーポレートガバナンスが論点になることはほとんどなかった。大企業と銀行が株式を持ち合うことで、誰もが利益や効率性を気にせず、売り上げを伸ばそうとする環境の中で、利害の一致する安定株主が生み出されていた。取締役会は社内取締役で構成され、経営陣がすでに決定した事柄をただ追認することで知られていた。公式にアクセスできる企業情報は、経営者層がジャーナリストに提供したものだけだ。介入する権限を持つ唯一の外部関係者はメインバンクだが、売り上げが堅調である限り満足していた。

2010年代、日本がグローバルで競争力を持ち、海外投資家を引き付けるためには、このシステムを大幅に見直す必要があった。ガバナンス改革は、透明性のある新しいメカニズムをつくり、外部メンバーを含む新しい取締役会を構築し、取締役会での議論や年次株主総会のための新しい手続きを規定し、取締役会メンバーと上級管理職の適切な行動に関する新しい規範を確立することが求められていた。

改革の第2の領域は、不祥事を防ぐために取締役会に権限を持たせることだ。これは、ガバナンス制度の重要な機能であり、おそらく、このような制度で最もよく失敗しがちな点といえる。日本で起きた一連の不祥事にしても、後から振り返れば、もっと透明性があり、独立した立場の取締役がいれば、状況は違っていただろう。

おそらく最も顕著に問題が表面化したのが、2011年のオリンパスのスキャンダルだ。内視鏡で世界シェア70%を持つ同社の時価総額の4分の3が失われ、日本の秘密主義的な経営慣行の証拠として世界的に非難された。このスキャンダルが明るみに出たのは、オリンパスのリストラのために雇われた英国人CEOがバブル時代に起因する不正会計と飛ばし〔訳注：含み損が生じた資産を時価よりも高値で第三者に転売して損失を隠すこと〕が行われていることを知ったときだ。そのことを告発すると、CEOを解任された。彼はその後も、固定化された経営陣に対して委任状争奪戦を仕掛けようとしたが、株主の権利が制限されていたため阻止された。[7]

2015年から2016年にかけて、日本企業の中で少なくとも58件の不正会計が報告された。神戸製鋼所や建設会社の東亜建設工業の不祥事など、品質偽装事件も相次いだ。[8] 2018年、カルロス・ゴーンのスキャンダル（後述する）でさらに別の側面が加わった。取締役会の監視機能が改善されれば、こうした事件を防げたのかどうかはまだわからない。しかし、こうした事例は改革の議論の方向づけに役立ち、そうした情報の開示や公開討論はすでに制度が変わりつつあることを示している。

日本の改革は、新しい建設的な対話手段にもつながり、それによって経営陣は選択と集中、リポジショニングについて大胆な意思決定ができるようになる。日本のトップの大多数は、出世階段を登り、会社への忠誠心や献身が認められて選ばれた内部昇進者だ。その多くが現在でも、何よりもまず部下のキャリアを守ることが自分の役割だと考えている。これが転じて、上層部の意思決定において安全第一（リスク回避）のアプローチが強く共有されてきた。例えば、パナソニックやソニーの事例で見られたように、たとえ赤字を垂れ流していても、既存の事業部門を閉鎖するのを躊躇する企業が多い。このような経営幹部の伝統的なマインドを変える必要があるとすれば、それは彼らを押さえ込むという意味ではなく、むしろ戦略的な意思決定の際にもっと積極的かつ毅然とした態度をとるように促すことだ。

経営陣と株主の対話の新しい枠組みをつくる、取締役会の監督機能を強化する、市場の規律を通じて企業改革を推進するという、日本のガバナンス改革の3つの主要目標に加えて、政府はもう1つの目標も掲げている。それは、高齢化と人口減少が進む社会の中で、日本の巨額の年金資産の運用利回りを高めることだ。日本の金融市場を国内外の投資家にとって魅力的なものにし、流動性や投資収益率を高める上で、コーポレートガバナンス改革は不可欠だと考えられている。こうして、コーポレートガバナンスはアベノミクスで進める改革のアジェンダの中核的要素となった。

新しい株主

過去30年間で日本の株主構造は大幅に変化したので、新しい株主と経営陣のインタラクションの仕組みが必要になった。図表6－1は、東京証券取引所（東証）が毎年発表する調査結果をもとに、上場企業の株主構成を示したものだ。日本では、ユニクロ、日本電産、ソフトバンク、楽天など、オーナー系の大規模な優良企業が比較的多いこともあり、個人株主（左端）は20％前後で安定している。他のカテゴリーには著しい変化が見られる。表の最上段は戦後体制の頂点となった1986年の状況だ。東証の全株式の約70％が国内銀行（21％）、保険会社（21％）、事業会社（29％）で構成されていた。これは主に忠実な持ち合い株主であり、事業会社の持ち分には自社の上場子会社も一部含まれる。一方、最下段は今日の状況だ。機関投資家が株式の50％以上を保有し、海外勢（30％）や巨額の資産を運用管理する信託銀行（20％）がそこに含まれている。今日、銀行や保険会社の保有株式は10％未満、事業会社の保有は約22％となっている。

株主としての銀行の役割低下は、日経平均が長らく低迷した主な要因とされている。1998年の銀行危機の後、銀行部門で自己資本を適正な水準にするために、政府は銀行に対して株式の保有限度額を定めた。しかし、バブル後の落ち込みで、銀行が大幅な持ち合い解消に乗り出したときに、誰もそれを買おうとしなかった。売り出し株式が流れ込んだ結果、2000年代前半に、米国を含む世界の株式市場は活況を呈していたにもかかわらず、日本の株式市場は大きく落ち込んだ。この観点からいうと、日本の長く続いた株価低迷は銀行制度のリスク・エクスポージャーを減らすための健全な政策によるもので、企業業績とはあまり関係がなかった。この政策は株式市場を冷え込ませたように見えるが、2008年の世界金融危機の際に、銀行制度にとっては安定化要因となった。[9]

図表6-1　日本の株主構造の変化（1986〜2019年）

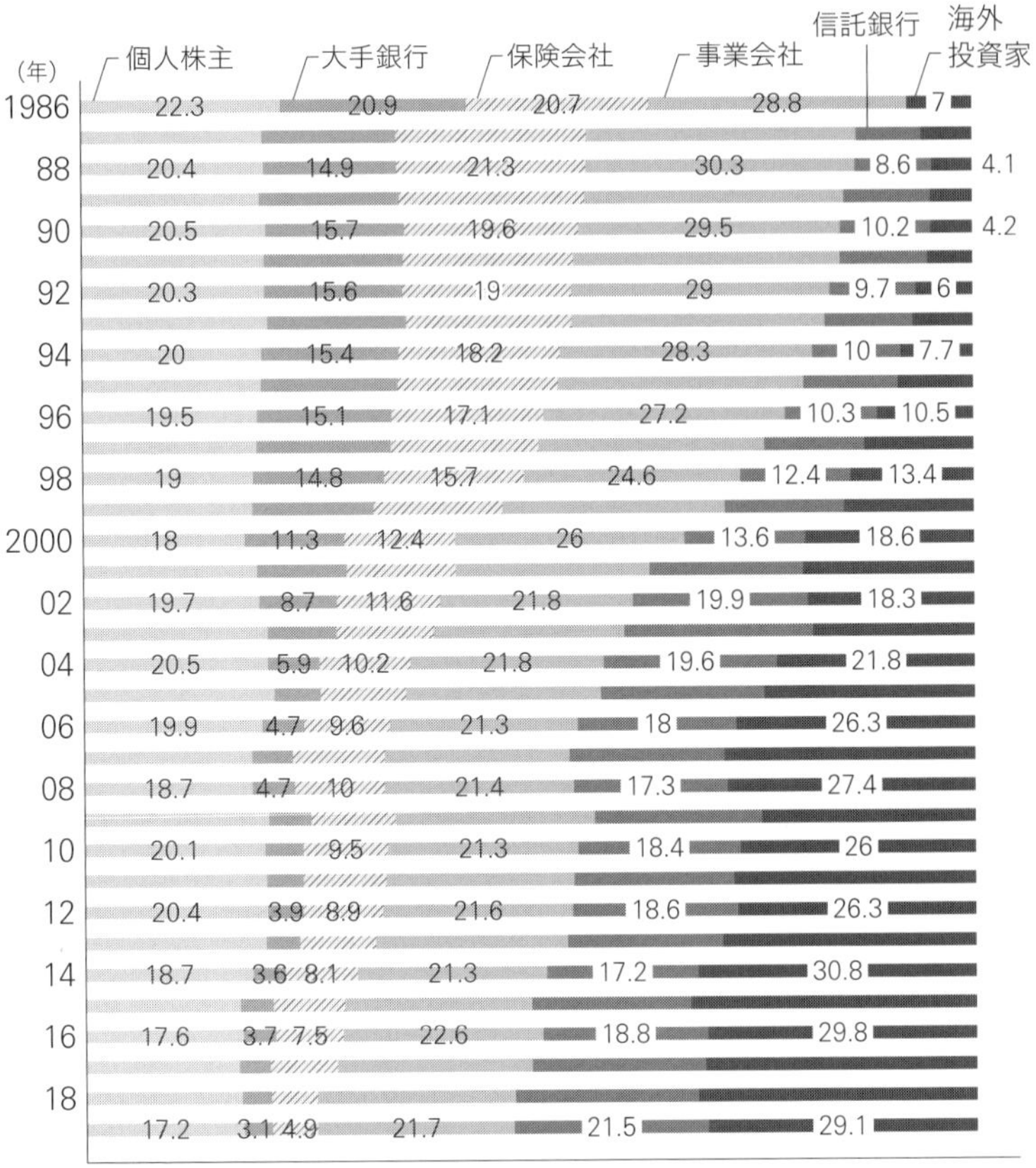

資料：日本取引所グループのデータを用いて著者が作成

重要な点として、図表6－1の数値は多数の上場企業の平均値だ。現実ははるかに二極化している。2019年時点で、東証上場企業は約3500社で、その約2000社がいわゆる東証一部の企業だ。そのうち従業員数が数千人にのぼる、本当の意味での大手グローバル企業は約500社にすぎない。中小企業の株式は国内の利害関係者が保有する傾向が見られるが、大企業の株式は往々にして信託銀行や海外投資家が過半数を占める。しかもその割合は、図表6－1から予想されるよりもはるかに大きい。

日本の機関投資家の増加を受けて、1988年から信託銀行のカテゴリーを入れている。信託銀行にはいくつかのタイプがある。第1のグループに入るのは三菱、三井住友、みずほ、りそなのグループ傘下の信託銀行と、野村信託銀行、農中信託銀行の6行だ。企業年金基金から個人の投資信託まで幅広いアセットを管理し、主力顧客は大企業とその従業員である。業界筋の推定では、2018年時点でこの4つの金融系信託銀行だけで約16兆円（約1600億ドル）のアセットを管理していた。こうした大手信託銀行は資産を運用する名目株主で、年次株主総会ではアセット・オーナーの指示に従って議決権を行使する。なかには、長期にわたって忠実な顧客と歴史的なつながりを持つ信託銀行もあるが、次第にビジネスのために投資実績で競うようになっている。

信託銀行カテゴリーの第2のグループは、プライベートバンキングなどニッチ領域におけるさまざまな規模の約500の資産管理会社だ。第3のグループは、いわゆる再信託（複数の資産運用者会社にまたがる年金資産を一元的に管理・運営する業務）を手掛ける事業者で構成されている。ウォール街でいうと、ステート・ストリート・バンク・アンド・トラストなどの機能と似ており、第

1と第2のグループのために管理サービスを提供する。日本では、日本マスタートラスト信託銀行、日本トラスティーサービス信託銀行、資産管理サービス信託銀行の3行があるが、100兆円（1兆ドル）以上を運用管理しているので、法律上も書類上も株主として登録されている。厳密にいうと、信託銀行、年金基金、インデックス投資、海外ファンドなど、他の資産運用会社に代わって電子的に株式を売買し保有するIT管理者である。株主総会ではやはり指示に従ってのみ議決権を行使するが、こうした銀行が運用管理する株式の公式保有者であるという事実によって、株主の実像が非常に曖昧になってしまう。そのため、日本の大企業は真の株主を確認するために、IRアドバイザリー専門会社に調査を依頼しなくてはならない。

日本の大企業の経営陣には、匿名だが強力な資産運用会社や海外投資家の台頭によって、新しいマインドが求められている。一部の国内金融機関については忠実な対応をしてくれることをまだ当てにできるかもしれないが、資産運用会社が収益獲得を志向していることを前提にしなければならない。こうした資産運用会社は黙って忠誠を尽くすよりも、ポートフォリオ企業（投資先企業）に不満があれば、ただ売却するだけかもしれない。これは、株価下落につながり、掘り出し物に目ざといアクティビスト投資家を呼び込む恐れがある。企業にとって、こうした出来事に対処する最善の防御策は、大株主とのコミュニケーションや収益目標の達成を含めて、企業をうまく経営することだ。日本の経営層にとって、これはまったく新しい課題である。日本で好まれる安定とアクティビスト対策を両立させながら、いかに新しい投資家を引き付け巻き込むかを明確にすることが、最大の任務の1つとして新たに加わったのだ。

安定と保護を好む傾向からグローバル投資家への開放へと力点が変化したのは、市場流動性を高めるニーズがあったからだ。これは、東証全体の約11％を占めるとされる2頭の「東京のクジラ」に便宜を図ったものといえる。[10] 1頭目のクジラは中央銀行の日本銀行で、2000年代初めに商業銀行の救済策として銀行株式を大量に購入した。その後、2010年代のアベノミクスによる量的緩和プログラムの一環として、ETF（上場投資信託）に多額の投資をしている。これにより、日本の上場企業の40％で大株主のトップ10に入るようになった。[11] 2頭目のクジラは世界最大の機関投資家の年金積立金管理運用独立行政法人（GPIF）で、2018年の保有資産は1・5兆ドルにのぼる。その約25％は国内株式に割り当てられ、2018年時点で株式市場全体の約7％に相当した。こうしたファンドの大半はインデックス投資として、東京では国内外の大手資産運用会社や投資銀行が運用している。

2頭のクジラは言うなれば、泳ぐために大量の水が必要になる。日本銀行が最終的に量的緩和を段階的にやめるためには、かなりの株式を市場に放出しなくてはならない。これは流動性のある市場においてのみ、ダメージを与えずに実施できる。一方、日本の急速な高齢化と人口減少を考えると、年金ファンドには積立金に関する懸念がある。GPIFが2006年、世界的に経験豊富で積極的な最高投資責任者を採用したことは、企業業績と投資家の収益を向上させる働きかけの一端を担うこととなった。こうしてGPIFはESGへの配慮、国連のSDGs（持続可能な開発目標）、資産運用者の企業への関与を打ち出す、長期的視点に立つと同時に声高に要求する投資家へと変貌を遂げた。これら2頭のクジラの大きさや、彼らが収益性や新しい形のIRを求めていることを受けて、日本の経営層は市場の力やグローバル投資家コミュニティに自社をアピールする方法をより慎重に考えざるを得なくなっている。

コーポレートガバナンス改革

政府のガバナンス改革の知的ロードマップとなったのが、２０１４年の「伊藤レポート」である。一連の改革パッケージを示すとともに、収益性や資本効率の見直しを企業に呼びかける報告書だ。２００８年の世界金融危機をきっかけに、大規模機関投資家が短期的利潤を追求してアセット・オーナーの利害を代表しきれていない点を明らかにした英国の２０１２年の「ケイ・レビュー」を参考にしつつ、伊藤レポートでは、過度の短期主義を防ぎ、長期的な価値創造を支持する形で日本のコーポレートガバナンス制度を改革しようとした。[12]

売り上げではなく利益

伊藤レポートは、企業が最低でも「ＲＯＥ８％」に向けて努力するように提案したことで有名になった。良くも悪くも、ＲＯＥが至高の業績目標として選ばれ、すべての企業がこの指標を向上させることが市場の活性化と同義だとされたのだ。後述するように、おそらくこの８％のハードルが重く受け止められすぎて、逆効果の経営判断につながるケースもあったが、その真の目的は、日本株式会社のマインドセットを売り上げ重視から変えることにある。国全体で多くの経営者層はいまだに売り上げ重視で凝り固まっていた。

収益性の重視へと企業をさらに後押しするために、2014年に東京証券取引所はJPX400と呼ばれる株価指数を立ち上げた。[13] この株価指数は400社で構成され、収益性（ROEで測定）、利益、規模のランキングに基づいて、毎年銘柄が入れ替えられる。その主な目的は、新たな投資指数を設けることよりも、基準に達しない企業に恥をかかせることだ。この指数は意図的にかなり大きめに設計され、そこに含まれない企業は明らかにトップ企業ではないと見なされる。[14] この株価指標は、従業員にとっても、対象外の企業で働くのは自分の才能を無駄にしているのではないかという警鐘になりうるものだ。

この仕組みの良いところは、口に出さなくても誰もがわかるという、さりげないシェイミングにある。特にタイトな文化の環境では、このレベルのシェイミングで十分なことが多い。2015年には、とんでもないことが起こった。ソニーがJPX400から外されたのだ。同社はもとより国中に衝撃が走った。ソニーは直ちに対応し、前章で取り上げたように、CFOを社長に任命し、1年以内にトップ400のメンバーに返り咲いた。

2019年までには、ほとんどの大企業がそうした要請に応えていた。2012年に、日本の上場企業の平均ROEは5・3％、米国企業は10・5％、欧州企業は15％だった。2017年、日本の数値は8・55％に上昇した（米国は16％、欧州は13％）。2019年、貿易戦争や為替相場の変化が翌会計年度の収益に響くかもしれないが、日本は少なくとも一時的に10％を超えた。[15] 単なる会計マジックでは、これほど大幅な増加を実現するのはほぼ不可能なので、真の収益性の増加を表しているに違いない。

悲しいかな、ＪＰＸ４００は予期せぬ結果ももたらした。「ＲＯＥ８％」という基準は、企業の改善を促す点では興味深かったが、米国のベンチマークを偏重しすぎることへの懸念が広まったのだ。各国の会計基準は大きく異なることを考えると、ＲＯＥは国際比較のための指標として粗すぎるという見方が多かった。しかし、実際に注意を促したのは、この不名誉指数が想定外のインセンティブになっているという見解が出されたことだ。この株価指数に関する計量経済学的な調査によると、８％の閾値《しきいち》の手前にある企業は「ＲＯＥ目的の経営」を始めて、多くの場合、研究開発費を削減して実現させた。これでは、ＲＯＥの方程式においては収益性は高まっても、長期的な価値創造を阻害してしまう[16]。戦略的な方向転換では、イノベーションが極めて重要になるので、これは間違いなく意図した効果ではない。その後に改訂されたガバナンス・ガイドラインでは、８％のハードルについてトーンダウンしていた。それでも、この不名誉指数は政策手段としてのナッジの力を示す、世界的な事例となった。

取締役会の改革：２０１５年のコーポレートガバナンス・コード

２０１４年の伊藤レポートは、取締役会や投資家の構成・責任、経営陣の権利と義務、透明性と情報開示に関する一連の改革の開始も告げた。米国の資産運用会社のステート・ストリートはこれを非常に根本的で「重要な転換点の瞬間」として捉えていた[17]。エージェンシー理論の観点から、こうした改革は厳格さに欠けるとする海外からの批判もあった[18]。しかし日本の基準では、２０１０年代半ばになると、改革は明らかな変化の実感を伴っていた。多くの大企業では、企業情報の提示や取締役会のダイバーシティが向上しただけでなく、取締役会や年次株主総会のスタイルや内容が大きく変わっていたのだ。

以前のシステムが閉鎖的な体質だったことを考えると、第1の改革目標は取締役会の門戸を開き、社外取締役の数を増やすことである。この動きは2009年に始まり、東京証券取引所は、銀行や主要取引相手など関連会社からの派遣ではない「独立性の高い」外部メンバーを1名入れるように奨励した。人脈、長期的関係、互恵性、義務などが歴史的に強力な役割を果たしてきたので、「独立性」の定義は改革の重要な側面になった。2010年までに、東証一部の70・5％の企業が独立取締役もしくはコンプライアンス責任者（とりあえずこの言葉を寛大に解釈すれば）を設置していた。

2015年、新しいコーポレートガバナンス・コード（OECDのコーポレートガバナンス原則に倣ったもの）、取締役会メンバーに関する新しい東証のガイドライン、会社法の大改正を経て、三重の改革推進活動が始まった。取締役会の構成に関して、少なくとも2名の真に独立した社外取締役（その時点で当該企業との取引関係が一切ないなど、より厳密に定義されている）を選任することが新たに規定された。特に女性や外国人を積極的に登用することも推奨されていた。[19] ガバナンス・システムやマインドを本当に変えるために、性別などの規定もさることながら、取締役構成を割り当てることの有効性には反論もあるだろう。しかし、凝り固まった状況では、割り当ては目に見える変化を起こすための前向きな第一歩となる。当時、東証一部企業の平均的な取締役数は9名未満だったことを考えると、社外から2名選任すれば取締役の4分の1が独立した立場になるので、重要な意味を持つ。2017年までに、東証一部企業の95%が少なくとも1名の社外取締役を置き（2008年は45%、2012年は55%）、87%は2名の真に独立した取締役を置くようになったので、この割り当てが実際に行動に影響を与えたことがわかる。[20]

ただし、これは企業に対して新たな課題を突きつけた。このような独立取締役をどこからリクルートすればよいのだろうか。独立取締役の要件が厳密に定義されたことで、企業ネットワークの外から探してこなければならない。しかも、これまで女性のキャリアは制限されてきたので、女性役員の候補者はほとんど見当たらない。戦後の内部昇進取締役の頃から続く慣習として、取締役会は月に1度、半日かけて行われていたが、それでは中身のある議論をするには短すぎる。その場で顔を合わせることを非常に重視する日本の規範も相俟って、自然と外国人候補者の数は制限された。企業がまず頼りにしたのは、元官僚、無関係の業界の経営者、会計士、学者だ。外国人取締役が出席できるようにウェブベースの電話会議を開くことで合意した企業もあった。経営陣にとって、このすべてが取締役会の運営方法の大転換につながり、当初は適切な会議の開催方法や部外者と付き合うレベル感に関して大きな戸惑いや不確実性が生じた。

取締役会のダイバーシティを推進していた当初、誰もが学習曲線の急勾配を登っている最中だと報告する役員クラスの管理職や取締役が多かった。慣れない状況の中でうっかり行動規範に違反することを懸念して、社長がレクチャーし、会計士が月次損益の数値についてコメントし、全員が良い仕事を続けることで合意するという、通り一遍の筋書きどおりの会議になることもあった。しかし、こうした状況はすぐに改善された。新しい慣行や手続きがシステムに浸透するにつれて、企業は適応し、取締役会はより長くなり、型通りの部分が減り、討議が増えていった。自社戦略について本格的に議論し、「役員室での会話が変わってきた」と、企業内部の関係者たちは報告している。[21]

外部取締役が加わったことは良い影響を及ぼしたようだ。取締役会と業績の関係に関する当初の調査によると、独立役員を置いている日本企業は業績が上向き、初めて社外取締役を迎えた場合に株価の上昇が見られた。[22] この種の研究では因果関係をはっきりさせるのは難しいが、こうした調査結果によって改革派は勢いを得て、取締役会に外部人材を登用する企業が増えていった。

ソフト・ローとナッジ

当初は、大企業が参加しロビー活動を行っている経団連が大きな抵抗を見せたにもかかわらず、2015年から2019年の間に、少なくとも1人の社外取締役を持つ東証一部企業が増えていき、ほぼ100％に達した。この成功は日本国内でさえ予想外だったが、段階的に変革を進めるためにとられた調整を重視する主なアプローチ、つまり、ソフト・ロー（ガイドラインなど）、ナッジ、シェイミングの組み合わせで説明すれば、最もよくわかるだろう。ガバナンス改革の一部では現在、厳格なルールが設けられているが、当初のアプローチは日本のタイトな文化を活かして、社会的証明のパワー（私たち人間は周囲の行動に合わせて真似したがる傾向がある）を実行に向けた手段としていた。制裁を受けず提案できるようにして、早期適応者（アーリーアダプター）を紹介して褒めることで、現代的でグローバルな役員室の要件をめぐる共通認識を徐々に変えていくというやり方だ。

政府はソフト・ローのアプローチで（法律ではなく）ガイドラインを示し、望ましい政策の成果を明らかにし、企業には「遵守または説明」を求める。企業はガイドラインに従うかどうかを選択できる。従えば素晴らしいし、そうでなければ、理由を説明しなければならないというものだ。このアプローチの根底にあるのは、ガバナンス、ダイバーシティ、インクルージョンなどの政策分野では市場自体が強力な規律となるので、法制度を通じて変革を進めるよりもナッジのほうが効率的なことが多いという考え方だ。

ほぼすべての規制には、特にそれを実行するときには、成文化されていない要素が含まれている。これがよくわかるのが、「アメ（飴）」（誘因）と「ムチ（鞭）」（罰則）を用いた昔からある概念だろう。金融政策や銀行制度における誘因を通じた規制は、米国では「道徳的説得」として、日本では「窓口指導」や「行政指導」として知られている。[23]日本では、バブル経済の間にスキャンダルが相次ぎ、非公式に走りすぎたことが露呈した後、ソフトなガイダンスの人気は落ちてしまった。しかし、一部のヨーロッパやアジア諸国とともに、アベノミクスではこの規制アプローチの21世紀版が積極的に導入された。ガバナンス改革に向けたソフト・ローは、その容易さとスピードが買われて、英国で最初に用いられた。「すべてに適合するワンサイズ」の規制と違って、省庁のガイドラインは政治的な見直しをせずに、柔軟性を持たせられる。このタイプのナッジが適切に行われると、監視や制裁抜きに、コンプライアンスを大幅に強化することができるのだ。

２０００年代初頭に、日本で社外取締役のガイドラインにおいてこのソフト・ローの手法が初めて採り入れられたとき、当初は強い抵抗に遭った。キヤノン、トヨタ、ホンダを筆頭に、当時は非常に順調だった企業は自社の取締役会に何の問題もないと自信満々だった。自社のニーズに関する深い理解が共有されているので討議しやすい、知的財産も保護できるなど、終身雇用の下での社内取締役のメリットを指摘していた。ところが２００８年の世界金融危機の後は、政府の後押し、品質をめぐる不祥事、業績低下などもあって、２０１４年までに、３社はともに周囲の圧力に屈して取締役会に社外人材を含めるようになった。その結果、社外取締役を置かない企業は規範から逸脱するという新常識が生まれた。[24] 抵抗すればはみだし者になってしまい、自社に社外取締役を置かない説得力ある理由を探すときに、気まずい思いをさせられる危険性があった。

２０１８年、アジア・コーポレートガバナンス協会のランキングでは、日本のコーポレートガバナンスはソフト・ローに頼りすぎだとして順位を下げられた。これは、国ごとの規制の現実やニーズの違いを理解する上で、ナッジやタイト・ルーズな文化に関する枠組みや研究で得られる知見が役立つ例かもしれない。日本のようなタイトな文化の国では、コンプライアンス遵守率の高さから示唆されるのは、ソフト・ローが変化をもたらす上で非常に効果的かつ迅速な方法であることだ。実際に、第８章で見ていくように、日本ではそれ以後も職場のダイバーシティとインクルージョンの推進に向けて、ナッジが幅広く用いられるようになった。

スチュワードシップ・コード：資産運用者に権限を与える

日本の有名な調味料ブランドのブルドックソースの事例を思い出す読者もいるかもしれない。2007年、米国のアクティビスト投資ファンドのスティール・パートナーズは、業績改善について助言したが、ブルドックソースの経営陣の抵抗に遭い、敵対的買収を仕掛けた。長い攻防の末に、ブルドッグは買収防衛策としてポイズンピル（特定株主以外の既存株主に新株予約権を割り当てる手法）を用いた。その合法性に疑義があるとして、スティールは訴訟を起こした。東京高等裁判所は、スティールの目標はブルドックに弊害をもたらすと見なし、「濫用的買収者である」としてその訴えを退けた。このレッテルは、ウォール街の企業が日本企業の経営に介入することへの当時の懸念を反映していた。

興味深いことに、それから10年が経ち、金融市場のルール、認識、ニーズが根本的に変わったので、こうした出来事は繰り返されないだろうという見解で、国内外の資産運用会社や日本企業の経営者たちは一致している。ただし、アクティビスト投資家は必要性の高い規律を持ち込む可能性がある一方で、企業の長期的存続に悪影響を及ぼすことへの懸念はいまなお払拭されていない。

そう見られているだけか、現実にそうなのかはさておき、潜在的なハゲタカから身を守るという課題に対して日本が出した新たな答えは、信託銀行、ファンド運用会社、保険会社などのアセット・マネジャーに、アセット・オーナー（資産保有者）の利益を代表する責任を負わせることだ。

資産運用業界がかなり細分化されている米国と比べて、日本の機関投資家は巨大な存在であり、6大信託銀行がほぼ寡占している。彼らがガバナンスに関与しないことは、かなりの株主持分が活用されていない状態を意味する。こうした声が聞けるようになれば、ガバナンスに良い影響を及ぼすかもしれない。そこで、この方策を有効にし、資産運用会社のスチュワードシップの責任を訴求することが、ガバナンス・サンドイッチの第2の側面となった。

伝統的な日本の制度、企業年金を運用管理する生命保険会社や信託銀行などの機関投資家は、アセット・オーナーの持ち分を代表する必要性について考慮してこなかった。事業グループ内での株式持ち合いを主体とするシステムでは、株主は安定的で忠実であることが主な役割であって、年次株主総会にすら出席しないことがあった。当時、アクティビズムは懐疑的に見られていたのだ（「うるさい」し、悪くすれば「波風を立てる」と見なされた）。

ところが、株主構造が多様化し、国内外の投資家が東京にやって来るようになると、形式的な年次株主総会は減り、時には議論の応酬になることもあった。こうした新しい議論でアセット・オーナーの声を聞く仕組みを構築するために、日本は、英国の取り組みに倣って、コーポレートガバナンスにおける機関投資家の役割を示すスチュワードシップ・コードを公表した最初の国となった。これは2014年に「責任ある機関投資家の諸原則」と題するソフト・ローの形をとった（2017年に改定）[25]。目標は機関投資家をより積極的に関与する株主に変えることだ。そこには、経営上の意思決定についてポートフォリオ企業に助言するだけでなく、アクティビスト投資家から攻撃されたときにアセット・オーナーの持ち分を代表することも含まれている。

このコードの処方箋を「遵守または説明」することは、機関投資家がアセット・マネジャーとして、どのようにアセット・オーナーを代表する積極的な株主の役割を果たすかに関して明確でオープンな方針を策定することだ。これには、取締役との協働、配当金の支払いなど企業政策に関するスタンス、利益相反の可能性、そしておそらく最も重要な点として、株主総会で各議案に対する議決権行使状況について定期的に発表することが含まれる。このコードは「監視」という言葉を避けて、代わりにアセット・マネジャーに「ポートフォリオ企業の状況を適切に把握する」ように関与を求める。[26]

したがって、スチュワードシップ・コードは機関投資家に対して、ポートフォリオ企業の目標や進捗状況を見守り精通しているスタッフを増やすように求めている。この要請に応えるために、機関投資家は助言をしたり、社長の後継者や役員報酬などの問題に関する立場を明確にしたり、議決権を行使したり、後日こうした活動をアセット・オーナーに報告するために、新しい内部人材や知識を構築または獲得しなくてはならない。このため大手信託銀行のオペレーションや人員配置は、単純な管理業務から離れて、金融分析や調査を行い、ナレッジベースを構築することへと、すでに変わり始めている。

スチュワードシップ・コードの基本的な前提は、アクティビスト投資家の要求がその企業の長期的利益を損なうと思われる場合に、アセット・オーナーの利益を代表する資産運用会社がその提案を阻止することだ。[27] しかし、強い義務感と互恵性という日本の環境や、さらには保険会社や年金基金のリスク回避的な傾向を考慮しても、機関投資家の投票行動について、経営者はもはや確信が持てなくなっている。経営不振の企業に関して言えば、新たに情報を持ち権限を与えられた機関投資家の株主は、アクティビスト・ファンド側に賛成票を投じるかもしれない。年次株主総会の議決権集計データを見ると、社長の後継者や報酬、取締役の任命に関する項目など、アセット・マネジャーが企業側の提案に反対する例がすでに増えている。したがって、スチュワードシップ・コードは経営陣にとって保証されたセーフティネットではない。むしろ、経営者が考慮しなくてはならない株主グループの利益がまた１つ増えたことになる。

２０１９年４月時点で、２４６の機関投資家がスチュワードシップ・コードの受け入れを表明し、その内訳は資産運用会社が１８３社、保険会社が23社、年金基金が33団体となっている。さらに、受け入れ表明者の約４分の１は海外の機関投資家だ。金融庁は定期的に資産運用会社に聞き取り調査を行い、ほとんどの大企業は機関投資家による議決権行使結果を開示することに合意している。[28] 大きな例外は、企業年金基金の運用管理者だ。所属会社の提案に投票する際には、利益相反になりかねない。一部の受け入れ表明者は、本当の意味で参加姿勢を示すというよりも、コンプライアンスという名目上、そうした可能性がある。

このシステムはまだ発展途上にあるので、不確実性が高く、そのせいで多くの人には居心地が悪く、それ自体がさらなる改革を推し進めている。その十分な効果はまだ見えていないが、日本で機関投資家のアクティビズムの進化と市場への影響力を見守っていくのは興味深いだろう。

役員報酬とカルロス・ゴーン・スキャンダル

２０１８年11月19日、日産自動車のカルロス・ゴーン会長は羽田空港のプライベートジェット機から降りたところで逮捕された。当初の嫌疑は、役員報酬を８０００万ドル過少申告したことだ。その後の5カ月間で、企業資産（住宅、ヨット、自分の結婚式など）の私物化や、個人的利益を得るための不適切な送金など特別背任罪で3回起訴された。これには、２００８年の世界金融危機の際に生じた私的な投資の評価損を補填するために、ゴーン個人の融資を日産に付け替える、日本の大手銀行との複雑な取引が含まれていた。日産の取締役会は30分足らずで終わり、内容が浅いなど、形骸化していた状況も明らかになった。

起訴状が積み上がるにつれて、ゴーンは独房に監禁され、国際的基準では過度に厳しいやり方に見えたので、在日の外国人ＣＥＯコミュニティは大きな不安に襲われた。世界で最も有名な自動車会社の経営トップが失脚したことは、業界全体に衝撃を与えた。ゴーンは１９９９年にルノーが救済に乗り出した、日本を代表する自動車会社を経営するために来日した。「コストカッター」として知られ、日本の自動車業界全体を効率性の向上やグローバル調達の導入へと向かうよう推し進めた。２００４年には外国人ビジネス・リーダーとして初めて藍綬褒章を受賞している。[29]

２０１９年の大晦日、彼は型破りな方法で日本からレバノンへ逃れ、保釈金１５００万ドルと、24時間の厳しい監視体制をどうかいくぐったかという大きな謎が後に残された。本書の執筆時点では、このスキャンダルの幕引きがどうなるかはわかっていない。

２０１８年3月の報告によると、ゴーンが日産から受け取った役員報酬は約７００万ドルで、日本のＣＥＯ報酬ランキングでは18位だった。これはトヨタの社長が受け取った金額の2倍だが、法外な額ではない。問題は、ゴーン自身が将来的に退職慰労金として８２００万ドルを受け取ることを認めた付帯契約であり、これは日産の財務諸表に記載されていなかった。退職慰労金は一般的に日本の社長の報酬のかなりの部分を占めるが、これはあまりにも高額だ。

ほぼ同時期に起こった官民投資ファンドの産業革新投資機構（ＪＩＣ）のスキャンダルでは、役員報酬が高すぎるとされた問題により、任命されたトップや取締役が全員辞任する結果となった。その報酬額はそれぞれ約１００万ドルだ。ＪＩＣのサブファンドの運用責任者はもっと高いとされているが公表されていない。[30] 本書の執筆時点で、どちらの状況も詳細はまだ不透明だが、2人のトップが退いたのは、必ずしも報酬だけが本当の理由ではない。しかし、こうした報酬絡みのスキャンダルは日本国内で進行中の変革に関して省みるきっかけとなった。

ガバナンス・システムの重要な機能の1つは、役員報酬に関して株主の利害を代表することだ。というのも、監視しなければ、経営陣は自身に過大な報酬を出そうとする誘惑にかられる可能性があるからだ。米国では、ほとんどの取締役会は専門の報酬委員会を設置している。そこでは、人はお金を支払わないと働かないもので、多く払うほど一層努力するというエージェンシー理論の前提に導かれる傾向がある。努力を促すために、ＣＥＯの報酬を企業業績に連動させるのだが、それは株価で評価される。米国の大企業のＣＥＯの報酬は通常、一定の固定給と、ボーナス、株式、ストックオプションなどの変動部分で構成されている。ストックオプションは一定期間後に予め定められた価格でキャッシュに変換できる。人間の動機づけについて誤った前提から始まり、株価を経営業績の評価指標として使うことなど、このシステムの深刻な不備については長年批判の声が挙がっていた。

さらに言うと、株価重視は企業にとって有害なインセンティブとなる。CEOは従業員、研究開発、結果が出るまでに時間のかかる戦略的変革に長期的に投資するのを控えようとする。悪くすると、金融工学手法に走って、負債を増やしたり自社株買いを始めて、株価を吊り上げようとするかもしれない。パフォーマンスの閾値を設けることは有益で、厳しい意思決定に役立つが、短期的に株価を重視しすぎれば、企業の長期的存続が脅かされ、他のステークホルダーに損害を与えてしまうだろう[31]。

米国でCEO報酬が高額で、同じ社内の他の役員報酬の何倍にもなる理由として、CEO市場の流動性が非常に高いことが挙げられる。CEOは任命されたスーパースターとして会社を渡り歩き、他の高額報酬のCEOを引き合いに出して、さらに高い報酬を要求する。つまり、CEO報酬は水平方向で決まり、1人の人間に可能な企業収益への貢献度とはかけ離れて見えるサラリーを要求するため、企業を圧迫しかねないのだ。こうして米国のCEOの報酬は世界で最も高額となり、過去10年にわたって米国の格差拡大に大きく寄与してきた。

対照的に、日本では経営トップの報酬は昔から長期的な視点で構成されていた。日本の経営者はほとんどが終身雇用の中で昇進してきた社内候補者だ。2000年前後には、日本の大企業の経営幹部の82％が他社で働いたことがなかった（ドイツは28％、米国が19％）。外部出身の社長は非常に珍しく、２０００年から２００９年までを見ると、米国は20％、ヨーロッパとアジアはそれぞれ25％であるのに対し、日本はわずか４％にすぎない。[32] さらに、社長を退くと、たいてい会長に就任する。最も成功した日本の経営幹部は完全に退職するまでほぼ20年間、最高責任者職に就いていると言われる。

役員報酬は社内で垂直的に決まり、今日では通常、部長や本部長の報酬の何倍か（倍数は控えめな数字）で設定されている。日本企業では伝統的に会社の規模に応じて全体の報酬水準が決まり、組織全体で高い平準化が図られてきた。一般的なサラリーマンの年収は基本給と全社業績に応じたボーナスで構成され、通常は組織全体で均等に支払われる。したがって、いわゆる手当（通勤手当や家族手当など）で多少の個人差は出るものの、従業員の生涯賃金は極めて平等主義的だ。昇進に応じた昇給額も全員同じで、部長であれば該当者全員がほぼ同額をもらっていることを意味する。

通常は30年働いた後に終身雇用契約が終わり、部長の中で最も優秀な人材が取締役として選抜される。もはやサラリーマンではなくなり、取締役の報酬はトップが決定し、年次株主総会で承認される。その金額は通常、前職の部長の給料の倍数で設定され、変動部分は20％未満に抑えられる。[33]

１９９０年代半ばには役員間の報酬競争は限られていたので、会長は部長の４・２倍、社長は３・６倍の報酬を受け取っていた。後述するように、グローバルな報酬競争と外国人取締役の登用により、最近ではこの状況が変わり始めた。それでも、国内の経営リーダー市場については、いまだに水平方向の価格設定は限定的だ。外部経営者市場はいわゆるプロ経営者で構成されているが、その数は少ない。彼らはエスタブリッシュメント（支配階級）と見なされていないので、価格競争はほとんど生じていない。

２０１７年時点で、日本では10万ドル（１０００万円）を超える給与は高いと見なされ、この金額（賞与や手当は含まない）をもらっている従業員は約５％にすぎない。「１００万ドル」クラブはまさに排他的で、上場企業の役員クラスのうちのわずか７０４人だ。これに対し、米国では２０１７年に１００万ドル（ストックオプションなどの変動給は含まない）以上の報酬をもらった人は１万２０００人とされる。ただし、日本のデータと違って、この数字にはビジネス系だけでなく、アスリート、映画スターなどの高額所得者も含まれている。[34]

日本の制度では、経営トップが基準を超えて報酬を得る方法として、上級管理職の各レベルで支払われる複数の退職慰労金が用いられる。社長として標準６年間の任期を務め、続けて会長として６年間を務めた後に、退職時にまとまった額のボーナスを受け取る。[35] 役員報酬は比較的低いままだが、こうした複数の退職慰労金を足し合わせた報酬総額は年俸の何倍にもなる。ほぼ20年間にわたって会社のさまざまな部門の最高責任者職を長く務めるとともに、年金も支給されるので、経営陣にとっては会社を長く存続させるインセンティブになる。もちろん、経営トップたちはすでにその会社に自分の人生を捧げ、出世の階段を上り、会社とステークホルダーへの気配りが認められて選ばれてきた。しかし、彼らが会社の将来を気にかけるようにさらなるナッジを必要とするのであれば、各任期の終わりに報酬を決定するようにすれば、さらに長期計画を考えるようになるだろう。

ほとんどの企業では、こうした累積型の繰り延べ払いと退職時のボーナスは社長が決める。そもそもカルロス・ゴーンがトラブルに見舞われたのも、この累積型の報酬をめぐってのことだ。年次財務諸表でこの報酬の申告を義務づけられたのは最近のガバナンス改革からで、ゴーンは自分の退職金がルール変更前に決定されたものだと主張した。このことから、違法性が疑われるさまざまな取引に関する申し立てが表面化するまでは、日本の伝統的な利害関係に基づく、外国人CEOをねらった魔女狩りだとささやかれていた。

2018年、上位25人の米国CEOの報酬額は合わせて13億ドル、1人当たり平均5200万ドルをもらっていた。注意したいのは、この数値はいわゆる公正価値（fair values）、つまり名目支払い額であって、最大で3倍になることもある実現利益ではないことだ。[36] この平均5200万ドルには、テスラCEOのイーロン・マスクは含まれていない。テスラの従業員の所得の中央値が5万6123ドルで、同社が赤字を垂れ流していた2018年に、マスクは自分の報酬として22億ドルを受け取ることを選択した。テスラを除いて、高報酬のCEOが率いる25社の従業員の所得の中央値は8万9200ドルで、平均するとCEOは従業員の843倍の報酬（名目上）をもらっていることになる。米国全体では、2018年に名目上の報酬額が2000万ドルを超えたCEOは82人にのぼった。[37]

日本独自の基準でいくと、2018年は給与水準が過去最高になった年だ。米国の報酬よりも桁違いに小さく、変動部分は20％未満だが、それでも2018年の数字に対して、日本国内では怒りの声が上がったり、欲張りだと非難されたりした。衝撃的なのが、日本で同年、最高額の報酬を得た経営者はソニーの平井一夫であり、総額2550万ドルのうち1100万ドルは年金支給分だったことだ。[38]米国のデータと同じように計算すると、日本の報酬額上位の経営幹部25人は合計で2億5000万ドル（1人当たり平均1000万ドル）になる。これは、同じく米国の報酬上位25人に支払われた平均金額（名目値）の5分の1にすぎない。経営幹部にこうした高額報酬を出している日本企業では賃金水準も比較的高く、従業員の平均賃金は8万1427ドル、社長の報酬はその182倍だ。

重要な点として、2018年に日本で報酬額1000万ドル以上の経営幹部10人のうち7人は外国人であり、日本の新しい高額報酬の波を引き起こしているのは外国人幹部であることがわかる。彼らが働く企業は、グローバル人材を引き付けてきたことで、日本に水平方向での報酬競争をもたらした。これは、日本人CEOが必ずしもその組織で最高額の報酬をもらっているとは限らないという珍しい状況につながってきた。ソフトバンクで報酬額上位3人の年収は5000万ドル、ソフトバンク全体では9人の経営幹部が100万ドル以上をもらっていたが、CEO兼オーナーの孫正義の報酬額はわずか140万ドルで、日本の高額報酬幹部リストでは402位だった。レガシー企業も決してケチではない。2018年、報酬額の多い経営幹部トップ100人中に、日立は18人、三菱グループの主要企業は合わせて22人がランクインした。[39]

上位25人だけで見ると極端な話になってしまう。高額報酬トップ100人以下では、日本のCEOの報酬や企業の賃金は少しずつ上昇しているとはいえ、やはりかなりの賃金抑制が目立つ。大手400社が開示した2017年のCEO報酬データの比較調査から、このことが浮き彫りになる。レベル別では、米国のCEOは名目上、日本の社長の10倍の報酬額をもらっていた。その構造を見ると、米国のＣＥＯの平均報酬の10％が基本給、71％がストックオプションであり、市場を見て経営を行うように強力なインセンティブが設定されている。これに対し、日本の経営者は固定給が58％、年次インセンティブが29％、長期インセンティブが13％だった。[40]

外国人経営者の役員報酬が現実に上昇しているにもかかわらず、日本で報酬抑制が続く主な理由は、日本人経営者の報酬には引き続き公平性という規範や鋭敏な世間体への意識が働いていることにある。内情を知る人に聞くと、ガバナンスの仕組みや報酬委員会を採用する（米国ではどのみちうまく機能しているように見えないが）よりも、日本人経営者は欲張りに見られたくないので、より高い報酬を要求することを控えているのだという。日本で富裕層の人数が増えても、高額報酬を要求したり、富をひけらかしたりするのは依然として不適切だと考えられている。過大な役員報酬は一生懸命に働く従業員にとって不公平であり、企業の社会的役割に対する社会の期待に照らしていかがなものかと、広く考えられているのだ。１９９７年にはストックオプションが導入されたが、２０１２年に大手２００社を調査したところ、東証上場企業の32％がストックオプションを導入していたものの、まだ小規模であり、権利行使に消極的な経営幹部が多かった。[41]

しかし、こうした規範が存在するにもかかわらず、日本の役員報酬は明らかに上昇しており、透明性と監視を求める声が高まっている。これまで役員報酬は秘密のベールに包まれていた。２０１０年3月のルール改正により、上場企業は現金支給（固定分と変動分）、退職金、ストックオプションなど非現金報酬も含めて、1億円（約１００万ドル）を超える役員報酬はすべて毎年開示するように義務づけられた。[42]２０１７年時点で、未払い年金給付、健康保険、特別手当、非金銭報酬は報告する必要がないので、ゴーン訴訟ではこうしたさまざまなタイプの報酬の定義を検証し、免責要件に当たるかどうかが問われる可能性がある。一方、株主、特に機関投資家や海外投資家は、役員報酬と後継者について透明性の向上を強く求めており、コーポレートガバナンス改革は、報酬委員会の導入についても企業に圧力をかけるものとなっている。

今日でも忠誠心や義務といった価値観はまだある程度健在だが、その底流では報酬の引き上げに向けた新たな動きも出てきている。特に経営者の採用市場が発達し、垂直方向の倍数を使った報酬決定方法に代わって水平方向の価格交渉が行われるようになれば、この傾向は一層強まっていくはずだ。これによって、報酬委員会の役割拡大という形でさらなるガバナンス改革が行われ、日本企業の内部運営に関する透明性が高まっていくと思われる。

第7章
〈ファイナンス市場〉プライベート・エクイティとM&A

２０１９年4月、ＩＴ、電子機械、インフラ、エネルギー機器などの技術大手である日立製作所は、51%の株式を保有する上場子会社の日立化成の売却を発表した。これは日本のビジネス再興の重大な転機となる出来事である。日本の多角化コングロマリットが子会社の統合に本腰を入れている兆候というだけではなく、大企業が自社の中核事業を新しい産業に転換させた最初の重要事例となったからだ。日立化成は日立グループ内の中核子会社3社のうちの1社で、リチウムイオン電池や半導体材料で先端テクノロジーを持つグローバル企業として大成功していた。２０１８年度には日立グループ全体の売上高８５５億ドルのうち60億ドル（7%）を稼ぎ出している。[1] そんな日立ブランドに欠かせない虎の子資産を売却するのだから、日本中を驚かせた。

その件が沈静化して間もなく、日立はまたしても衝撃的なニュースを発表した。上場子会社をすべて売却するつもりだという。２０１９年12月までに、日立化成の保有株式51%を昭和電工に、画像診断装置事業（日立メディコ、日立アロカメディカル）を富士フイルムに売却。2件の売却額は合わせて88億ドルを超えた。[2]

これらの取引は、リポジショニングと統合、収益性の向上に向けたより大きく積極的な計画の一部だった。日立はかつて上場子会社22社に多額の出資をしてきたが、２０１９年後半までにその数は3社に減っていた。例えば、２０１７年には日立工機（電動工具）と日立国際電気（半導体製造装置）をＰＥ（プライベート・エクイティ）ファンドのＫＫＲ（コールバーグ・クラビス・ロバーツ）に総額36億ドルで売却した。[3]続く２０１８年には、カーナビゲーション・システムを手掛けるクラリオンをフランスの自動車部品メーカーに8億ドルで売却。過去10年間で日立はすでに物流、金融、風力タービン、携帯電話、ハードディスクドライブまで幅広い事業から撤退してきた。[4]

こうした活動の戦略目的は、デジタル・トランスフォーメーション（ＤＸ）重視の新しい道筋に進路を定め、デジタル製造用の高度なシステム・ソリューション、電力などエネルギー関連事業、スマートインフラ（第10章で詳しく取り上げる）で競争力を持つことにある。この新しい戦略では買収も重視している。２０１８年後半、日立はスイスの重機メーカーＡＢＢが保有する米国の送電網事業を、２０１９年には米国のロボットシステムインテグレーターのＪＲオートメーション・テクノロジーズを買収した。

日立のリポジショニングは、日本の再興に多大な影響を与えている。再編の過程で一連のカーブアウトや買収をすることは、米国人の目には標準的に映るかもしれないが、日本では目新しいことだ。日本最大で最も多角化している総合電機メーカーで、日本の製造業の旗手でもある日立が新しいＤＸへと機敏に方向転換できるならば、日本のあらゆる多角化企業にとってもそれは可能だ。日立の再興によって「大きすぎて変えられない」という言い訳は通用しなくなった。

さらに言うと、多くの日本企業が１９９０年代後半から小規模な非中核事業を減らそうとしてきたが、２０１９年の日立の再編は戦略的リポジショニングの新しい波、選択と集中の第２波の先陣を切るものだ。既存の企業資産を外に出し、代わりに新しい事業分野に経営資源を集中させて、集合ニッチ戦略を展開する新しいアプローチを体現している。それは、たとえ絶好調で収益性の高い事業部門であっても、適合しなくなれば手放すことを意味する。これをきっかけに、他の日本の大企業は今、厳しい決断を下す準備が整いつつある。同時に、こうした意思決定は依然として日本のビジネス規範の基本信条に沿ったものでなければならない。つまり、カーブアウトは企業のレガシーとスピンアウトされた部門で働く従業員に配慮し、慎重かつ全体像を整理した上で行われる必要がある。大切な至宝をただ質屋に持って行くわけにはいかないのだ。

このような大きなピースをカーブアウトするためには大規模で流動性の高い市場が必要だ。日本では２０１０年代後半に、そうした市場が構築され始めた。日本で出回る優良な企業資産は海外投資家を引き付け、ＰＥファンドの形で登場した。上場企業の株式を購入して改革を迫るアクティビスト株主と違って、ＰＥファンドは未上場企業に投資したり、買収後に非公開化するなど、市場の外で活動する。その後、リストラのために投資し、事業を立て直した後で売りに出し、理想的には売却益を得る。２０１０年代まで、日本の経営者はＰＥファンドを略奪的なハゲタカであり、ウォール街の強欲さが生んだ害悪と見なしていた。

しかし、選択と集中が現実のものになるにつれて、PEファンドはよりバランスのとれた形で捉えられるようになってきた。必要な規律をもたらす存在と見なされることもある。企業をリストラ候補として見極めるとき、その判断はしばしば的確であるからだ。押し付けがましいアクティビスト投資家に対する最大の防御策は優れた企業経営にあるので、この規律は日本の改革課題の推進にも役立っている。さらに、PEファンドは選択と集中の第2波において建設的で有益な資金提供者として浮上してきた。

すべてのPEファンドが同じとは限らない。それぞれの投資期間（長期〜短期）や投資プロファイル（高〜低）には幅がある。これは2軸のマトリクスとして整理することも可能だ。2つの主要な象限に入るのが、長期的に参画する控えめな態度のファンドと、短期的かつ攻撃的で高姿勢をとるファンドだ。この幅を表す別の方法は、片端を質の高い長期保有者、もう片端を金融工学者（別名ハゲタカ）とすることだ。2017年に行ったインタビューでイエール大学の最高投資責任者は、前者を「インテリジェントな資本投資」と表現し、その「買って、より良くして、売る」活動を「優れた資本主義形態」としていた。対照的に、アクティビストのアプローチは「企業の質と市場全体を破壊する浅はかな作戦」と見ていた。[5]

言うまでもなく、同じ企業内でもファンド・マネジャーによってアプローチが異なることもあるので、その違いを見分けることは必ずしも容易ではない。KKR（最古）、ブラックストーン・グループ（全体で最大）、カーライル・グループ（PE最大手）、ベイン・キャピタル・プライベート・エクイティ（再生ファンド最大手）など、世界最大級のPEファンドはそれぞれ1000億ドルを超える資産を管理し、異なる目的を持って複数の市場セグメントで運用している。彼らは、価値を創出するターンアラウンド（事業再生）と企業解体の両方に関わってきた。当然ながら、日本企業がPE投資会社に自社の子会社や事業部門の買収を打診するときには、質の高い価値創造者のみに声をかけ、金融工学者に対しては障壁を築こうとする。

本章では、日本企業がタイトな文化の規範やさまざまな排斥手法の助けを借りながら、価値を創出するPE業界をどのように形成しているかを紹介する。国内外のPEの規模に関するデータを示した後、日本におけるPEの成長や課題を取り上げ、日本企業がどのように投資家の有害な行動を抑止する仕組みを構築してきたかも見ていく。ただし、PEは日本の大企業の選択と集中に関連するいくつかの市場ベースの取り組みの1つにすぎない。後半では、他のタイプの投資家として、アクティビスト投資家や日本版「パブリック・エクイティ」投資家（上場株の私募増資を引き受ける）、さらに国内のM&Aについて取り上げる。

重要なポイントは、日本がこうした市場取引に対して独自の文化や規範を開発し、排除を含むさまざまなメカニズムを通じて、参加者がより長期的で価値創造的な戦略をとるように背中を押していることだ。価値の高い資産を売ることは、身近にある大事な企業を手放すことであり、従業員やレガシーに対する強い責任感から、そうした取引は困難なことが多い。このような企業売却には、資金面だけでなく、説明責任や評判も関わってくる。もちろん、市場から見れば必ずしも合理的ではないと十分に承知していても、経営者はゆっくりと進め、売却部門がただ資産を剥ぎ取られ見捨てられることはないという保証を求める。自社資産の新しい主として、最高額を付ける入札者よりも、適切なオーナーを探そうとするのだ。[6]

信頼という言葉は一般的にグローバル・プライベート・エクイティと関連づけられることはないが、日本の多くの経営者にとって、自社の事業部門が確実に良い結果に至るために、信頼は前提条件となる。日本企業はその点にこだわることで、スピードは遅いが確実に新しいルールを開発しており、筋金入りのウォール街の投資家でさえそれに従っている。

プライベート・エクイティ業界

第4章で取り上げたように、企業が選択と集中を行うときの選択肢として、ある事業部門を別の企業に売却する、他社の部門と合併して新会社をつくる（スピンアウトの一種）、投資家に売却する（カーブアウト）などがあったことを思い出してほしい。カーブアウトの場合、投資するのはたいていPEファームであり、企業側は対象となった事業の所有権を持ち続けることもある。長期的な視点に立つ優良PEファームは経験豊富な経営者を連れてきて、企業に投資をしたり再建に当たったりする。家の転売と似ており、専門的な経営スキルに基づき、再建方法について厳しい意思決定も下す。この企業改造にはたいてい4〜7年かかる。ファンドは、こうした企業資産の再構築を通じて収益を得ることに関心を持つ機関投資家や資産運用会社からの出資を募る。この活動に伴うリスクは、ターンアラウンドの取り組みが不十分であれば、すべての投資が水の泡となってしまうことだ。新たにつくり替えた企業をはるかに高い価格で売ることができれば、報酬が手に入る。

この質の高いアプローチとは対照的に、金融工学系ＰＥファーム（短期的な収益を狙うハゲタカ）は対象事業に対して投資をしない。盗んだ車の部品を売るチョップショップのように、原資産を売却し、莫大な手数料を取って会社を畳む。このような有害な企ての一例が、ファンドが店舗を持つ小売チェーンに投資し、不動産を売却し（そのための手数料を取る）、小売業者にその店舗をリースバックさせて、最終的に小売業者を破産に追い込むやり方だ。これは、米国の主要小売チェーン、マーヴィンズが辿った悲しい顚末である[7]。

ＰＥ投資家の機能

ＰＥの最もよく知られる形態はベンチャー・キャピタル（ＶＣ）だ。質の高いＰＥファンドと同様に、ＶＣファンドは長期的な価値構築の観点から運用される。ＶＣファンドがスタートアップ企業を対象とするのに対し、バイアウト・ファンドは企業の事業部門の買収を専門としている。ＶＣファンドはスタートアップを指導し、マイルストーンを設定し、新しいＣＥＯを連れてくることもある。同じく、バイアウト・ファンドも新しい経営システム、追加の資金、コンサルティングの専門知識を持ち込む。プロＣＥＯのネットワークにアクセスするとともに、自前のコンサルティング会社や社内コンサルタントを擁するＰＥファンドも多い。

事業部門や子会社を売却したい大企業には、ＰＥファンドに売却する以外に、他社に売却もしくは合併する、株式市場に上場するなどの選択肢がある。２０１０年代後半の日本では、ＰＥファンドへのカーブアウトが迅速かつ有利な場合が多かった。選択と集中の第2波の中で、ＰＥが実際に好ましいルートとなったのはオフマーケット、つまり市場に出さずに相対で取引できるからにほかならない。企業は切り出した部門の株価、さらには自社の株価も気にせずに、再集中（リフォーカス）を図れる。理想的なシナリオは、経営者はPEを活用することにより、日本の伝統的な安全第一の手法と、米国流の一次解雇と閉鎖によるダウンサイジングというより厳しい手法の間をとって、結果的に事業分割が可能になることだ。

２０１０年代に日本でPEの活動が急成長した背景には、選択と集中のカーブアウトと、事業承継という2つの主要カテゴリーが存在する。投資額の中で最も大きいのはカーブアウト市場だ。２０１９年時点で、日本にはまだ50社以上の連結子会社を持つコングロマリットが２５０社以上あり、その子会社数は合計で3万社以上にのぼる。[8] JPX４００銘柄の4分の1は、それぞれ１００社以上の子会社がある。図表６－１にあったように、外国人株主が登場したことで、ウォール街で言われるコングロマリット・ディスカウントの懸念が生じ、株価を上げるために売却を強く迫ってくるアクティビスト株主を引き寄せることにもなりかねない。企業はハゲタカに対峙するよりも、自社のペースで統合を進めやすくしようとPEファンドに目を向けた。２０１５年だけでもスピンアウトは８４２件、5兆９０００億円にのぼり、２０１６年には、８５０件、3兆４０００億円のスピンアウトが行われた。[9]

２０１０年代後半の日本のM&A活動の第2の大きなカテゴリーは「後継者問題」に関連していた。これは中小企業で、後継者のいないまま戦後の創業者たちが大量引退する流れによって生じた問題だ。２０００年から２０１８年の間に、中小企業の経営者の年齢の中央値は47歳から66歳に上がり、2023年には30万人以上の中小企業の経営者が70歳に達し、その62％が後継者計画を持たないとされる。[10]

こうした企業を畳むことは社会的に痛手となる。というのも、推定で650万人を雇用し、GDPの約22兆円（約2200億ドル）を占めているからだ。取引銀行や周辺の地域経済もこうした企業に依存している可能性がある。この中間市場で再編を促そうと2018年に事業承継税制が改正され、PEファンドにとって投資活動の呼び水となった。国内外のPEファンドが中小企業に資本、アドバイス、経営管理の経験を提供するという新しい市場機会が開かれたのだ。2010年代後半の日本におけるPE活動のうち、事業承継案件は全体の約50％を占めていた。

PEファンドは、ターンアラウンドや窮地に陥った企業に投資するディストレス（救済）案件も手掛ける。日本では、中小企業は強力なプロジェクトや強固な顧客基盤を持っていても、一時的な危機を乗り越えるための経営手段が不足し、倒産の危機に追い込まれることがよくある。こうした企業を救済することは、日本国内のPEファンドの成長事業となってきた。それから、いわゆるマネジメント・バイアウトやレバレッジド・バイアウトもある。この場合、企業はおそらくハゲタカの攻撃から逃れるために上場廃止を選択し、自社株式を買い戻す資金を調達するためにPEファンドを招き入れる。この業界にハゲタカのイメージがついたのは、こうしたPEファンドの活動に端を発する。例えば、1987年に出版され映画化もされた書籍『野蛮な来訪者』（*Barbarians at the Gate*）には、米国のコングロマリットのRJRナビスコがKKRによって無慈悲にも解体されたことが詳しく描かれている。[11] 日本ではそうした事例はまだ少なく、起こるとしても、必然的にもっと小さな企業であることが多い。

数字で見るプライベート・エクイティ

ＰＥ業界は巨大だ。２０１７年には、ＰＥファームは世界で約４８００社、運用資産は約２・５兆ドル、「ドライパウダー（待機資金）」は９０００億ドルを超えるとされる。このグローバル産業のほとんどのファームが米国に本社がある。２０１７年の日本の市場規模は米国の約10％だが、市場は急成長している。[12] ２０１９年時点で、年金基金、ミューチュアルファンド、ソブリンファンドの世界的な貯蓄資金に加えて、銀行や保険会社の資金がこうしたファンドに流入し続け、２００８年の世界金融危機以降は、株式市場、債券、さらにはヘッジファンドさえも凌駕していた。世界的に低金利の時代に、ＰＥ業界は知らないうちに大ブームになっていたのだ。

商業統計を見ると、ＰＥ投資はＭ＆Ａと見なされている。図表７－１（図表５－４に似ているが、金額ではなく取引件数）から、２０１８年は３８５０件と、日本のＭ＆Ａ市場で記録的な年だったことがわかる。このうち約４分の１がクロスボーダー取引（イン・アウトかアウト・イン）だ。図表５－４で見た通り、全取引総額は約３０００億ドルで、その３分の２はクロスボーダーＭ＆Ａに用いられた。一方、図表７－１を見ると、取引数では国内での活動が優勢だ。２０１８年は合計３８５０件のうち国内は２８１４件（73％）、金額は約30億ドルだ。業界の推計によると、国内Ｍ＆Ａの約50％が事業承継案件で、大企業による売却とマネジメント・バイアウト（カーブアウトとスピンアウト）がそれぞれ20％で続く。[13] 数は少ないが、評価額で大きな比率を占めるのが、日

図表7-1　合併・買収（取引件数）、1985〜2018年

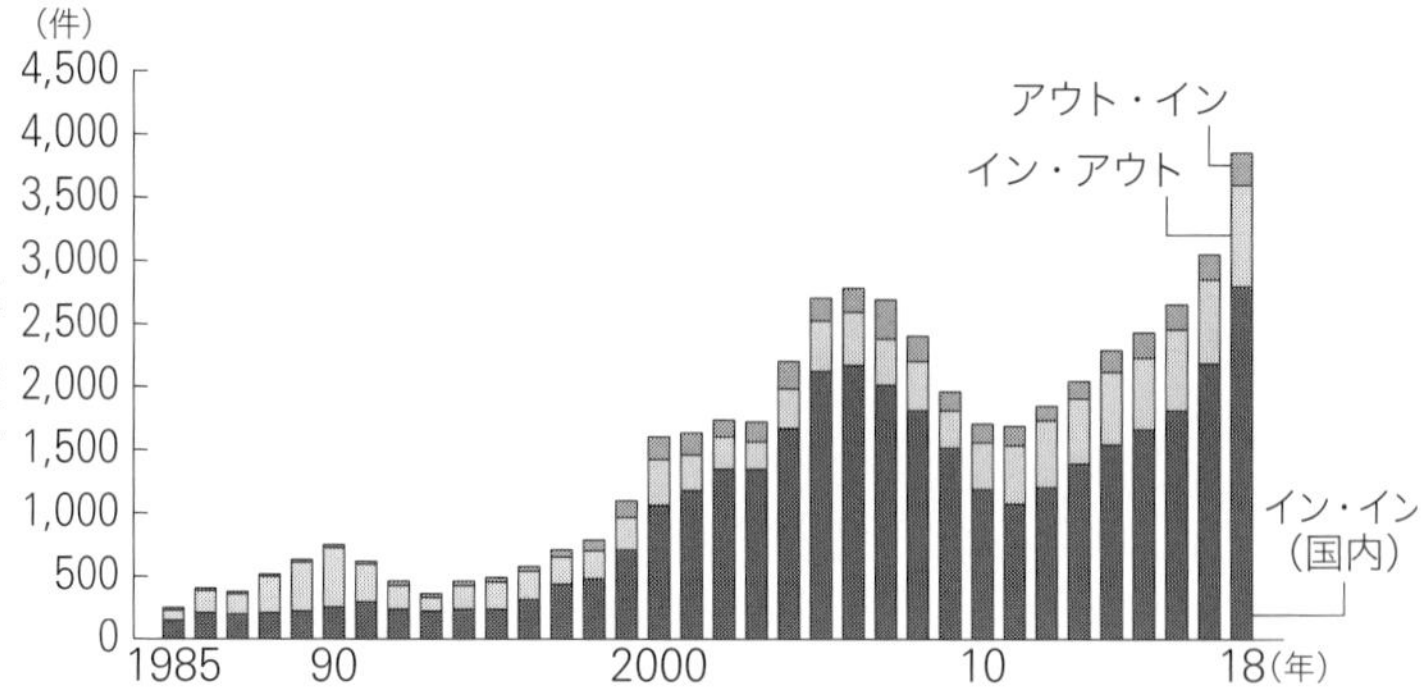

資料：MARRオンラインのM&Aデータを用いて著者作成

本の大企業間の合併だ。

こうした活動が増えたことで、日本市場は再び収益性が高く魅力的になってきた。国内ファンドに加えて、グローバルPEファンドが東京に参入もしくは再参入し始めた。2006年から2016年の間に、株式市場の投資収益は1倍と振るわなかったが、日本のPE業界は大型取引で推定2倍、5500万ドル以下の取引で4倍の投資収益となっていた。同市場は、大型取引を可能にする流動性はあるが、投資収益を低下させるほど競争は激しくないというスウィートスポットに達していたのだ。企業価値の評価に使うマルチプル（倍数）はEBITDA（利払い前・税引き前・減価償却前利益）の7倍と、米国（10〜14倍）や欧州（10〜12倍）よりもかなり小さかったが、このEBITDAの7倍は、他の売却オプションで得られる投資収益よりも約25％大きかった。[14]

日本流プライベート・エクイティ

日本にPEファンドが導入されたのは1990年代半ば、銀行危機の拡大により、米国の金融機関が東京に進出したときだ。最初に参入した1社がGEキャピタルであり、続いて1998年にリップルウッド・ホールディングスとサーベラス・キャピタル・マネジメントが参入し、破綻して管理下に置かれていた旧長期信用銀行の2行を買収した。かつての名門の日本興業銀行（IBJ）が新しい金融グループであるみずほグループとして合併すると、優秀な人材の多くが辞めて海外PEファンドに移った。経営難に陥った銀行は、不良債権から少しでも価値を引き出そうと、こうしたファンドに担保を売却したが、多くの場合、1ドル当たり10セントだったので、参入はかなり容易で収益性も高かった。最初のぼろ儲けは2000年代初めに終わり、その頃には自らファンドを組成する日本人の銀行員も出てきた。

銀行の不良債権の負担軽減に役立ったとはいえ、こうした初期の資金は日本のバブル後の危機の恩恵を受けていたので、野蛮な来訪者と見なされた。1997年から2002年の間に、1998年の銀行危機後の最初の選択と集中で、PEファンドはディストレス資産〔訳注：経営破綻またはその懸念のある企業の株式・債券などの資産〕や不動産を30兆円（2500億ドル）以上購入した。

2007年、NHKのテレビドラマシリーズ「ハゲタカ」では、バイアウト・ファンドはウォール街から来た強欲な侵略者であり、日本の非効率な中小企業や家族経営企業を破壊し、日本のビジネスの価値観である信頼、ロイヤルティ、従業員に対する責任を損なう存在として描かれていた。ドラマの中で、海外ＰＥファンドは日本では知られていない買収スキームを用いて、日本株式会社に財務上の効率性と規律をもたらそうとした。このシリーズは、市場の規律のコストやメリット、安定株主や経営の保護という日本の伝統的なスタイルをめぐって激しい議論を巻き起こした。また、日本株式会社が変革してグローバルな資金調達手法を学ぶことの必要性も浮き彫りになった。[15]

小泉ブームは「市場に任せる」規制緩和のきっかけとなり、ＰＥの第２次成長が始まった。２００２年から２００７年にかけて年間取引件数は23件から90件とほぼ４倍になり、２００７年には総額１００億ドルを超えた。それでも、こうした初期の取引は非中核事業の売却とターンアラウンド投資がほとんどだった。[16] 市場は成長していたが、日本のＣＥＯは引き続き慎重姿勢を崩さなかった。海外ファンドはいまだにハゲタカと見なされ、そうした相手と取引するのは不名誉なことだった。第６章で取り上げた２００６年のブルドックソースの「濫用的な買収」騒ぎの後、世界金融危機が起こり、多くの米国企業が業容を縮小もしくは日本から撤退した。２０１８年に、日本のあるファンド・マネジャーはこの事件を振り返って、「２００６年のブルドック事件以降、状況はがらりと変化した。今日ならまったく異なる展開になっただろう」と指摘する。

アベノミクスによって第３次ＰＥブームが起こり、２０１０年代半ばに、日本は魅力的で急成長中のＰＥ市場として浮上した。新たに流入した資金のほとんどが、国内の資金だった。２０１３年から２０１７年の間に、日本のＰＥ産業は年間約30億ドルを調達し、２０１７年の運用資産は約３００億ドル、ドライパウダー（投資に向けられる資金）は１００億ドル以上と推定された。

２０１７年だけでも日本を対象としたＰＥファンドは57億ドル、日本を含む地域ファンドは２２０億ドルを調達した。これは２０１６年の2倍だ。[17]

米国ではＰＥ投資の大半を占めるのは年金基金（43％）と保険会社（13％）だが、日本では53％が企業と銀行から調達したものだ。[18] 企業は保有する多額の現金の一部をＰＥ投資に回していた。２０１９年初めに、企業の手元資金は4兆ドル、自己資本比率は40％を超えると推定され、こうした資産が部分的にＰＥ市場を盛り立てていたのだ。[19]

しかし、国内最大の牽引役は、いわゆる政策投資であり、大きく3つの投資カテゴリーに分けられる。(1)年金基金（年金積立金管理運用独立行政法人を含む）。(2)日本郵政グループ（グループ傘下に郵便サービスのほかに銀行と保険会社があり、保有資産は1兆８５００億ドル、そのうち40％がオルタナティブ投資に配分している）の独自ファンドであるＪＰインベストメント。(3)いわゆる官民ファンド。最大の官民ファンドは産業革新機構（ＩＮＣＪ）とその後継組織として２０１９年に新設された産業革新投資機構（ＪＩＣ）であり、運用資産は２００億ドルにのぼる。[20]

２０１９年時点で、これらのファンドは日本全体の投資プールの非常に大きな割合を占め、ＧＰ(general partner：無限責任組合員）として自ら市場に参加するだけでなく、多数の資産運用会社に資金を割り当てる必要があった。こうして急成長中の新しい資産運用業界が生み出された。

個人資産家のファミリーオフィス、投資信託、その他のプライベート資産運用ファンドはあまり公表されていないが、新興ＰＥ業界の流動性の源泉として急成長している。冒頭で見たように、日本には今日、多くの富裕層が存在し、２０１６年12月時点で日本の家計の金融資産は総額15・4兆ドルを超える。[21] 詳細は不明だが、資産運用会社の報告によると、その資産の一部をオルタナティブ投資、特にＰＥに振り向けることが増えているという。

この活動から正のフィードバック・ループが生み出された。株式市場は今や、経営陣に利益の向上を求めて圧力をかけるようになっているので、経営者は改めてコングロマリットの選択と集中を図り、ＰＥファンドを頼って資産を売却することで、日本にさらに多くの流動性がもたらされる。この新たな流動性は経営者により多くの規律をもたらし、それがさらなるカーブアウトを促進する。２０１０年代半ばには、世界最大級のＰＥファンドは日本市場に数十億ドルを投入し、国内産業は活況を呈した。ＫＫＲは米国以外で日本を「最優先」にすると宣言し、２０１６年だけでも日本に１００億ドルを投資している。[22]

忍耐力とパートナーシップ

現在、日本で活動するＰＥファンドは大きく3つに分類される。(1)為替分散投資を含むさまざまな目標を追求するグローバル・ポートフォリオＰＥファーム。(2)幅広いアジア戦略の一環として、もしくは、国別に焦点を当てて、日本に大規模オフィスを構える海外（主に米国）ＰＥファーム。(3)国内のＰＥファーム。日本のビジネス再興の目的では、後者の2つが最も関連してくる。

日本のＰＥファンドは大小さまざまだ。２０１８年時点で運用資産が5億ドルを超える最大手はアドバンテッジパートナーズ（最も設立が早く最大）、インテグラル・キャピタル、日本産業パートナーズ、ポラリス・キャピタル、東京海上キャピタル（現・ティーキャピタルパートナーズ）、丸の内キャピタル、ユニゾン・キャピタル、日本産業推進機構（ＮＳＳＫ、米国ＴＰＧキャピタルの出身者が設立）などである。それに続く運用資産1億ドル超の中堅ファンドは、サンライズ・キャピタル、ニューホライズンキャピタル、ライジング・ジャパン・エクイティ、ウィズ・パートナーズ、AZ-Star、グロービス・キャピタル・パートナーズ、アイ・シグマ・キャピタルなど約20社だ。２０１８年、国内産業全体のＰＥファンド本数は２３５本と推定され、前年の１７５本から増加した。言い換えると、２０１７年は平均して週１本のペースで新しいＰＥファンドが誕生したことになる。[23]

日本の海外ＰＥファーム大手はビッグ4として知られる（ベイン・キャピタル、ＫＫＲ、ブラックストーン・グループ、カーライル・グループ）。カーライルは２００１年から日本で活動し、グローバル資産に加えて日本で30億ドル以上を調達してきた。同社は通信事業のウィルコム、東芝のセラミックス事業のコバレント、ディスプレイパネルのアヴァンストレートの3件で大失敗を喫したが、日本に揺るぎなくコミットし続けてきた。ベインとＫＫＲは一度撤退したが、２０１６年頃に大きな活動資金を携えて再参入している。

これらのファンドに（そして、日本のＰＥファンドにも）共通するのが、ほぼすべてのファンド・マネジャーと現地法人トップが日本人であることだ。業界関係者によると、生粋の海外ファンドは成功しにくい印象があるが、それはほとんどの日本人経営者がいまだ短期的な金融工学に疑念を抱いているからだという。[24] 日本人経営者は長期的関係と互恵性を大事にするという根強い意向を持って取引に臨むので、日本人同士のほうがやりやすいようだ。主力PEファンドが海外企業である場合も、資金調達の観点ではあまり意味がなくても、バランス感覚を醸成するために、たいてい日本の共同投資家を含めている。

日本人ファンド・マネジャーの経歴はさまざまだが、インテグラル、アドバンテッジ、日本産業パートナーズ（JIP）のトップから、カーライルやベインのカウンターパートに至るまで、最重要職にある人々に典型的に見られるのが伝統的な邦銀出身であることだ。国内では、こうした日本人ファンド・マネジャーは企業再編の際に革新的な手法で「波風を立てる」ので、アウトサイダーと見なされることもある。しかし、日本のPE業界内で成功しているのは、旧来の日本のビジネス規範の扱い方を心得ているからだ。彼らは通常、バブル初期に銀行でキャリアをスタートさせ、1990年代の銀行危機の間に沈没する船から逃げ出した。すぐに海外PEファンドに移った人もいれば、M&Aアドバイザリーや海外コンサルティング会社でさらに経験を積んでからPEファンド・マネジャーになった人もいる。1980年代に銀行員として育てられたので、礼儀正しく適切な態度をとる（ように見せる）ために必要なことや、売り手が長期的な価値創造を好むことを理解し、純粋に同じ思いを共有していることも多い。その一方で、年金基金など日本の保守的なアセット・オーナーに対応する術も心得ている。

このような日本人PEファンド・マネジャーは、日本人経営者の好みや要望に沿って日本のPE業界の新しいルールづくりを支援し、単発の取引ではなく、「パートナーシップ」として取引を定義する新しいPEのビジネス規範を確立させてきた。[25] こうしたファンド・マネジャーは結果や利益を重視する一方で、日本経済をより良くしたいとも思っている。この組み合わせにより、彼らはレガシー経営者が長年抱いてきた懸念と市場の新しいニーズの間にあるギャップを埋められる立場にあるのだ。また、日本で成功する上で2つの主要な要素を確立してきた。それは、売り手の資産と従業員を尊重することと、長期的な価値創造を実現することだ。

米国から見れば、なぜ国内外の金融工学の専門家がただ割り込んで、取引をもぎとり、自分たちのやり方を貫かないのかと疑問に思うかもしれない。もちろんその可能性は常に考えられるが、2019年時点では、村八分という非常に効果的な防衛メカニズムによって閉め出されていた。企業の信頼を裏切るファンドであれば、次の取引で成功する可能性は大幅に下がってしまう。東京の金融業界は隅々までネットワークが張り巡らされ、情報がすぐに伝わるので、経営者たちはどのファンド・マネジャーが約束を守るかを知っている。しかも、約束を破れば、それを許すことなくずっと覚えている傾向がある。

PEファンドが日本で成功するためには、信頼性をめぐって高い評判を築かなければならない。あるファンド・マネジャーによると、日本でPE取引を行うには「何年もかけて求愛する」ことが大切だという。これが特に当てはまるのが小規模な事業承継の案件で、多くの場合、オーナー系で（競売にかけられない）、たいてい1つのPEファンドだけを仕事のパートナーとする。このような排他的な権利を勝ち取るためには、説得力のある価値創造プランと約束を果たす能力が求められる。売り手は最も高い価格ではなく適切な所有者を探しているので、提示される価格がいくらであろうと、ハゲタカとは断じて取引をするつもりはない。海外投資家はウォール街の性急な取引のやり方が日本では勝てる戦略ではないことを認識するようになった。ダニエル・ローブのようなアクティビストでさえ、要求を突きつけるよりも、ナッジとシェイミングのほうが効果的だと学んだので、東京に来るときにはトーンダウンしていると言われる。[26]

当時の米国での商慣行と違って、少なくとも2019年まで、オークション（競売）方式で日本の企業資産が売買されることはほとんどなく、あるとしても入札は招待制だ。取引の際には、売り手とファンド間で何度もやりとりを繰り返すことになる。売り手は買い手を2社にして、理想的にはそのうち1社は日本企業にしてほしいと要求する場合もある。そうすれば良いパワーバランスが生まれ、短期主義に対するさらなる保険になればと思っているのだ。このようにして、トーンだけでなく、取引期間や価値創造の期待においても、米国市場とは大きく異なるPE市場が出現することとなった。あるファンド・マネジャーは次のように指摘する。「もちろん、時には偽りの長期的提案をした後で、乗り込んでいき、会社を解体したり、直ちに転売したりすることも起こる。それが社会の現実である。ただし、それができるのは一度きりだ。そういう輩はこの町では二度と取引ができない」[27]。

事例：東芝のドラマ*

２０１７年、ウエスタン・デジタルのＣＥＯは手厳しい形でこの教訓を学んだ。彼は東芝の

＊ここで取り上げる東芝の事例は本書執筆時の２０１９年６月までの情報に基づくものである。

NAND型フラッシュメモリ事業の買収で絶対に勝てると思っていたが、PEファンドのベイン・キャピタルを中心とした6社のコンソーシアムに負けてしまった。評価額180億ドルのこの取引は日本では過去最大であり、アジアでもその年最大の取引となった。

東芝は1987年にフラッシュメモリ技術を発明し、1991年にUSB「サムスティック」としてコンシューマー市場で発売したのは記憶に新しい。それ以来、半導体技術は大きく進歩してきた。今では、フラッシュメモリは私たちのコンピューターのハードディスクドライブに取って代わり、カメラに写真を保存したり、携帯電話に音楽を取り込んだりする。また、デジタル・トランスフォーメーションのコア・インフラ・コンポーネントとしても有望視される。

2010年代半ばに、東芝とサムスン電子がそれぞれ35％の市場シェアで世界のフラッシュメモリ市場を席巻し、事業の成長性と収益性はともに高かった。その後、東芝は2015年に不正会計スキャンダルで経営危機に見舞われた後、ウェスチングハウスへの数十億ドル規模の無謀な投資が原因で、原子力事業は破綻した。東芝は倒産を避けるために、2016年に医療機器事業（CTスキャナーやMRI装置など）を競合のキヤノンに60億ドルで売却した。なお、キヤノンはPEファンドとの価格競争をした挙げ句に、〔訳注：欧米の独占禁止法や買収規則に違反したとして〕多額の課徴金を支払うことになった。

東芝はその後、フラッシュメモリ事業を売りに出した。続いて激しい争奪戦が起こり、合弁相手のウエスタン・デジタルに訴訟を起こされたことで最高潮に達する。ウエスタン・デジタルのCEOであるスティーブ・ミリガンは早々に日本のテレビに出演し、自信たっぷりに勝利を宣言した。東芝とグローバル生産拠点を共有するビジネスパートナーとして、自分たちが最初にこの極めて重要な事業を手に入れる権利があると、ミリガンは思い込んでいたのだ。ところが、彼は繰り返し日本のビジネス規範をことごとく逸脱し、東芝の経営幹部に疎んじられた。しかも、低い価額を提示するというまったく浅はかな判断を下した。それはよくても侮辱的、最悪の場合は信頼と友情を損なうものと見なされる。ライバルの入札者が現れると、ウエスタン・デジタルは全員を訴えると脅して追い払おうとした。不適切で厚かましく一線を越えてくる人物に、東芝が虎の子の資産を託せるわけがなかった。[28]

そのときに、ホワイトナイトとして割って入ったのが、ベイン・キャピタルだ。世界的なリーチを持つベインは、東芝の最大顧客であるデルやアップルを含む海外投資家グループをとりまとめて、この180億ドルの取引の資金を調達することができた。東芝とHOYA（大手素材メーカー）は、2017年4月に設立した新会社、東芝メモリの議決権の過半数を維持した。最終的に、この取引の目的は最も高い価格で売ることにあったが、エチケット、息の長いビジネス、全員の尊厳を保ちながらの移行も重要だった。

課題：プロ経営者

日本のPE業界にとって最大の課題は経営人材の層の薄さだ。PEファンドの東京拠点にいるのは例外的な人材だとされる。つまり、海外に滞在したことがあり、グローバルな経験とローカルなネットワークを併せ持っている。しかし、それは稀なことで、多くのファンド・マネジャーはまだ仕事のコツを学んでいる最中だ。日本ではPE取引の組み立て方について確立されたケーススタディや経験の蓄積はそれほど豊富にないので、定番のツールキットを使ったり、長年の実績を見て投資家を評価したりすることができない。[29]

さらに、銀行やコンサルティング出身のPEファンド・マネジャーは往々にして、事業のターンアラウンドのマネジメント経験が浅い。業界が小さいときには、ポートフォリオ企業にそれぞれ任せたり、おそらく優秀な経営者を見つけて内部昇進させたりすれば間に合い、それほど問題になることはなかった。しかし、取引数が増え、より高度になるにつれて、PEファンド・マネジャーにはポートフォリオ企業の活動をハンズオンで監督することが求められるようになる。[30] コンサルタントもまた、ターンアラウンド戦略の実行について新しい経営者に助言ができる人材を探している。

こうした課題の根底にあるのは、ターンアラウンド経験を重ねてきた経営者がいないことに加えて、弁護士や会計士など支援業界のコンサルタントやプロ人材も不足していることだ。しかし、第3章で触れたように、流動性の高い経営者市場はまだ存在せず、大企業は自社のリーダー人材を抱え込み続ける傾向がある。一般的な経営レベルで、外部のリーダーシップ研修を受けてきた日本人経営者やMBA取得者は少ない。PEファンドに採用された人材がカーブアウト事業に提供する経験は、製造のオペレーションを回し、目標を達成し、中期計画を策定することに限られる傾向がある。日本では、部長職のうちにリーダーとして会社を引っ張っていく方法を大企業の経営者から教わってきた人はほとんどいない。オペレーションを管理するのは重要なスキルだが、それはターンアラウンド・マネジメントを成功させるために必要な能力には転換されないのだ。

いわゆるプロ経営者プールのうち、ウィキペディアに名前が記載されている人は2019年では47人にすぎない。コンサルティング、投資銀行、経営のバックグラウンドを持ち、PEのポートフォリオ企業の経営者として雇用可能な50代のマネジャーの実数はおそらく1000人程度だと、東京の実業家は考えている。しかし、こうした「プロ経営者」は往々にして特権階級と見なされていないし、必ずしも伝統的な経営者の役割を果たすためのキャリアを積んできたわけでもない。[31] 小さな事業承継案件では大いに能力を発揮するかもしれないが、大規模なポートフォリオ企業のリーダーとして成功するためのネットワークやアクセスは持ち合わせていないこともある。このように、日本の若いPE業界における最大の課題は、PEファンドとポートフォリオ企業の両方のレベルで、経営経験が乏しいことだ。

PE業界そのものがメインストリームになれば、この経営人材不足は緩和される可能性があり、実際にその兆候がいくつか見られる。2018年、テレビ朝日で新しい「ハゲタカ」シリーズのドラマが放映された。2007年のオリジナル版では、冷酷な海外投資家と日本人の未熟さや怒りが描かれていたが、新シリーズのPEファンドは日本株式会社を救済し、さらには邪悪な市場の力から守ってくれる前向きな勢力として描写されていた。[32] これには、カーブアウトやスピンアウトされた組織の従業員の姿勢の変化も反映されている。給料はもはや会社の規模で決まるものではなくなり、中途採用市場が開かれたことで、従業員たちはもう組織再編を災難と捉えなくなった。なかには、苦戦する巨大企業の非中核事業でくすぶっているよりも、より良い労働条件やより高い地位での新たな出発として受け入れる人もいる。

アクティビスト投資家

日本企業にとって気掛かりになってきているのが、望まれていない投資家の増加、つまり企業支配を目的とした市場だ。こうした株主は、株価を上げて自分の保有する株式の価値を高めるために、経営陣の交代や売却を積極的に要求してくる。日本語では「物言う株主」と呼ばれ、「うるさい」存在である（この言葉には、耳障りで、煩わしいという意味合いもある）。日本の企業資産市場が成長し、コーポレートガバナンスによって株主の権利が増大するにつれて、こうしたアクティビズムがはるかに簡単で、より収益性の高いものになっている。日本の経営者は以前にも増して、アクティビズムの対象になることを心配しなければならない。

PEファンドと違って、アクティビスト・ファンドは業績不振と見なした上場企業を対象とし、5～20％の範囲で株主の座を確保する。その目的は、持ち分に応じた権利を行使して、経営陣に大幅な変革を要求することにある。PEファンドと同じく、アクティビスト投資家のスタンスは、真に建設的な場合から完全に利己的な場合まで幅がある。例えば、より高い配当を支払うように求めたり、株価を吊り上げるために自社株買いを迫るかもしれない。こうしたうるさい株主の存在に一定の敬意を払うことは、積極的なリストラや改善のきっかけとして役立つこともある。しかし、日本が望ましい規律と有害な乗っ取り屋に対する十分な防衛策とのバランスをうまくとれるかどうかについては疑問が残る。

こうした恐怖の対象は、外国人だけではない。日本初のアクティビスト・ファンドを1999年に立ち上げたのは、元官僚の村上世彰だ。彼は「日本の取締役会の悪夢」として有名で、2007年のいわゆるホリエモン・スキャンダルの際に、インサイダー取引容疑で逮捕された。[33] この国を変えると自ら宣言した取り組みにより、村上は「迷惑な奴」というレッテルを貼られた。アクティビスト株主の代名詞が「うるさい」となったのは、おそらく彼の影響だろう。それでも、村上が長年にわたって経済的に成功したことにより、海外を含む他のファンドを日本市場に呼び込むことができた。

2019年、日本で活動するアクティビスト・ファンドは25社とされ、2014年の8社から増加した。香港に拠点を置くオアシス・マネジメントやアーガイル・ストリート・マネジメント、米国に拠点を置くエリオット・マネジメント、キング・ストリート・キャピタル・マネジメント、バリューアクト・キャピタル、ファーツリー・パートナーズなどがそうだ。これらのファンドは、「資本の力」(バリューアクトの言い方)を使って、お粗末な経営をしている上場企業の低い価値評価をうまく利用しようとねらっている。そうした活動の頻度は高まっており、日本でアクティビストの介入は2016年の20件から、2018年には47件へと急増している。これは2018年に報告された英国の36件、ドイツの19件よりもはるかに多い。アジアでも最多で、第2位の中国は13件だった。[34] 過去には年次株主総会であからさまに無礼な態度をとるアクティビストもいたとされ、その提案には、経営者の解任、新しい独立取締役(彼ら自身を含む)の追加、事業売却、金融工学への関与など大量の要求事項が含まれていた。

しかしここでも、新しい「日本スタイル」が表われつつある。業界関係者によると、こうした交渉におけるアクティビストのトーンは2018年頃から変わり始めたという。おそらく、日本でのビジネスでは礼儀正しく適切であることが規範だと学び、それにうまく合わせたいという気持ちが反映されているのだろう。PEファンドがそうだったように、アクティビストも日本で成功する最善策は、強引に迫るよりも説得することだと気づいた。皮肉にも、成功への最速ルートは往々にして遅いルートであり、敬意を払って妥当なやり方で我慢強く進める必要がある。日本企業には、こうした投資家が是が非でも手に入れたいもの、つまり、現金と大幅な株価上昇の可能性があったことも役立った。誰もが驚いたことに、2019年には村上でさえ順応し、彼の言うところの「ウィンウィン・ソリューション」を見つける新たなアプローチを提唱していた。バリューアクトは2019年に、通常の「うるさい」レベルから大幅にトーンダウンし、自社のパートナーの1人をオリンパスの取締役に加えてほしいと丁寧に依頼し、それはより明るい未来を築くために同社を心配しての行為だと伝えた。[35]

このより丁寧なアプローチが本音か単なる建前かはさておき、「うるさい」投資家の（行動はともかく）トーンは抑えられている。2019年時点で、日本のタイトな文化がアクティビストを方向づけているように見えるが、その逆ではない。アクティビストたちは、少なくともある程度は、日本の企業カルチャーの規範を取り入れてきた。これが長期的に維持されるかどうかは不明だが、2010年代後半、市場に対する社会的圧力が、礼節を特徴とする新タイプの投資アクティビズムへの扉を開いたといえる。

パブリック・エクイティ・ファンドとみさき投資

日本のPEならではの要素は、長期的な価値を創出するPEファンドのような役割を果たしながら、上場企業とディールを行う企業形態にも見ることができる。この説明として、東京証券取引所にかなり小規模な企業が多数上場している（約2000社が従業員500人未満）。一部の企業は市場ポジション、技術、ブランドなど素晴らしい資産を持っていても、後継者問題か、経営陣に厚みが乏しいためグローバルな進出など次のレベルに事業を引き上げられないという問題に直面している。

みさき投資は2013年に中神康議が創立した。コンサル出身の中神は、当時の小型株式市場がPE市場よりもはるかに大きいことに気づき、価値を創出するためのPE取引で典型的に見られるメカニズムを上場市場で展開し始めた。みさきはアクティビスト株主の一面を持つ。中小企業の約5〜10%の株式を取得した後、優秀なスタッフ（その多くはコンサルタント経験者）の協力のもとで、新しい事業や経営手法を導入していく。数年かけて経営改善を図ってから、エグジットする（その頃までに株価が上昇していることを見込んでいる）。もっと短期的なアクティビストの手法との違いは、まるでその中小企業がPEファンドのポートフォリオ企業であるかのように、ハンズオンで経営変革に関与するところだ。「うるさい」株主であるアクティビスト・ファンドと区別するために、みさきは自ら「働く株主」や「建設的なアクティビスト」と名乗る。[36]

みさきの処方箋には3つの異なる構成要素がある。第1に、ターンアラウンドではなく、オペレーションの向上や経営改善に主眼を置く。ポートフォリオ企業に選ぶのは、参入障壁がかなり高い業界の中で、競争優位の源泉をしっかりと持っている企業だ。第2に、みさきは建設的かつ協力的であることを目指しているので、投資先の経営陣が変革に前向きで、共同で取り組むことを十分に了承している必要がある。望まれない投資はしない。第3に、ポートフォリオ企業が、既存の経営スキル、あるいは特に経理や財務、調達などの分野で訓練しやすいスタッフなど、ポテンシャルを持っていることだ。[37]

資本の力に関するバリューアクトのモットーと違って、みさきのビジネス・アプローチは説得の力、別の言葉ではナッジを用いる。みさきは厳選した少数のポートフォリオ企業と緊密に連携し、それぞれと信頼関係を築きたいと思っている。これは、対象企業が戦略的にアップグレードされ、みさきのアセット・オーナーが高いリターンを得て、中小企業の生産性を底上げし日本経済全体に恩恵が広がるという「三益」につながる。この三益を追求する戦略は、非常に収益性が高いことも判明している。

みさきの事例から明らかになるのは、礼儀正しく思いやりのある建設的な投資が経済合理性を持ちうることだ。みさきのような企業の影響は日本のPEファンドの影響と似ており、ハゲタカにならなくても、日本で大きなリターンを得られることを示している。経営陣を入れ替えようと攻撃的になる必要はないし、それでは逆効果になりかねない。日本のビジネス規範である礼儀にかなった対話はファイナンスやガバナンスでもうまく機能する。

しかし、礼儀正しいことは、弱腰で寛容すぎるという意味ではない。こうしたファンドは、他の投資ファンドと同じように、投資収益率の向上を重視している。どちらかというと、効率性と業績向上という米国流の考え方と、長期的で礼儀正しく思いやりのある投資家との関係づくりを好む日本のタイトな文化とを絶妙に融合させているのだ。「欧米の経営の良さを日本のビジネス環境のニーズと融合させようというコンセプトだ」と、中神は述べていた。[38] この競争に加わる企業が増える中で、日本のビジネス再興は中小企業レベルでも起こっている。

M&A：友好的か、敵対的か？

図表7－1から、日本のPE市場が伸びていることに加えて、国内のM&A活動が増加していることもわかる。2011年以降、国内（イン・イン）のM&A件数は着実に増え、2018年には2184件に達した。この活動のほとんどはスケールアップを図るためにプロ経営者を共同で雇ってきた地方の中小企業の合併だ。その詳細情報を入手するのは難しいが、この市場のある大手アドバイザリー企業によると、2017年だけでも650件のコンサルティングを行い、そのほとんどで経営者が引退し、同業者や周辺ビジネスを手掛ける企業に自社を直接売却したという。[39]

日本では戦後から今日に至るまで、競合他社との合併は悲劇的で、一方的な敗北だと捉える経営者が多かった。特に大企業の場合はそうだ。経営者はたいてい、流動性の高い中途採用市場がないこともあって、雇用を守る責任を感じている。また、たとえ従業員が仕事を続けるとしても、それぞれのアイデンティティ、経歴、雇用の安定が失われる可能性が高い。そのため、対等合併でさえ通常は職務怠慢で、経営陣は会社を長く存続させるような経営に失敗したと見なされる。この考え方でいくと、失敗の責任は経営者にある。

日本国内の大型合併のうち、敵対的ではないにせよ、望まれない合併はどのくらいあるかと聞いてみると、日本の最大手銀行のベテランM&Aスペシャリストは「ほぼすべてだ。日本には吸収合併はなく、買収のみで、友好的なものはない」と答えていた。[40] 日本のM&Aはこれまで財務上の関心がきっかけであり、ウィン・ウィンのシナジーを生み出すなど戦略的に行われることはなかった。たいてい一方が弱者で、もう一方が救済者だ。したがって、日本では敵対的買収の公表件数を見ても、あまり役立たない。恥をかかぬように敵対的だと銘打たなくても、こうした出来事のほとんどが望まれないものだからである。変化を見る尺度としては、このような組み合わせの発生頻度を当たったほうがよい。

2010年代後半に、国内合併は大幅に増えた。2012年から2018年の間にM&Aの総数は1848件から3850件に倍増し、当然ながら国内合併は1219件から2814件へと急増している。このすべてが中小企業間の取引ということではなく、大企業間の選択と集中を重視した合併も着実に行われるようになった。例えば、2012年に新日本製鉄と住友金属が合併し、世界第3位の鉄鋼会社が誕生した。鉄鋼は規模型産業で、力を合わせれば、市場での価格競争力が増し、合理化を進め、設備稼働率を向上させながら、特殊鋼分野の市場でリーダーシップを発揮することができる。

最近では、こうした国内のM＆A取引の一部はより好戦的になり、衆人環視の中で好奇心をそそる戦いが展開されることもある。２０１９年にＬＩＸＩＬの株主間で、リーダーシップをめぐって驚くべき攻防が繰り広げられ、コーポレートガバナンス改革を通じた新しい株主の権利が確認されることとなった。それに続いて、伊藤忠商事と同社が一部出資する上場企業のデサントとの間で激しい戦いが起こった。デサントは、マーモット、アリーナ、アンブロ、ルコックスポルティフなどのグローバルブランドを保有するスポーツアパレル・メーカーだ。同社は筆頭株主である伊藤忠の経営指導を聞き入れなかったので、伊藤忠は藪から棒に同社株を買い増し、新しい経営トップを任命した。日本で、このような株式公開買付という新しいスタイルの合併をめぐる争いが急増したことに驚く人も多い。これらは、新しいガバナンス・ルールと市場のメカニズムが定着しつつある、さらなる証拠と見なされた[41]。

こうした最近の活動は基本的に、海外企業が日本企業を買収することも含めて、日本の社会、政府、企業の合併に対する見方が変わりつつあることを示している。日本市場は戦後、海外投資家をほぼ閉め出していたので、このような取引は珍しく、１９８０年代と１９９０年代の日米貿易戦争の間でも目を引く話題となった。企業の株式持ち合いと、買収時に少数株主が株式を放棄することを義務づける、いわゆるスクイーズアウト規制がなかったため、１９９０年代を通じて、外国人による買収の試みの大多数が阻止された。株式持ち合いがうまくいかない場合、政府がしばしば介入し、海外勢が出てくる前にその企業を買い取ってもらおうと、国内の「ホワイトナイト」を探すなどした。

こうした状況も変わり始めた。１９９８年の銀行危機の後、株式持ち合いは解消されるようになり、メインバンクの数行は企業グループの境界を越えて合併し、かつてのグループ保護体制は取り除かれた。その後、日産自動車が経営難に陥ると、ルノーとカルロス・ゴーンが救世主として招かれた。その後、アベノミクスで選択と集中によるリポジショニングやガバナンス改革が必要になると、資産売却や合併を通じて生み出された機会や、過去の痕跡を取り除く市場の必要性に関する考え方が改められ始めた。

海外企業による買収の増加は、図表７－１のアウト・イン取引の増加に見て取れる。２０１２年から２０１８年の間に、１１２件から２５９件へとほぼ倍増した。図表５－４を見ると、取引額は２０１２年の60億ドルから２０１８年には８００億ドル超と、10倍以上の大幅な増加が見られる。これは過去との大きな決別を示している。こうした買収には、かつての旗艦企業でさえ海外勢に渡すことを厭わないという、日本政府の新たな姿勢を浮き彫りにする注目事例も含まれていた。

この新時代の幕開けを告げる鐘となったのが、２０１６年のシャープの事例だ。日本の官民投資ファンドを巻き込んだ激しい攻防の末に、シャープは台湾のフォックスコンに38億ドルで買収された。シャープは当時、日本で唯一の大型フラットパネル・ディスプレイ・メーカーだったので、この一件は実業界に衝撃を与えた。同じく２０１９年4月、中国の投資グループがジャパンディスプレイ（ＪＤＩ）の株式を21億ドルで大量に取得した。[42] ＪＤＩは２０１２年にソニー、東芝、日立のＬＣＤパネル事業を合併してできた企業で、アップルの小型ハイテクタッチスクリーンの主要サプライヤーだ。そのメッセージは間違えようもない。日本企業はそのレガシーや産業にかかわらず、もはや国益によって守られることはない、ということだ。新しい世界経済で競争できない企業は救済されない可能性がある。

全体として、PEの成長、投資家によるアクティビズムの到来、日本での海外企業による買収の増加は、日本の金融市場における根本的な方向転換を物語っている。ディープテクノロジーのリーダーシップを通じた競争という新たな圧力は、企業の戦略的リポジショニングを促進し、これに伴って、産業の再構築を支援するためのファイナンス市場が新たに受け入れられるようになった。その結果、新しい投資家が日本に集まってきたが、彼らはすぐに、日本市場が相変わらず違う動きをしていることに気づいた。最も簡単な成功への道は、日本のビジネス規範に則ることだ。ここから、PEがうるさかったり破壊的だったりする必要がないことを示す、異なるタイプの市場が創出された。また、日本のリインベンションが続く中で、今後も成長するであろう収益性の高い市場も生み出されたのだ。

第8章
〈ビジネス再興の実行〉行動様式の変革

企業カルチャー、つまり社内の行動様式の変革は超大型の商用貨物船の方向転換と似ているとよく言われる。超大型船は停止するのに約10キロメートル、曲がるのに約20キロメートル必要で、曲がった後の航跡波も非常に大きい。さらに、ひとたび船が向きを変えれば、揺らぐことはない。[1] これは、日本の大企業の経営陣がリインベンションを試みるときに直面する課題だ。しかも何が受け容れられるかについて深く根付いた観念が山ほどあるタイトな文化の国で行うのだ。終身雇用制度では、従業員の運命は会社の運命に結びついているので、不確実性に直面したときの心細さは増幅され、抜本的な変化はすべて不安を引き起こす出来事となる。このような選好や情緒的な意味合いが絡み合うからこそ、日本では適切な手順が重視され、手続きから逸脱することに細心の注意が払われる。

こうした思い込みや感情は迷路と化すことになるが、経営者はそこから抜け出して、変革をもたらすためにうまく立ち回らなければならない。その際には、日本人が野球の試合でタイムアウトをとるときと同じように、次の動きについて慎重に交渉し、全員の同意を取りつける必要がある。とはいえ、中間管理職はうなずいても、なかには自分の退職後まで変化を遅らせようと静かにボイコットする人がいるかもしれない。

多くの日本の主要企業は今、企業カルチャーの変革という内部マネジメントのリインベンションの一環として、この方向転換の只中にある。どの方向に舵を切るべきかまだ確信を持てずにいる企業もあれば、変化に備えて複雑な舵取りをしている企業もある。数社は全速力で前進するために切り替える準備がほぼできている。

本章では、これらの企業の課題をいくつか説明し、改革推進者が用いている社内における行動様式変革に向けた施策を紹介する。まずは日本の現在の経営課題を整理する枠組みとして、適合モデル（コングルーエンス・モデル）の紹介から始めたい。次に、行動様式の変革を始めた企業が用いる3つの方法、すなわち、「オープン・イノベーション」と題して企画された変革イベント、オフィスの再設計とワークスペースへの個性の導入について具体例を紹介する。締め括りに、AGC（旧・旭硝子）のケーススタディを通じてリーダーシップの課題を取り上げる。本章のポイントは、タイトな文化の中で、厳格な手続きを緩和させる変革を実行するためには高度に組み立てられたアプローチが必要であり、それが実現するまでには注意深い準備とナッジにかなり時間がかかるということだ。

両利きの経営の実行

集合ニッチ戦略の実装や実行には、イノベーションとグローバル・オペレーションのための新しいマネジメントの方法が必要となる。第3章で取り上げたように、日本の戦後のキャッチアップ時代の企業戦略は、他国で発明された技術を取り入れ、新しい消費者向け製品に仕立てて、大量生産し、輸出することだった。このようにして生まれた製品を挙げると、ビデオテープレコーダー、ファックス、液晶ディスプレイなど長いリストになる。このアプローチには、マス市場向けの商品にするための創意工夫、新しい製品設計、一流の製造が求められた。日本企業は応用研究を中心に行う中央研究所や、継続的な**改善**（カイゼン）で築き上げた高度な**ものづくり**を通じて、これらを前進させた。

それとは対照的に、先端材料や部品、ロボット、製造装置などでグローバルなニッチのテクノロジーを構築するためには、独自の飛躍的イノベーションにつながる仕組みを導入する必要がある。また、競争で先行し続けるためにスピードを上げて、グローバルな研究や営業活動、世界中で実施する共同研究プロジェクトも進めていかなくてはならない。大切なのは、模倣するのが難しく、つくるのも難しいディープテクノロジーにおける極めて重要な自社の強みもまた維持し、さらに磨き上げて初めて成功するということだ。

その結果、集合ニッチ戦略の実行は、ものづくりと最先端のイノベーションという両利きの経営が土台となる。つまり、企業が新しい活動を「探索」するのと同時に、既存のコアコンピテンシーや製品を「深化」させる必要があるということだ。[2]今日の日本でいえば、これは未来のテクノロジーやグローバル市場を発掘し、簡単に真似ができない高品質で非常に複雑な素材をつくることを意味する。企業は勝つために、ひとつ屋根の下で両方をこなさなくてはならない。つまり、**両利きの経営**が求められているのだ。

２０１９年、日本では両利き（ambidexterity）という概念がビジネスの流行語となった。既存の事業に新たな発見やグローバル経営のレイヤーを追加してマネージするための枠組みとなる。理屈の上では簡単そうに聞こえるかもしれないが、両利きの経営を実行するには、企業のコア・アイデンティティはもとより、従業員の自己認識、自分たちのスキルセットを理解することも関連する。組織の規範を調整することは、どこの国の企業でも手こずるひどく厄介な課題だ。

スケジュール、明確な整合性、予測可能性を強く好むタイトな文化の環境で、こうした変革を実行するには、独自の方法が必要となる。その国の文化を変えることは不可能なので、企業はその枠内で取り組まなければならない。これはおそらく手順が明確に体系づけられていないシステムに移行するために、明確に組み立てられた手順を用いなくてはならないことを意味する。創造性、イノベーション、変革というルーズな側面を導入するために、企業はきっちりと体系化されたイベントなどを設計して変革への抵抗を乗り越える必要があるのだ。

適合モデル

日本企業に必要なのはどのタイプの変革や新しい進め方かという議論を組み立てるのに役立つツールが、適合モデルだ。[3] このモデルの前提として、ある戦略をうまく実行するためには、次の4つの重要な構成要素の結びつきの中で緊密な適合性（組み合わせ・連携）が求められる。(1)戦略実行に必要な**重要タスク**。(2)スキル、能力、マインドを踏まえて、そのタスクを行う**人材**。(3)タスク達成に重点を置いた指標やインセンティブを設定する**組織構造**。(4)賛同して参加することや、重要タスク達成に求められる態度や行動を奨励する**カルチャー**（行動様式）。これから説明していくように、この4つの構成要素を日常的に積極的にマネジメントするのはリーダー層の役割である。

重要タスクは、企業の経済的、競争的な現実と、企業戦略を実行するために必要なことだ。どのように利益が生み出されるのか。コストリーダーシップを目指す場合、時間とともにそれをどう達成し持続させるか。固定費が高く、設備稼働率を高めることが鍵となる業界であれば、どのように最適なシフトを組み、作業員の生産性を向上させられるか。日本では、終身雇用制度によって人件費が固定費になるので、労働生産性を最大化させることはほぼ常に重要タスクとなる。終身雇用者は雇用の安定の見返りとして働くよう期待されているので、終身雇用の下では長いサービス残業が定着してきたとする説もある。

人材の要素には、従業員が重要タスクを達成するのに役立つスキル、コンピテンシー、態度が含まれる。こうした要素は従業員の採用と訓練を通じて形成され、タスクの達成に適したタイプの人材で構成された労働力をつくり上げている。人材には、チームワークをとる、細部や手順を重視する、創造性を発揮するなど、仕事に対するマインドや取り組み姿勢も含まれる。上級幹部が新しい方角に舵を切ろうとするならば、新しい任務にワクワク感を持たせたり、新しいスキル開発や作業慣行の変更のための機会を設けたりして、従業員を置き去りにせず共に歩むことを明確にする必要がある。

構造は、人事制度、昇進や報酬のための標準や指標を指す。従業員は真の評価指標を敏感に感じ取る。言われた目標と適用されている指標が一致していないと混乱し、やる気を失う可能性がある。したがって、給与や福利厚生、個人の業績評価などのインセンティブは、必要なタスクを達成する方向へと導くように設計したほうがよい。また、階層、指揮命令系統、リーダーへのアクセスしやすさなど、会社組織の設計もここに含まれる。

カルチャー（行動様式）は、社内の行動規範を指す。第2章で見たように、文化には行動の内容（コンテント）、合意（コンセンサス）、強度（インテンシティ）の3次元がある。企業カルチャーは、規範の内容（例えば、仕事に遅刻したり、オフィス内はサンダル履きでも構わないか）に対するコンセンサスの高さや、逸脱について人々がどのくらい強く意識するかが特徴となる。日本でよく言われる「社内《うち》のやり方」という言葉に、この共通の行動規範が凝縮されている。重要なのは、企業カルチャーはその組織が定義するものであり、マネジメントや変革が可能であることだ。ただし、カルチャーが浸透していればいるほど、変革の進め方により細心の注意を払う必要がある。

戦略実行におけるこの4つの要素がうまく適合している例として、高級車など、差別化されたハイエンド製品を販売する企業を思い浮かべてほしい。この場合、イノベーションと設計が重要タスクとなる。人材（従業員）には、限界に挑もうと常に意欲を持つ優れたエンジニアが含まれている。構造面では、新しいヒット製品を生み出す従業員に報酬や昇進が与えられる。創造性、リスクをとること、ダイバーシティ、チームワーク、スピードに関する企業カルチャーがあるはずだ。

この枠組みから導き出される戦略的な結論は、企業をうまくマネジメントするにはタスク・人材・構造・カルチャーのつながりを緊密に調和させる必要があるということだ。新しい戦略を発表するだけでは変革マネジメントにならない。それよりも、この4要素の新しい組み合わせによる適合に向けて企業を導くマネジメントが求められている。

適合機能としての戦略実行の考え方から、成功から失敗へのパラドックスという別の洞察も導き出される。タスク・人材・構造・カルチャーのつながりが強ければ強いほど、企業はより大きく成功する。成功すると、そこから確立された型と手順の中でプライドが育まれ、時間とともにその社内のやり方が浸透する。固定化した官僚制度と厳格な指揮命令系統が発達していく。自社の成功を過信すれば、グローバル競争の変化や破壊的技術の登場など新しい機会や外部からのショックに気づかなくなるかもしれない。実際に、破壊的変化に直面しても、強いカルチャーが根付いた企業は、明らかにもはや機能しなくなっているのに、最初に成功した行動を一層強化することが多い。過去の成功要因が定着すると、低迷につながるというパラドックスである。

これはまさに1990年代に日本企業が軒並み経験したことだ。韓国と台湾との新しい競争に直面し、多くの大企業が古い処方箋でより多くのことをしようとした。強力な行動様式が日本のタイトな文化におけるリスク回避の傾向と相俟って、古いタイプの適合性という重要タスクに過度にしがみついてしまったのだ。経営者は変革の必要性を理解していても、多くの場合、大きな抵抗に遭った。前述した通り、創業者の哲学に忠実でなければならないと受け止められていたパナソニックの場合もそうだった。

レガシーの適合モデル：ものづくり

戦後日本のビジネス戦略は、高品質で大量生産された消費者向け製品を輸出して世界的なシェアを築くことだったことはすでに見てきた。図表8－1は、このものづくりにおける適合モデルを示している。経営課題は、学習を通じて効率性と品質を着実に向上させ、ハードワークとミスを減らして歩どまり率を高めるという重要タスクに軸足を置いて組織的な適合性を実現することだ。そのためには、オペレーションの最適化と生産プロセスに継続的なカイゼンを組み込む必要がある。このような製造企業が採用したり訓練すべき労働者のタイプには、機能的な専門知識（電子工学など）、プロセス・エンジニアリングのスキル、命令に従う意欲、短いフィードバック・ループ、オペレーショナル・エクセレンスの才覚を持った人材が含まれる。指標やインセンティブで重視するのは、ルールやPDCA（計画、実行、評価、改善）サイクルを正確に守ること、標準的なオペレーション手順に従うこと、ミスを素早く突き止め修正しようとすることだ。長い生産工程、絶え間ない向上、規則や手続き、それからミス、生産ラインの減速、欠勤といった問題を起こさないこと

図表8-1　ものづくりにおける適合モデル

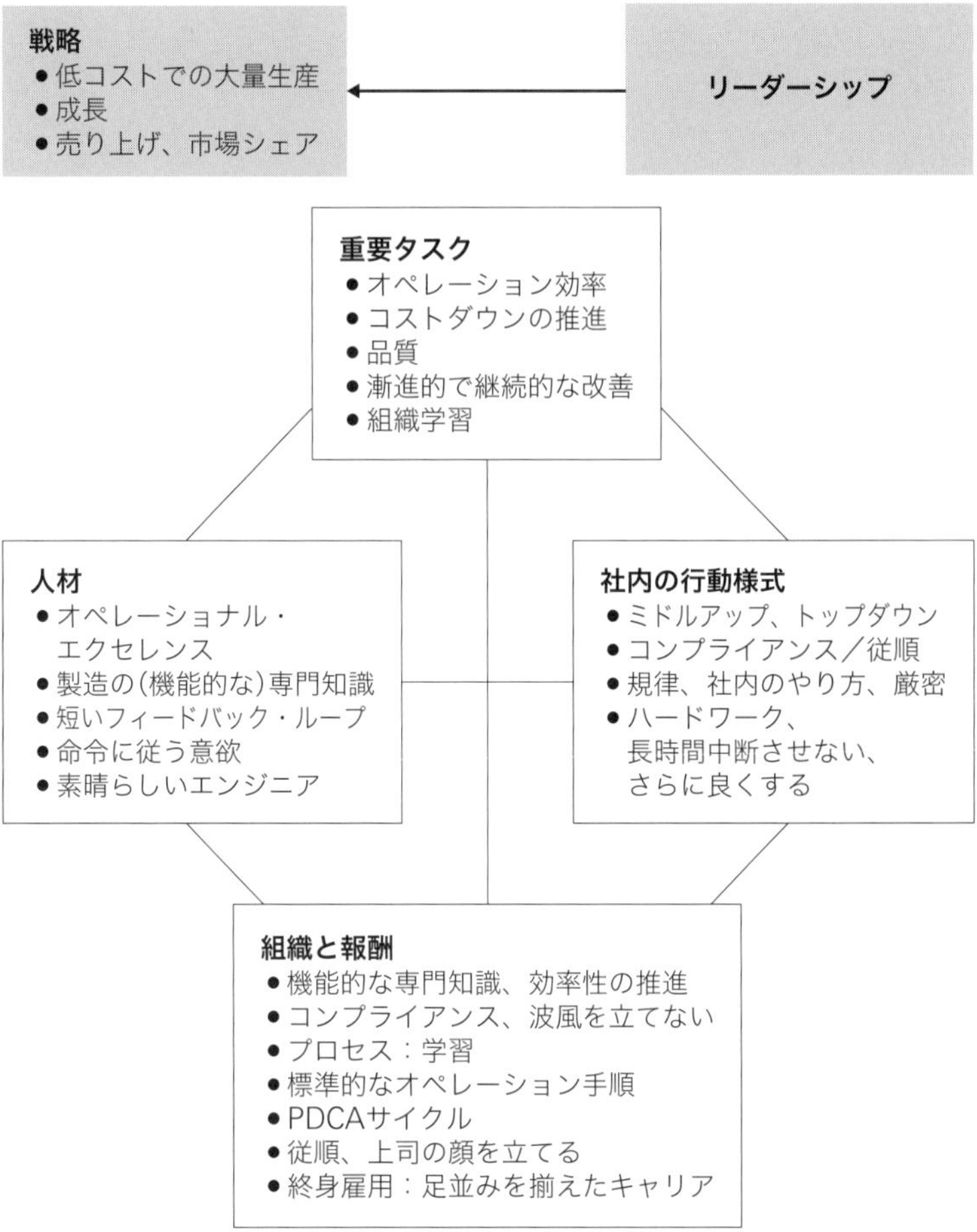
戦略
●低コストでの大量生産
●成長
●売り上げ、市場シェア
リーダーシップ
重要タスク
●オペレーション効率
●コストダウンの推進
●品質
●漸進的で継続的な改善
●組織学習
人材
●オペレーショナル・エクセレンス
●製造の(機能的な)専門知識
●短いフィードバック・ループ
●命令に従う意欲
●素晴らしいエンジニア
社内の行動様式
●ミドルアップ、トップダウン
●コンプライアンス／従順
●規律、社内のやり方、厳密
●ハードワーク、長時間中断させない、さらに良くする
組織と報酬
●機能的な専門知識、効率性の推進
●コンプライアンス、波風を立てない
●プロセス：学習
●標準的なオペレーション手順
●PDCAサイクル
●従順、上司の顔を立てる
●終身雇用：足並みを揃えたキャリア

資料：著者作成

に重点が置かれる。[4]

人事の観点からこれを構造化する最善の方法は終身雇用であり、高度に賃金を平準化させ、横並びの昇進ですべての人を平等に扱う。終身雇用はまた、厳格な手続き、微に入り細を穿つ規則の遵守、しばしば長時間労働に代表される規律あるハードワークといったカルチャーも支える。リーダーシップに求められるのは、指標や成果目標、行動規範、結果の評価、生産目標などの明確な数値目標を通じた動機づけに関して、はっきり示すことだ。こうして適合させた結果が、非常に強力で成功したシステムであり、絶えず改善されていくことになる。言うまでもなく、この適合性は日本のタイトな文化の選好に完全に合致している。そして、それがうまくいったのだ。

新・日本の適合モデル：飛躍的イノベーション

グローバル・サプライチェーンを支えるテクノロジーの最前線で勝つために、日本企業は今、アジリティや適応性を備えて、テクノロジーの破壊的変化の先頭に立たなくてはならない。こうした新しい重要タスクには、新しい組織的な適合性が必要である（図表8－2を参照）。飛躍的イノベーションという重要タスクには、新しいテクノロジーのトレンドやグローバル市場の変化を素早く感知して対応し、未来のテクノロジーを予測し、技術的なエクセレンスを通じて新しい革新的な事業を構築する能力が含まれる。このためには、人々が新しいスキルやコンピテンシーを習得でき、変化や実験にも前向きになってもらわなくてはならない。広い視野、逸脱や失敗に対する寛容さ、多様なチームや任務に取り組む能力を持った人材が必要とされる。

図表8-2　飛躍的イノベーションにおける適合モデル

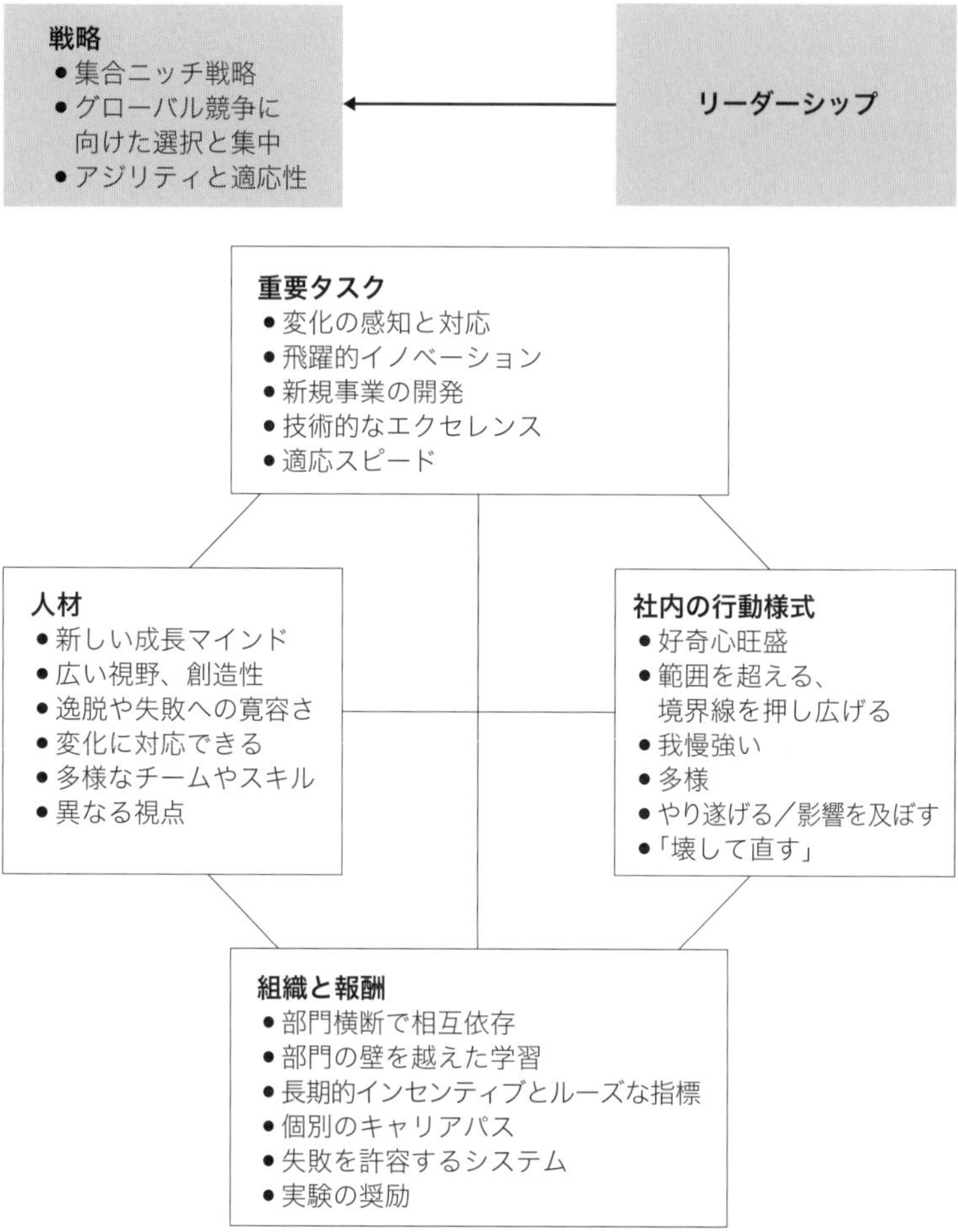

資料：著者作成

人事や組織構造としては、これらの新しいタスクには、この新しいマインドを伝えて、革新的な行動を促す新しい指標やインセンティブが欠かせない。そのためには、部門横断の相互依存関係や、部門の壁を越えた学習プロセスが必要になるかもしれない。リスクをとった結果として、失敗が許容されることも大切だ。新しいテクノロジーが徐々に新しい製品や事業に反映されていくにつれて、成果は測定しにくくなり、具現化するまでに時間がかかる。したがって、業績評価はより長期的に見るようにし、短期的な指標や手順の重視を強調することを控えて、インパクトや貢献度をより考慮しなくてはならない。専門性を高められるような個別のキャリアパスや個人的なスキル形成も必要になる。これをすべてまとめた企業カルチャーの特徴は、好奇心、多様性とリスクをとることへの寛容さ、「素早く動いて物事を壊す」精神などである。このような環境で求められるリーダーシップは、対話、アイディエーション（新商品のコンセプトの考案）、創造性を奨励し、人々に権限を与えて主体性を発揮できるようにし、新しいベンチャーへの資源配分を支援することだ。

両利きの経営

一見すると、この飛躍的イノベーションにおける適合性は、日本のタイトな文化の好みと明らかに対立している。それでは、企業は秩序と予測可能性を好むタイトな文化の中で、どのようにアジリティ、多様性、イノベーションを可能にする新しい構造をつくり出せるのだろうか。例えば、新しい行動様式を発表するなど、唐突にルーズな文化の手法を取り入れれば、カオスをもたらしたと受け止められ、多くの従業員が不安を抱いて命じられたやり方に尻込みし、反発が強まるだろう。

タイトな文化でこの問いに答えるならば、慎重に刷新を始めて、その企業の新しいアイデンティティと職場での適切な行動に関する新しい見解を受け入れるように、ゆっくりと人々を促すことだ。全従業員を含めた一連の会議やイベントの助けを借りながら、再定義された組織の規範や行動を導入し、少しずつ着実に手順になじんでもらえばよい。日本では、改革推進者でさえ新しい方向に舵を切るのに長い時間がかかるのは、主として、このように構造化された展開が必要になるからだ。

この移行をさらに難しくしているのが、成功するにはものづくりと飛躍的イノベーションの両方の適合性が必要であることだ。革新的で高品質の製品と素材でテクノロジーの最前線で成功するためには、レガシーの適合モデルとイノベーションを生み出す適合モデルを共存させなくてはならない。したがって、社内手続きのリインベンションとは、古いものから新しいものへ切り替えるのではなく、まったく異なるものを創造することだ。両利きの経営を行う企業は、既存の強み（スケーリング、学習、コスト削減など）を深化することと、新しい機会（イノベーティブなテクノロジーや新しいグローバル・ビジネス）を探索することを両立できる。[5]

現在、両利きの経営に転換している例として、日本を代表するインフラや電機・電子企業の日立製作所が挙げられる。第7章ですでに見てきたように、日立はタービン、エスカレーター、製鉄所、発電所、電力網、電子システムや機器、車両、冷蔵庫、化学品、医療機器などの事業で知られている。その多くが現在カーブアウトされつつあるとはいえ、エネルギー・システムと社会インフラ設備は依然として、同社のコア・アイデンティティの重要な構成要素であり続けている。

それと同時に、日立ヴァンタラや全社的なＩｏＴプラットフォーム「Lumada（ルマーダ）」をはじめとして、ＡＩやデータシステム・マネジメントなど将来のビジネスの種を探索すべく新しい機能を積極的に構築している。こうした新分野には、イノベーションを中心とした新しい適合モデルが必要であり、現在は「Inspire the Next」というスローガンの下で導入されつつある。[6] インフラ設備を構築し、列車を時間通りに運行させることと、ＡＩ機能を構築するのとでは、明らかに異なるマインドやスキルが求められる。しかし、日立が将来的に競争力を持つためには、両利きの経営を実行し、両方のタイプの適合性を連携させながら、組織全体で相乗効果を生み出す方法を見つけなくてはならない。

タイトな文化の中で変革を実行する

第2の失われた10年とされる２０００年代に、日本の先進企業が乗り出したのが、両利きの経営に転換して変革を実行することだ。社内に新たな適合モデルを追加しても構わないように従業員を促す新しいナッジの手順を導入し始めた。強力なコーポレートカルチャーや従業員の行動を変えるために、さまざまなツールや方法も開発してきた。そのすべてが新しい考えを導入し、オープンであることや寛容であることを強調し、従業員に代替となる環境や物事のやり方に触れさせることを目指している。特に、オープン・イノベーションの推進、オフィスの再設計、職場での行動調整という3つの変革レバーがかなり一般的になってきた。

イノベーション・ツーリズム

従業員の意識を変えてリスクをとることを奨励するための働きかけの一部は、社内イベント、出張、会議、その他の体系化された活動を通じて行われる。2000年前後の日本のキャッチフレーズは「選択と集中」だったが、2010年代のバズワードは「オープン・イノベーション」だ。このコンセプトにはもともと、クラウドソーシングを含めて自由な交流でイノベーションを促すさまざまな方法が含まれていた。[7] しかし日本では、オープン・イノベーションはもっと狭義で、グローバルな変革に対応して自社の門戸を開くことを指していた。この表現は、日本企業内の伝統的な研究開発組織だけでなく、従業員全体に、よりオープンになるように促すために用いられるようになった。研究開発の現場では、終身雇用による形骸化や「うちで発明したものではない」症候群が生じ、従業員はよその場所で生まれたアイデアを取り入れることを拒むことが多かった。

2017年の政府の報告書によると、大企業のイノベーション全体の70%以上が社内で閉じている、いわゆる「自前主義」によるもので、スタートアップ企業との協働に基づくイノベーション活動はわずか0・7%だ。[8] ほとんどの企業で、従業員の関心は新しいものをつくり上げることよりも、自分のキャリアを守ることに向けられていた。日本で言われるオープン・イノベーションは、既成のプロセスに揺さぶりをかけ、鎧をまとった構造の中に新しいアイデアやメソッドを注入するように人々を奨励するという概念である。この変化を支えるための具体策として、中途採用を増やす、外部から新たな製品アイデアを導入する、スタートアップ企業や海外企業に買収あるいは投資するなどの対応がとられた。

2000年代初めに、200社以上の大企業が独自のコーポレート・ベンチャー・キャピタル（CVC）ファンドを立ち上げた。2008年から2018年の間に、国内CVC投資額は2008年の推定6億ドルから2018年には22億ドルへと、3倍以上になった[9]。同期間に、日本の大企業は2000社以上のシリコンバレーのスタートアップ企業に投資した[10]。現在、シリコンバレー、サンディエゴをはじめとする米国内のイノベーション・クラスターに500社以上の日本企業が「イノベーション・オフィス」を構えており、さらに多くの企業が米国のVCファームに資金を提供している。

特に、シリコンバレーのイノベーション・オフィスはCVC投資の陣頭指揮をとり、同地域のハイテク系スタートアップを発掘している。しかし、おそらくもっと重要なのは、こうした拠点がルーズな文化のアンバサダー（伝道者）となり、1度に1人ずつ本社のカルチャーを変える役割も担っていることだ[11]。2015年に安倍晋三首相がシリコンバレーを訪問した際、イノベーションの炎はさらに燃え上がり、今ではよく「イノベーション・ツーリズム」と呼ばれるようになった新しい波が生まれた。地元VCファンドやインキュベーターの中には、イノベーションのメッカに関する知見を求めて、大挙して押しかけてくる好奇心旺盛な人々に反感を抱き、彼らの行動を「4L」と表現することもあった。見て（look）、聞いて（listen）、学んで（learn）、去っていく（leave）だけで、何も提供しないという意味だ。グーグル、フェイスブック、スタンフォード大学のキャンパスの前には、「迷惑」になるので中央駐車場から少し離れた場所に観光バスを停めるようにという注意書きも出現した。

一部の日本企業は、こうしたイノベーション・ツアーを倍増させ、シリコンバレーの自社オフィスに短期的な訪問者用に専門的にコーチングを行う体系的な研修プログラムをつくるように求めた。こうした「イノベーションラボ」の中には、従業員数50～100人を抱える、かなり大所帯のところもある。独自の研究活動だけでなく、DXやデザイン思考のワークショップ、ブレーンストーミングのエクササイズを行い、スタートアップ向けのインキュベーターを務めることさえある。数社は新たな独立型コンサルティング事業へと発展させ、他社のイノベーション・ツアー参加者にもプログラムを提供してきた。シリコンバレーで日本企業のイノベーションラボが日本人経営者向けに日本語で研修プログラムを行うという、新しい家内工業の出現である。[12]

カリフォルニア州でこのようなラボを運営している複数の企業に話を聞いてみたところ、イノベーション・ツーリズムに費やされる膨大な資金と労力の背後には、コンフォートゾーンを離れるように人々を促す考えがあるという。カリフォルニアは文化的にルーズで、ワークショップ、デザイン思考、ブレーンストーミングなどのルーズな文化のアプローチという「ブランド」が日本でも知られているので、多くのプログラム参加者は飛行機を降りた時点で異なるマインドを持つようになる。風景が変われば違っていてもいいと文化的に許されるのだ。空間やペースが異なり、人材も、天候も、ミートアップやイベント、そしてもちろん、ブレーンストーミングを含むエクササイズも異なる。カリフォルニアでは、厳しい規範が社内の行動に適用されている日本では考えられない形で、従業員の将来ビジョンや不安や機会について体系立てて話し合うことが可能になるのだ。

こうしたイノベーション・ツアーでカリフォルニアをたった1度短期で訪れただけでは、カリフォルニアの職場のカルチャーを日本に移転できないかもしれないが、参加者の視野を広げ、既成概念を超えた新しい思考を奨励することが期待されている。

オフィスの再設計

日本では、マンネリ化から脱却させるための変革も行われつつある。新しいプロジェクトを行ったり、プロセスよりも成果を重視することを奨励するのが目的だ。新しい行動を取り入れるように促すナッジの手法として、職場のルール変更や、新しい行動をとらざるを得なくなるようなオフィスのレイアウト変更などが挙げられる。職場のイノベーションに関する当初の試みは、２００５年の小泉元首相のクールビズキャンペーンに遡ることができる。その昔、完璧なスーツ姿で、ワイシャツを着てネクタイを締めた大勢のサラリーマンが、すし詰めの地下鉄の列車に駅員によって押し込まれ、35度の猛暑の中で汗だくにならないように長時間通勤を必死に乗り切ろうとする姿が思い出されるかもしれない。ユニクロのエアリズムやヒートテック製品など、ライトスーツ素材やフットウエアの業界全体はこれに関連して成長した。

クールビズの取り組みはこの変化の機会をうまく捉えたものだ。オフィスにふさわしい服装という伝統的な考え方を尊重するために、クールビズは表向き、経済にプラスになる省エネ対策として打ち出された。この新しいガイドラインでは、日本の蒸し暑い夏の間、オフィスビルのエアコンを28度に設定する。働く人はジャケットやネクタイを着用しないことで、この高い温度設定に適応するようにはっきりと奨励され、伝統的な大企業も含めて一部の企業では、クールビズの服装で顧客と打ち合わせすることも認められた。13 例のごとくタイトな文化では不確実性に対して懸念が生じるので、本社の人事部は、許容される服装に関する新しい規則を概説するために強制参加の会議で情報提供したり、社内の「行動規範」を改定したりと、変更に向けて慎重にお膳立てした。そうしたガイドラインにより、国内のネクタイメーカーは不利益を被ったが、ビジネスカジュアル業界は一大ブームに沸いた。アパレル企業は巧みにマーケティング活動を拡大し、冬期には非公式な「ウォームビズ」キャンペーンを展開している。

2011年に福島原発事故により日本の原子力発電所が停止した後、新しいスーパー・クールビズ・キャンペーンでポロシャツが認められるようになった。2020年時点で、日本の通常のビジネス環境では、ネクタイはめったに見かけなくなった。クールビズはオフィスの制服としてスーツ着用が義務づけられていた時代を終わらせたのだ。オフィス・ファッションが台頭し、仕事で個性を表現することが非常にゆっくりとではあるが着実に増えてきたのも、クールビズの功績である。

次のステップとして、企業はオフィススペースそのものに手をつけ始めた。指示待ちをやめて個として貢献するように、日常業務を方向づけるためだ。日本の某大企業のオフィスは（オープンフロアの設計はここから始まったとも言われる）、非常に構造化されたレイアウトで、オフィス全体の上下関係が一目で把握できる。囲いやプライバシーはなく、机は小さくてコンパクトだ。部課長の机はドアから遠い隅に置かれ、部門全体が常に見渡せる。誰がよく働いているか、誰が机で寝ているか、どのくらいの時間、昼食で外出しているか、どのくらい早くから、あるいは遅くまでオフィスにいるのかがわかる。このタイトな監視の副産物の1つが、上司が帰るまで若手社員は仕事をしなくてはならないという慣習であり、その結果、「自主的な残業」時間が非常に長いことで日本は知られるようになった。

２０１０年代、東京都心部や大阪など至る所で、戦後のコンクリートの建物が１つずつ優雅な高層オフィスタワーに置き換わっていった。多くの企業がこの機会にオフィスレイアウトを見直し、厳格な構造を壊してオープンにし、新しいオフィススペースや仕事のカルチャーをつくり出しつつある。一部のこうした美しい新オフィスは、シリコンバレーの明るい協働を促すオフィスに触発されつつ、洗練された日本のデザインにもマッチしたものであり、従業員にはもはや決まった席はない。その代わりに、仕事の書類や持ち物を保管するロッカーがあり、毎朝、職場に着くと、グループミーティング用の大型テーブル、集中して仕事するための静かなスペース、談話用のソファーなど、その日の職務にふさわしいスペースを選ぶ。

オフィスタワーの2フロアを使っているIT企業では、ある従業員が、同僚を簡単に見つけられるように非常に詳細なロケーション・ソフトウエアを構築する役割を担った。この再設計の目的は、企業に新しい人材を引き付けるためだけでなく、人々が古い日課をやめて、職場にもっと流動性や個性を取り込むことにある。[14]

オフィスの再設計というタスク自体が、新しいワークスペースを構想する創造的活動に従業員を巻き込む機会にもなった。ある大手機械メーカーでは、従業員が高い壁で仕切られたキュービクル型レイアウトを強く希望していることが明らかになった。デザインチームがさらに調査を進めると、従業員はプライバシー、会議、交流、共同作業などの選択肢を心から求めつつも、自分がその会社に所属している証として小さな個人用スペースも維持したがっていることがわかった。

企業カルチャーの変革エージェントとしてワークスペースの改造を試みることへの関心が高まっているおかげで、WeWork（ウィーワーク）のような共有ワークスペース・レンタル会社は日本で注目を集めている。大企業の中には本社を設計する前にベストプラクティスを特定し、オフィスワーカーの行動やマインドという観点から適応状況を観察するために、こうしたレンタル会社と中長期のリース契約を交すところもある。これはタイトな労働市場で若い人材を奪い合うための手段にすぎないという面もあるかもしれない。しかし、ワークスペースの設計と従業員の生産性についての積極的な関心も実際にあり、日本は今、この分野で興味深い実験を行っているところだ。

新しいオフィス設計は予期せぬ課題ももたらした。おそらく最も顕著なのが、自分が勤勉に働いていることを上司にどう証明するかをめぐって、従業員の間で新たな不安が生じたことだろう。上司は常に部屋を歩き回れないので、顔を合わせて話をして仕事ぶりを見るという従来の成果指標が新しいオフィス環境ではもう通用しない。従業員は、ルールに従って時間を過ごしているだけでなく、達成していることを示す新たな方法を見つける必要がある。意図した通り、これによって結果を出さなくてはならない方向へと従業員の意識が変わりつつある。不快感を伴うが、こうした不安は、新しいオフィススペースが従来の制度の古くさい手順を意図的に掻き乱そうとしていることの表れだ。新しい評価方法に移行するに当たって、上司は公平だと部下が信頼する必要もある。そうなると、上司に新しい責務が生じて、新しいトレーニングが必要になるかもしれない。また、業績評価の業務を引き継げるように、人事部門の役割や機能も再定義される。[15]

組み立てライン型の思考法を転換させる

変革支持者も含めて、ほとんどの従業員の最大の関心事は、自分の仕事がどう評価され、どのような業績指標が適用されるかだ。伝統的に、対面での会話や「全力を尽くす」ことが重要だった。また、公平性よりも平等を好む傾向があったことから、日本のオフィスワークは長年、自動車生産のようにすぐに観察できる指標を使う「組み立てライン型の思考法」に基づいていた。[16] 例えば、中身の品質よりも数が多いほど良いという前提で、報告書を何枚作成したか、プレゼンテーションを何回行ったかを評価することが多い。効率性（評価対象の場合）を見るときも、結果ではなくプロセスとして、つまり、そこで生み出されたものより、どのくらいの時間がかかったかを測定する。

日常のオフィス生活では、今日に至るまで、伝票記入など単純作業における正しいやり方は1つだけということが多く、不要に見える記入用紙であふれている。要件や測定基準の中には、望ましい結果とは無関係なものもあり、仕事のための仕事で時間やリソースを無駄にしている。日本のある大企業のグローバル子会社のある社員は、この問題について次のように述べている。東京オフィスは、全グローバル子会社から定期的に活動報告の提出を求め、文章の長さや書体を含めて所定のフォーマットがある。それに準拠しない報告書は書き直す必要がある。さらにやる気が失せるのが、報告書を作成しても、適切なフォントサイズを確認すること以外、読んでほしい部門の人は誰も読んでくれない印象をしばしば受けることだという。

飛躍的イノベーションを生み出し、新しいビジネスの機会を発見し獲得することが目標だとすれば、報告書のページ数や作成回数などの指標は逆効果になる。創造性につながるのはワクワク感やアイデア開発であり、その成果は標準的なベンチマークでは簡単に評価できない。イノベーションに向けた適合性の目標をよりよく反映している従業員を評価する新たな方法が必要だ。しかし、多くの日本の大企業では、組み立てライン型の思考法が根強く残り、単純化されすぎた指標がいまだに成果を判断する公正な方法だと考えられている。どうやってこの考え方を転換し、スピードとアジリティを持って達成するという新しいカルチャーを生み出すのかは、日本のビジネス再興では依然として最大の課題の1つである。

時間の価値

最後になるが、重要なことは効率性とは時間をうまく使うということだ。結局のところ、グローバル競争で敏捷に動けるように変わるためには、標準化を優先させるやり方を変更し、機会コストを考慮する必要がある。しかし、多くの日本人の感覚では、これは正当な手続きと矛盾するだけでなく、失礼に当たるのだ。断定的で性急な意思決定に対する嫌悪感はしばしば「安全性」への懸念として表現され、安全性が他のすべての目標よりも優先される傾向がある。日本のオフィスの会議に参加したことのある人なら誰もが請け合うように、日本のタイトな企業カルチャーの下では多大な忍耐が求められる。従来から業務上の会議では、話す順序、言ってもよいこと、話し方が細かく規定されている。多くの場合、「KY」（空気を読まない）を恐れる気持ちが、発言することへの手強い抑止力となる。若い従業員は聞かれなければ自分から話すことはほとんどなく、誰もが信じられないほど（時には無意味なほど）礼儀正しい。

こうしたオフィス習慣の根本原因は、伝統的に個人の時間が評価されず、従業員にとっても、会社の機会費用においても重要視されなかったことにある。それよりも、時間は雇用者の所有物で、雇用の安定のために従業員が支払う対価と見なされてきた。意味のない会議や机に向かって何時間も過ごすことが献身の強いシグナルと考えられ、より大きな善のために個人的な予定を犠牲にしてきたのだ。

今日でも、時間通りに会議が終わらないことが多い。会議に遅れるのは極めて失礼なことだが、議長が会議を終わらせるまで、1分たりとも早く退出してはいけないという根強い共通理解がいまだに存在する。急がせることは不親切だと見なされる。議案の審議をスピードアップさせる提案は逆効果になるかもしれない。

これは、会議を長引かせることは参加者自身の予定やニーズを尊重していないと見なされる欧米のオフィス環境とは対照的だ。欧米では、全従業員が常にすべての会議に出席する必要もない。日本でもこうした考え方が、ゆっくりとではあるが確実に広がりつつある。第9章で見ていくように、女性管理職が登場し、兼業・副業制度が始まり、個人の休暇に関する新しいルールが適用されることで、より流動的かつ効率的な構造へと移行が始まり、終身雇用時代の名残りであるこの最大で根深い問題に対処しつつある。

リーダーシップ

おそらく、このように深く根付いた物事のやり方をすべて変えていく上で最大の課題になるのが、トップが毅然としたリーダーシップと強力なトップダウンでイニシアティブを発揮しなくてはならないことだ。そのこと自体が過去との大きな断絶であり、このようなリーダーシップは需要と供給の両面で課題となってきた。変革マネジメントでは、新しい適合性を構築し、定着した行動を変えることに取り組むが、困難で、不快なことが多く、フラストレーションも溜まる。多くの作業や新しいマネジメント・スキル、さらに新しいリーダーシップ・スタイルを従業員が受け入れる必要もある。

２０２０年時点で、日本の重役や部長クラスの多くはバブルかその直後の時代の申し子だ。その環境で育ち、多くの場合、「ものづくり」に向いた適合性を体現し続けている。すべての利害をバランスさせる善意に満ちたリーダーであることが日本人経営者の役割だった時代に、彼らは内部昇進を果たしてきた。経営者が目標について曖昧であること、また、大雑把な指示を出すのが当たり前だと考えられていた。オペレーションは部長に権限委譲され、新規事業や戦略的な方向性は通常そうしたミドル層が提案し、上層部へ報告を上げる。ステレオタイプ的な戦後期の社長室では戦略策定はほとんど行われず、役員は多くの場合、決断力のあるリーダーになることを期待されておらず、そのための訓練も受けてこなかった。

しかし、日本のリーダーたちは実際には多大な影響力を振るうことができる。日本の企業慣習について プラスに解釈すると、準備が遅い一方で実行が速い。日本でビジネス経験のある人の多くは、日本企業は意思決定に長々と時間がかかると述べる。提案がトップに上がると、そこで全員が承認する必要があり、それからミドル層に送り返され、そこで影響の有無にかかわらず大勢の部長の間で稟議にかけられ、やはり全員の同意を得てから、トップに戻される。しかし、この長い手続きが意味するのは、ひとたび船の方向を変えるという決定が出れば、全員がすでに承認しているので、全速力で突っ走れることだ。力のあるリーダーはこの文化的な特徴を活かして、非常に効果的に変革のマネジメントができる。

したがって、厄介な問題はシステム自体ではなく、力のあるトップを供給することにある。すでに見てきた通り、ほとんどの日本の経営者は順応力を発揮して昇進し、会社に人生を捧げてきた人物だ。伝統的な「ミドルアップ、トップダウン」のやり方で仕込まれ、多くの場合、戦略思想家としての自覚がない。その代わりに、同じく戦略家ではなくオペレーションの管理者である部長の提案を承認する。部長は多くの場合、自分の任務や個人目標に関わるだけの狭い視野で考え、抜本的な変革を提案したいとは、ゆめゆめ思わない。[17] 彼らもまた、社内で育ち、オペレーション目標の設定や実行面で評価されて昇進してきた。

その結果、日本企業には、レガシーであるものづくりの伝統の中で訓練を受けてきた、優れたマネジャーが揃っている。しかし、それに比べてリーダーは少ない。両者の戦略上の違いは古い格言に凝縮されている。「マネジャーは定刻通りに確実に列車を運行させる。リーダーは正しい目的地に確実に向かわせる」[18]。今世紀の初めに、新しい道筋を示すビジョンを持ったリーダー人材が不足していたことは、一部の日本の大企業が自社のリインベンションで後れをとった最大の要因に挙げられている。

従業員は長い間、社内で訓練を受けてきたので、大学でマネジメント・スキルを教えることへの需要はほとんどなかった。今日でも、リーダーシップや組織行動を学生に学ばせるMBAプログラムは少なく、伝統的に大学の商学部の中にこの2つの研究科が置かれていないことも多い。企業のマネジャーは上司から技を学び、それが企業構造の継続や形骸化につながっている[19]。そのため、プロ経営者だけでなく、日本のビジネススクールや高度なエグゼクティブ教育プログラムも足りていない。コンサルティング業界は成長し始めているとはいえ、優れたコンサルティング・サービスもいまなお不足している。また、欧米のビジネススクールに留学した日本人の経営幹部にとって、外国のケーススタディで学んだ教訓を日本の環境に移転させるのは難しく見えることが多い。

このすべてが組み合わさって、今この瞬間が、日本のリインベンションにとって極めて重要になっている。大企業のうち数社はデジタル経済の中で変革や競争の必要性を感じ取り、新しいスタイルの経営者をトップに昇格させてきた。つまり、明確な方向性を持ち、大きな船体を新しい航路に向かわせるのに必要なスキルを備えた個人である。オールド・ジャパンでは、彼らは波風を立てる存在と見なされてきたかもしれないが、今まさにそのような人材が必要とされている。その一方で、従来のサラリーマン社長が経営する企業は相変わらず苦戦中だ。

これは日本の大企業において成功事例と失敗事例の分かれ目になりつつある。失敗のストーリーはどれもかなり似通っていて、逃した機会を中心に展開する。成功ストーリーははるかに興味深くて多彩だ。システムがあまりにも形骸化しているので、変革に影響を及ぼし、抵抗を乗り越えるために並外れた創造性やエネルギーを要する。現在、企業の刷新を進めている個人は、将来の競争力向上に向けて企業カルチャーの変革に着手しながら、既存組織のニーズや期待に応える術を心得ている優れたリーダーである。

事例：ＡＧＣ

日本の大手企業数社は、既存の中核事業に加えて、探索用の新しいタスク・人材・構造・カルチャーのつながりを持たせる観点から、両利きの経営を進めている。その一例が、かつて旭硝子と呼ばれていた企業だ。２０１９年時点で、ＡＧＣは世界最大のガラス・素材メーカーであり、売上高は１４０億ドルを超え、30カ国以上で5万４０００人を雇用している。[20] ＡＧＣは同業者の中でも最も多角化した企業で、板ガラス（ビルディング・産業ガラスを含む）、自動車用ガラス、化学品、電子部材（液晶スクリーン用ガラス基板を含む）の4つの主要事業を運営し、各事業で新しいテクノロジーを探索している。例えば、板ガラス事業では5Ｇアンテナを搭載した新しい窓ガラスを開発し、自動車事業では、車載用タッチパネルで操作すると外を見ながら必要な情報を表示できるフロントガラスの可能性を追究し、化学品事業ではそのコアコンピタンスをライフサイエンスに拡大しているところだ。

ＡＧＣは１９０７年9月8日に三菱グループ傘下の企業として設立された。[21]日本で初めて板ガラスの工業生産に乗り出した。当時は欧州からの輸入原料に頼っていたので、第一次世界大戦でこうした物資の供給が途絶えると、ＡＧＣは独自にソーダ灰をつくれるように化学品分野に事業を拡張していった。この事業はやがてＡＧＣを世界有数の特殊化学品メーカーへと変えた。第二次世界大戦後の建設ブームで、ＡＧＣは日本の板ガラス市場で優位に立ち、すぐにガラス製造技術のライセンス供与や新しいグローバル共同開発を手掛けるようになる。当時の成長と多角化の優先順位と合わせて、テレビ画面用ガラス、ガラス繊維、軽量・ガラス繊維強化セメントなどの新規事業にも積極的に参入した。[22]

１９７０年代に2度の石油危機を経た後で、エネルギー依存度を軽減し、よりスマートかつ軽量で、排出汚染の少ない事業の探索に注力し、第4の事業領域としてエレクトロニクスを追加した。これにより、ＡＧＣは１９８０年代と１９９０年代に液晶スクリーンにおける日本の優位性に乗じることができた。現在、ＡＧＣ（米国企業コーニング社と共に）はスマートフォン用スクリーンのガラス基板で世界市場を牽引している。

１９８０年代のバブル経済の下では多角化をさらに促進したが、その後のバブル崩壊はダウンサイジング、損失をもたらした。韓国と台湾との新たな競争は大きな脅威となり、中国の台頭によってさらなる圧力を受けた。その結果、ＡＧＣはコモディティ市場の一部から撤退し、特殊ガラス、特殊化学品、セラミックスとエレクトロニクス向けの新たな応用に集中することになる。ＡＧＣは競争優位を維持するために、依然として世界最大のガラス会社でありながらも、イノベーションの手法や新しい専門セグメントの設計やマネジメント方法を変えていく必要があった。

この極めて重要な岐路において、AGCは2015年に、化学品と電子部材の事業を経験してきた生え抜きの島村琢哉を新しい社長に任命した。島村がパフォーマンス・ギャップ分析を行ってみると、成熟事業の依存度が依然として高すぎるうえ、企業の方向性をめぐって部長レベルで対立が生じていることが明らかになった。2018年度の売上高は145億ドルで、ガラス事業が48%、化学品事業が30%を占めていた。これも懸念材料だ。というのも、中国の競合他社が大きく食い込んできたのと同時に、ガラス依存度が高まっているように見えたからだ。2000年代初めに高い利益率を出していた液晶パネル事業は、2008年の世界金融危機後、苦戦を強いられていた。利益は全般的に低調で、2013年度に6%だった営業利益率は2014年に4・2%に低下した。自己資本利益率はわずか1・4%に沈み、政府のアベノミクス・プログラムで提示された閾値で、それを下回ると面目を失うとされる8%をはるかに下回っていた。このためAGCはひどく保守的になり、株価やROEのハードルをクリアすることに注力してきたので、部長たちは短期的な結果に過度に重きを置き始めていた。[23]

しかし、何よりも問題だったのは社内の行動様式である。人々は間違いを恐れ、直接尋ねられてもろくに意見を言わなかった。ほとんどの部長たちはイニシアティブをとることに及び腰で、なかには定年退職して年金をもらうまでの時間稼ぎを願っているように見える者もいた。活気はなく、従業員は疲弊している様子だ。若いエンジニアの離職が増え、迫り来る従業員不足が重大問題となっていた。島村の前任者は独裁型の社長でマイクロマネジメントを行ってきたので、従業員に不安を抱かせ、自発性を殺いでいた。その結果、新しい事業領域進出の計画を立てても、それに必要なイノベーションを促す適合性をつくりきれなかった。[24]

島村と経営幹部チームは、こうした課題に向き合い、AGCの企業風土や社内慣行に揺さぶりをかけて活性化させようと、5つの方策を用いた。2014年11月にCEOに就任すると、島村は個人的に全社員宛てにメールを送った。これは少なくとも日本企業では珍しい出来事だ。それは、もう一度スイッチを入れて明かりを灯すのが自分の役割だと考えていることを伝えるものだった。メッセージが漠然としすぎないように、リーダーが改めるべき20の悪癖というリストも配布した。「いや」「しかし」「でも」で話を始める、言い訳をする、情報を教えない、責任回避する、過去にしがみつく、人の話を聞かない、感謝の気持ちを表さない、といった内容だ。次に、新しい経営方針「AGC－Plus」を発表した。他のこの種の文書と違って、外部のコンサルタントや部長クラスの人が書いたものでも、到達目標を示す派手なスライドを多用したものでもない。島村が方向性を示したもので、それは「私たちの目標はステークホルダーのために価値を創造することである」という文言に集約されていた。

島村は自社を長期的な戦略思考に戻すためのこの計画をフォローアップするために、東京本社でミドルマネジャー（40代後半で部長職のすぐ下の層）との対話セッションを始めた。その多くが社長との会議に出席するのは初めてだった。島村は、彼らに答えてもらうために質問リストを用意した。ここから、ポテンシャルの高いマネジャー10人に2025年のビジョン策定作業への参加を呼びかけ、この将来世代から変革に賛同してもらう取り組みへと発展していく。ここでも、外部のコンサルタントは起用せずに、社内スタッフの裁量に任せて、10年後に自社がどうなっているとよいかという絵姿を描かせた。

2016年2月、2チームの提案が統合され、「2025年のありたい姿」として採用された。これが単なる形式的な書類作成の演習ではないことを強調するために、「2025年のありたい姿」には5000億円の戦略的な投資予算が付けられた。これは、4つの事業領域のどれでもいいので、魅力的な新しいビジネスプランが提案されたら支援するためだ。この中から、ライフサイエンスと自動車の領域で前述した事業探索が育まれていった。

さらに、若いエンジニアの間で最も優秀な人材をつなぎとめるために、起業家精神を焚き付ける新プロセスを設計した。化学品版ハッカソンとして、いわゆる「ゴングショー」形式〔訳注：米国のテレビ番組などでよく見られる手法で、一般参加者が審査員の前でパフォーマンスを披露し、ゴングが鳴ると打ち切らなくてはならないルールになっている〕のイベントを立ち上げた。そこでは、エンジニアや製造担当者が上級幹部に新しい事業のアイデアを売り込むことができる。生産工程のスピードアップから、DXで競争するための新製品開発まで、アイデアの制限は一切ない。このイベントを通じて、自動車事業に新しいモビリティ部門を設置するなど、いくつかのアイデアが採用された。ミレニアル世代の離職を食い止めるために、島村は若手社員とのタウンホール・ミーティングの時間も確保した。これを4年間定期的に実施していくと、若い社員の頭脳流出は減速していった。

最後に、島村と経営幹部チームは、専門ニッチへの事業拡大に対して、多かれ少なかれ静かに抵抗を続けていた部長たちの対策に乗り出した。2016年から2017年にかけて、AGCはオフサイトでの2日間の合宿研修を6回にわたって実施した。その目的は、こうした抵抗勢力と協同することで、組織風土の変革を加速させることにあった。週末に別途時間をとって、マネジャー全員で懸念について話したり、疑問点を聞いたりする機会をつくった。彼らは体系的に組まれたセッションに参加し、AGCを前進させる独自の提案をするという課題に取り組み、経営陣にプレゼンテーションした。このプレゼンに基づいて経営陣は厳しい選択を行い、変革に反対する人には別の任務を与えて、変革を牽引する立場から外れてもらった。この抜本的な対策は、組織全体に大きな衝撃を与え、古い慣行を容認しない新しいAGCへの転換点となった。

企業カルチャーの変革マネジメントに関する研究では、5つの主要な方法が明らかになっている。(1)**方向づけ**：トップ・マネジメントからの強くて一貫したシグナルを送る、(2)**参加**：変革の取り組みに従業員を積極的に関与させる、(3)**例示**：新しい行動様式の範を示す、(4)**賞賛**：変革を実践した人を褒めて報いる、(5)**人事制度改革**：新しい行動様式を支えるために、採用、研修、昇進を含めて人事制度を注意深く転換する。リーダーがこの5つの方策を展開することで、企業カルチャーのマネジメントや変革が可能になる。[25]

AGC上層部のリーダーたちはまさにこれを実践した。AGCの変革への課題はトップダウンで着手され開始されたプログラムだったが、インクルージョンの方策を打ち出し、全社のさまざまなレベルで参加してもらうことで機能した。同社はゆっくりしたペースで、新戦略を策定し、新規事業を構築し始め、改革推進者に権限を与えた。

聞くところによると、島村は組織の全レベルの従業員と対面のミーティングを130回以上行い、海外の工場や営業所を50カ所以上訪問したという。当初の抵抗について島村はこう述べている。「従業員の顔を見ると、そもそも私の言うことを疑ってかかっていることがわかった。以前にも同じようなことを聞いたけれども、何も変化しなかったからだ」[26]。3年にわたって絶えず現場を回り、コミュニケーションを図ったところ、AGCの全部門に新たな危機感とイノベーションへの積極姿勢が浸透した。2019年度には営業利益は16%に増加し、同社は独自の集合ニッチ戦略を構築するために、さまざまな新しい特殊ガラスおよび化学品を開発するようになっていた。

AGCの例から本章の3つの主要テーマが浮き彫りになる。社内の行動様式は変えることができる。タイトな文化の中でカルチャーの変革を導くためには、社員参加型や全社横断など体系的な手順やイベントが必要となる。また、行動様式を変えるにはトップ発のリーダーシップが必要であり、日本では珍しいとはいえ、それは確かに存在する。日本企業の中には、オフィスの再設計から、イノベーション・ツアー、ワークショップ、ブレーンストーミングのイベントまで、高度で創造的なアプローチをとっているところもある。

次章で見ていくように、こうした企業の変革の取り組みは、迫り来る人手不足が追い風となっている。真の意味で変化し、新しい日本の職場環境をつくり上げている企業で働くことに、若い従業員が明らかにワクワク感を持っていることが成功に寄与している。

第9章
〈雇用とイノベーション〉カイシャの再興

２０１９年５月13日、トヨタ自動車社長の豊田章男は記者会見で「雇用を続ける企業などへのインセンティブがもう少し出てこないと、なかなか終身雇用を守っていくことは難しい局面に入ってきた」と語った。[1] これは労働者を一時解雇する脅威どころではなく、はるかに大きな問題への警鐘といえる。日本の構造的な労働力不足が雇用主と従業員の権利や責任をめぐる伝統的なバランスに影響を及ぼし始め、システム全体が崩壊しかねないと危惧しているのだ。従業員がそれぞれ個別のキャリアを求めるようになるにつれて、企業、従業員、経済全体にとって意味のある労使関係を新たに設計する方法を企業は模索している。業績評価指標を改善し、イノベーションとダイバーシティの進め方を新たに開発することへの圧力が高まっているのと時を同じくして、企業はこうした問題に直面している。

豊田は同じ記者会見で、トヨタは新しいグローバル・アライアンスを通じて人工知能（ＡＩ）と自動運転技術を深掘りする方向に舵を切ろうと、「フルモデルチェンジ」に相当する「100年に一度の変革」を現在進めていることも発表した。最大のハードルはこの移行を担う人材を探すことだという。「学歴、性別、国籍は気にしない。それはすべて関係のないことだ。私が知りたいのは、この会社で何をしたいか。そういうカルチャーをつくりたい」[2]。希望者には雇用の安定を提供し続けながら、新たな人手不足や雇用流動化の高まりにどう適応するかは、日本企業が現在取り組まなくてはならない最大級の難題である。

厄介なことに、終身雇用は三重の脅威にさらされている。第1の脅威は人手不足だ。それによって従業員は大幅に交渉力を強め、この戦後の制度を支える論理の中核となってきた権利と責任のトレードオフ関係に影響を及ぼしつつある。第2の脅威は、ミレニアル世代が強く望み、かつ期待するワークスタイルの変化だ。仕事内容、スキル形成、個別化されたキャリアパスに関する彼らの好みに反映されている。例えば、2019年の新入社員調査では、56%がキャリアを通じて同じ会社でずっと働きたくない、もしくは、それは期待していないと答えていた[3]。政府の進める改革はこうした要望に応じるもので、2019年の働き方改革関連法は、能力主義を強め、ワークライフバランスのとれた新しい職場環境への先駆けとなった。第3の脅威は、テクノロジーの最前線で競争しイノベーションを起こすことへの世界的な圧力を受けて、イノベーションを促進する新しい仕組みだけでなく、従業員の創造性を高める新しい人事政策が必要になっていることだ。理想的には、終身雇用の多くの便益が維持できればよいと、企業、従業員、政府も揃って考えているが、変革の必要性もまた現実である。

既存の改革はこれまで「日本のカイシャの終焉」と銘打たれてきた。[4] おそらく、雇用制度の転換という問題ほど、日本のリインベンションにおいて扱いにくい領域はないだろう。経済だけでなく社会全体を支えていると長年称されてきたこの制度を変えるとなれば、甚大な影響が出てくる。例えば、第3章で取り上げた就活の慣行を廃止すれば、人事慣行や昇進はもとより、大学のカリキュラム、企業研修の内容、企業カルチャー、仕事と生活の選択、福祉制度、家族構成、さらには、社会契約全体にも大きく波及するだろう。

当然ながら、労働改革をめぐる議論は日本を分断してきた。労働組合や労働問題の活動家は大企業が参加する経団連に対抗し、政府自体も政党と官僚機構の両方で分裂している。省庁内では保守派と改革派の対立が激化し、省庁間でも、社会政策担当官庁は、経済産業省などビジネス促進の立場をとる手強い改革派と対峙している。企業は社会の伝統的な期待に従う必要性と、首相が求める収益性の向上を実現させる必要性との間で板挟みになっている。従業員もまた「安全第一」を求める人々と、より早いキャリアアップ、能力給、ワークライフバランスの向上を望む人々の間で分断されている。

かけがえのない伝統と望ましい変化の間で見られる他の利害衝突と同じように、社会にとってのマイナス面を極力抑えるように細心の注意を払いながら、慎重に改革を進めていくことが解決策となってきた。結局のところ、システムの安定性という最も価値のある面を維持しながら、人々や企業が順応できるように、日本は30年かけてシステムを修正し受け容れていくのだろう。

本章では、働き方が変わることで、日本のビジネス再興にどのような影響を与えているかを取り上げる。終身雇用のコストとメリットに触れた後で、この制度に対する3つの脅威として、労働力不足と女性や外国人を含む新しい人材獲得競争、働き方改革と徐々に現れてきた新しい仕事のパターンと雇用流動化、イノベーションに向けた人材の獲得と維持という新たな挑戦について分析する。新しい「兼業・副業」制度についても詳しく見ていくが、私の認識では、それは終身雇用が犠牲にしてきたものをいくらか回復すると同時に中核となる恩恵を維持しようとするものなので、不可能な難題に挑むような試みだといえる。日本のトップ人事サービス会社のリクルートの事例で、すでに一部の新・日本企業の間で先行して取り組まれている兼業・副業制度にも言及する。

最後に、政府はこの取り組みに飛びつき、Jスタートアップ（J-Startup）を立ち上げた。これはシリコンバレー流の「食うか食われるか」という過酷さを一部回避する、よりバランスのとれたイノベーション・エコシステムの構築につながる可能性がある。Jスタートアップを用いることで、若い起業家は大企業をサポーターとして組み込んだシステムの中で新しいビジネス・アイデアを打ち出すことができる。全体として、新しいシステムに安定を担保する仕組みを構築しながら、時代に適応しようとする日本の試みは、欧米とは著しく異なる労使関係の進化の例となる。

終身雇用のコストとメリット

1960年代から1970年代にかけての米国の組織人間（organizational man）を中心とした制度と同じように、日本の終身雇用制度は雇用主にとって大きなメリットと大きなコストの両方を伴うものだ。

終身雇用は一方では従業員の忠誠心や献身につながる。従業員は会社を分身のように捉え、チームワーク、仲間、知識の共有を受け入れる。賃金の平準化によって平等感がもたらされ、士気やモチベーションは高い。会社側は従業員教育費を全額負担し、その代わりに、国内研修や海外留学も含めた投資分の見返りはすべて会社に還元される。ターゲットを絞り込んだOJTは、組織学習と会社固有の専門性を磨き上げるのに役立つ。年配の従業員は交代させられる心配がないので、積極的に新しいスキルを習得し、若い従業員に知識を伝授することを誇りに思っている。給料は変わらず、職を失うこともないので、異動して新しい任務に就くことへの抵抗感は少なく、新規事業の探索や開発は進めやすい。会社は知的財産の管理を徹底し、情報漏洩の懸念もそれほどない。また、内部でCEOを育て上げるほうがはるかに簡単で、外部経営者との摩擦や失敗という巨額のコストを回避できる。

終身雇用は他方では企業にとって非常に高くつく。人件費は固定費となり、周期的な不況に適応するためには柔軟な非正規雇用枠などの調整弁が必要になる。従業員の年齢構成はトップヘビーで、福利厚生や年金の面で費用がかかる。もう1つの大きなコスト要因はいわゆる採用ミスだ。相性が悪いことや必要なスキルがないことが判明しても、解雇できない。だから、人事部長は一般的に採用面接ではリスク回避的で、自社によく合う性格プロファイルの応募者を雇いたいと思うのだ。しかし、時間とともに、似通った性格の人ばかりになってダイバーシティが制限されてしまう。終身雇用では雇用の流動化も進まないので、相互作用や新しいアイデアの流入がほとんどない。第8章で見たように、上司を喜ばせなくてはならないという大きな重圧を感じるが、最初の10年間は横並びで昇進するので、非常に高いパフォーマンスを発揮するインセンティブがほとんどないことを意味する。経営不振の企業では、自己満足に陥ったり怠けたりすることが問題になるかもしれない。最悪のシナリオでは、選択肢と流動性がないため仕事が束縛のように感じられ、時間とともに不満が鬱積していく可能性がある。偉大な企業でも、業務の固定化や達成感の実現は大きな課題だ。成功につながる日常業務も、やがて変革への障害になりかねないのだ。

21世紀に入ると、グローバル競争と業績への期待によって、負の側面がより高くつき、メリットを維持しにくくなってきた。リインベンションと新しいイノベーションを生み出す必要性は、誠実な兵卒よりも、もっと独立して思考できる人材など異なるタイプの従業員の必要性を意味する。そのとき、日本の前に立ちはだかる課題は、いかにコストを省き、できるだけ多くのメリットを維持しながら、雇用制度を改革するか、また、安全や予測可能性、あらゆる利害関係者への配慮を非常に好むタイトな文化に合わせてそれをいかに実践するかである。

米国が1980年代に選んだアプローチは、歯止めを解き放って労働力を外部化し、同時に人々の動機づけとして金銭だけを重視するというものだった。[6] これは日本が追随する道ではない。それよりも、進行中の働き方改革は、人手不足の動向に対処し、生涯のキャリアを追い求める従業員の選択肢を支えながら、新しい流動性をシステムに導入しようとするものだ。日本企業は、改革をより大きなイノベーション・システムの課題とすることで現在、この二重の目標に取り組んでいる。

図表9-1　失業率と有効求人倍率（1987〜2018年）

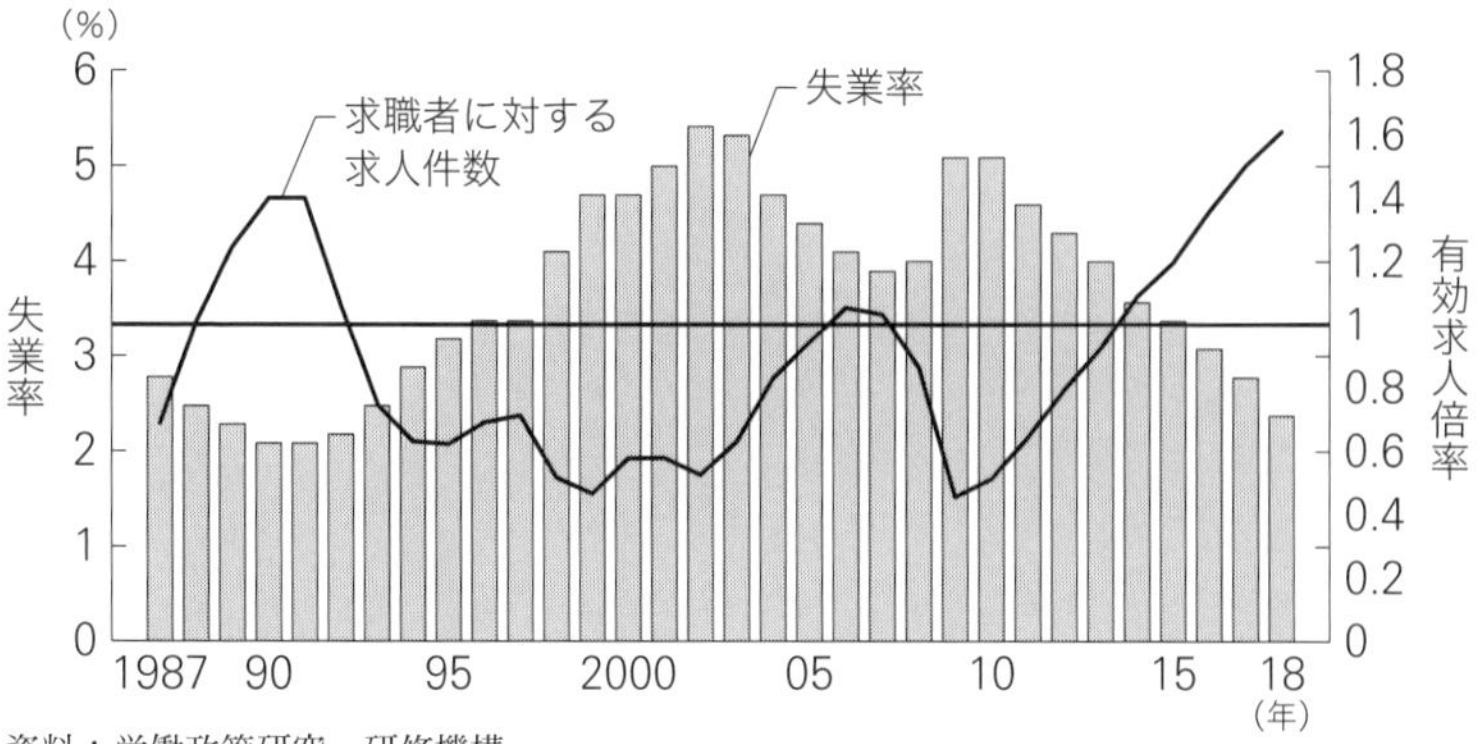

資料：労働政策研究・研修機構

構造的な人手不足

日本はＯＥＣＤ諸国の中で、急速な高齢化という経済的・社会的な課題に直面している最初の国だ。平均余命が延び、出生率が低下したことにより、日本ほど高齢化や人口減少が進んでいる国はほかにない。ここから、社会福祉や年金基金から一層の都市化に至るまで、さまざまな政策課題が生じている。企業にとっては、従業員の新たな流動性、パワー、利害に対応できる、新しい時代の人事慣行が求められている。

現在の傾向が続いていくならば、日本の労働力は今後20年間で少なくとも20％減少し、２０１７年時点の６５００万人から２０４０年には５２００万人になることが予測されている。[7] これにより、すでに深刻な人手不足が生じている。図表９－１は日本の失業率（棒グラフ）と有効求人倍率（線）を示したものだ。２０１４年から有効求人倍率は１を超え、求職者を求人が上回っている。それ以降、応募者1人につき募集は1・6を超える水準に達している。

その構造的要因を考えれば、この状況は驚くまでもない。2003年に戦後初となる大規模な労働法改正とともに本格的に始まった労働改革は、少しずつ、着実に古い制度から移行してきた。日本では2019年の安倍内閣の法改正に至るまでの16年間、小泉首相のクールビズキャンペーン、従業員のダイバーシティを進める企業の表彰など幅広い手段で、職場での「ノーマルな」行為に関する新たなマインドを国が後押ししてきた。政府は過労死事件を強調したり、過度な「サービス残業」（残業代を払わない）を要求する企業をブラック企業として公表したりすることで、搾取的な労働環境について人前で恥をかかせてきた。このナッジはすでに効いており、後述するように、2019年の改革で最高潮に達した労使関係の変化を反映している。

その一方で、企業はこの労働力不足の拡大に直面しながら、自社のオペレーションを組み立てる新しい方法を模索している。自社の従業員をつなぎとめる施策間の新しいバランスを探しつつ、柔軟性を高めたり、中途採用を増やしたりもしている。日本は近年、自動化やロボットを積極的に導入していることがよく知られているが、これはまだ解決策とはいえない。企業は人材プールを増やすために、高齢者、女性、外国人労働者の雇用を増やしている。現在の定年は65歳だが今後10年間で70歳に段階的に引き上げることで労働人口の縮小をやや遅らせることはできよう。ただ、男性優位の傾向が続き、企業カルチャーの変革への抵抗が強まるなど、独自の欠点がついてまわる。

ウーマノミクス

日本がダイバーシティを高め、人材の層を厚くするための最も明白な方法は、より多くの女性を雇用して中核的な労働力となる管理職コースに乗せることだ。日本では昔から女性の労働参加の度合いはかなり高いが、ほとんどの女性は非正規の仕事に就いてきた（いまだにそうだ）。１９９０年代後半に、経営会議で女性を見かけることは非常に珍しかった。このため、東京のゴールドマン・サックスのエコノミストであるキャシー松井は「ウーマノミクス」という造語を用いて、女性を十分に巻き込まないことや、いわゆるマミートラップ（産休によるキャリア分断や切り捨て）などのキャリアの阻害要因を軽減しないことで生じる経済的損失の大きさを説明した。[8]

政府は２０２０年までに民間部門の女性管理職比率を30％に引き上げる目標を公表し、ウーマノミクスは２０１２年のアベノミクスの重要な政策の一部となった。終身雇用の全従業員に適用される段階的な昇進パターンを考えれば、この過程は簡単に早められない。しかし２０１９年時点で、35歳未満の女性の60％以上が正規職員として働いていることを考えると、10年以内に日本のオフィス・シーンは今日とは確実に違って見えることだろう。[9]

統計を見ると、日本の女性雇用率は現在、他のＯＥＣＤ諸国とそれほど変わらない。日本の女性の労働参加率（15歳以上の就業女性を対象）は１９９９年の55％から２０１８年には71％に上昇している。これは米国（66％）やＥＵ（62％）よりも高い。[10] 賃金格差の面でも他の国々と同等で、平均すると女性の賃金は男性の約75％の水準だ。これは欧米と同じく、女性のほうが非正規の仕事に就く傾向があるので、主に雇用形態の違いが関係している。日本では２０１８年時点で、就業女性の56・１%が非正規職員で、雇用の安定も福利厚生も対象外で、給料も安い。一方、非正規の就業男性はわずか22%だった。[11]

とはいえ、相変わらず質的な違いが立ちはだかる。多くの日本人女性の専門家の報告では、何を適切とするかに関するタイトな文化の規範を斟酌すると、職場の雰囲気を変える提案をしたり、より高度できつい業務を希望したりすることは困難だという。米国の「リーン・イン（一歩踏み出せ）」という概念、つまり、女性が職場のルール変更に積極的に貢献したり、変化を求めたりすることは、日本でも同じく重要なことだが、別の方法をとる必要がある。

また今日でも、女性にできることや、すべきことについて潜在的な偏見が根強く残っている。男性がより重要な任務に就く限り、女性よりも早く昇進し続けるだろう。公の場で繰り返し優越主義や差別を見せつけても何のおとがめもない特定タイプの保守的な男性管理職（オフィス用語で「おじさん上司」）によって、ダイバーシティとインクルージョンへの道は一層ままならぬものとなっている。深く染みついた性別による偏見は相変わらずで、システム自体がいまだに男性に有利なところが多い。このバイアスを示す衝撃的な例が、２０１８年の東京医科大学の不正入試事件だ。女性の医師は男性ほど確実にキャリアを追求していないという理由で、大学側が組織ぐるみで女性受験者の得点を引き下げていたのだ。

ほとんどの企業で、直属の上司が１人で昇進・昇格を判定する人事制度が障害となっている。これは、従業員を評価するときに複数のフィードバックの仕組みを持つ他国と比べて、日本では権力乱用が多く見られる要因とされている。もちろん、これは男性社員にとっても課題であり、日本で

「パワハラ（パワーハラスメント）」という造語が生まれたのも偶然ではない。職場での嫌がらせや、嫌われ者の上司は、職場の力関係を取り上げた多くの映画やテレビドラマの格好のネタになっている。セクシャルハラスメントと権力乱用が組み合わさると、状況はさらに悪化する。

ウーマノミクスの変革は素早く展開されているので、従業員が不正行為を報告できる仕組みがまだ追いつかない企業が多い。また、そうした仕組みがあっても、往々にして利用されない。世界的にそうであるように、トラブルや報復を招く恐れがあるからだ。女性の場合、フィードバックやサポートを受けられる社内外のネットワークも比較的少ない。大規模なサポート・ネットワークがないため、励まし、昇進、後援などの恩恵を受けられず、男性と比べて女性にとって大きなハンディキャップとなっていることは世界的に知られている。[12]

それでも、ウーマノミクスは勢いを増している。20年前の民間企業や政府における女性の状況と比べれば、その進展は目覚ましいものがある。[13] 日本の女性が静かに変化を起こしているのと同時に、正規雇用者数も増加中だ。こうした変化はトヨタの豊田社長のコメントからも読み取れる。人手不足が意味するのは、トップ人材の獲得競争で優位に立ちたい企業にとって差別している余裕はもはやないということだ。アベノミクスは、ベンチマークを設けて前進している企業を持ち上げ、そうでない企業には恥をかかせるナッジを使って支援している。

2018年時点で民間部門の課長の約20％が女性であり、1990年代後半のほぼゼロから増加した。[14] これは2018年にわずか5％だった上級管理職比率も今後増えていく前兆といえる。ロボット（ユーシン精機）やモバイル電子商取引（DeNA）から、ファッション小売（ユニクロ）、資産運用（野村証券）、投資銀行（大和証券）まで、さまざまな業界で女性が役員や社長職に就き、日本の経営の新時代を切り拓く先駆者となっている。

企業や政府機関は労働者の獲得をめぐって競い合い、柔軟な勤務時間やより良いワークライフバランスを提供する必要性を新たに認識している。日本の大企業のほとんどは現在、寛大にも最長3年間の育児休暇制度を設けているが、実際には引き続きキャリアにおいて不利になるので、この施策を最大限に活用していない女性が多い。一部の企業は（経済産業省でも）、日中の早めの時間に会議をずらして社内のワークフローを調整するほか、社内保育所を開設したり、地元の保育施設を支援したりしている。

こうした取り組みは女性を引き付けるためだけでなく、ミレニアル世代の男性の間でも、サラリーマン生活のあり方を転換して家庭での役割をより積極的に果たすことへの関心が高まっていることを反映している。共働き家庭が増加しているのだ。まだ珍しいが、自社の保育所に子どもを連れてくる父親もいる。この場合は、適当な時間に仕事を切り上げて、子どもを家に連れて帰らないといけない。また、若い働く母親たちの負担が幾分軽減される。というのも、6時までに効率的に仕事を終わらせるために、いつも同僚を急かすとして風当たりが強いからだ。企業の側も従業員が夕食後に自宅で仕事をすることに対応せざるを得なくなっていることも、共稼ぎ家庭にはさらなるメリットとなる。制度を通じて段階的な転換が浸透し、企業が従業員の獲得競争をするのに伴い、「通常の」勤務日の定義が変わりつつある。

外国人労働者と移民

人手不足問題のもう1つの緩和策は、外国人労働者数を増やすことだ。2019年までに、その数はすでに2015年比で200%増の150万人と、6年連続で伸びてきた。その内訳は中国とベトナムから約4分の1ずつ、フィリピンは11%を占める。製造業では3分の1、小売りと外食ではそれぞれ約15%が外国人労働者だ。[15] 第5章で見たように、留学生数は27万人を超え、外国人の労働参加がさらに増えることが予想される。こうした数字は比較的少なく、現在の規模の労働力を維持するには不十分に思えるかもしれないが、日本国内で見れば、これは明らかに過去からの脱却と言える大きな変化だ。[16]

強い規範を持ち、それを守らない人への寛容度が低いタイトな文化では、移民の受け入れ方法は意図的に厳しく管理されている。言語習得に関する厳格な条件が設定され、外国人にその国の行動規範を教え込む作業も慎重に行われる。これは、ノルウェー、韓国、シンガポールと同様、日本にも当てはまる。例えば、何曜日にどんな種類のゴミが集められるのか、どのように分別し、洗浄し、さらには折り畳むかまで細かなルールがある。これは東京のような超人口過密な大都市であればよく理解できるが、初めてその町にやってきた新参者はかなり戸惑ってしまう。しかし、こうしたルールは外国人が日本に到着したときに真っ先に学び厳密に従うように求められることの1つで、間違えた人は社会的制裁を受ける。

地方や都市の自治体は、学校や職場で移民の受け入れや教育について案内するためにさまざまなイベントを企画しているだけでなく、言語やスキルを習得するために新しい学校も開設している。

これは、うまく同化していけるかどうかを占う最重要変数が言語の習得だとする米国の研究とも一致する。[17]強制加入プログラムは、地震のような有事に日本人が不可欠だと考える「安全第一」の規範を守ることも目的としている。外国人に危険な状況の回避策を確実に知ってもらう必要があるという強い懸念を背景に、この安全第一の訓練は非常に真剣に受け止められている。東日本大震災と津波の際には、12人の中国人研修生を避難させるために、身体を張った日本人工場経営者のニュースを通じて心温まるストーリーが駆け巡った。

こうした受け入れと同化の活動はすべて自己選択に委ねられる方式にもなっており、その仕組みや規則正しさに惹かれる人々には日本に住むことが非常に魅力的になる。日本の移民改革は遅々として進まず、制限が厳しく見えるかもしれないが、他の地域で採用された政策とは異なる興味深い選択肢を提供している。

移民受け入れの計画を進めるため、政府は移民用に特別なビザと職業分類を設けた。ある職業分類では、特別な期限付きビザで「研修生」の名目で就労を許可している。学習と訓練という前向きな意義づけにより、新たな外国人の流入に対する社会の抵抗感を部分的に和らげている。[18]しかし、こうした一時的な研修生の位置づけでは、企業の人材需要を満たすには不十分だ。移民改革は2012年のアベノミクス・プログラムに盛り込まれ、さまざまな製造業で就労するための「特定技能ビザ」が新設された。

多くの新・日本企業では、変革がさらに加速しつつある。フリーマーケット・アプリを手掛けるスタートアップで、日本のユニコーン2社に入るメルカリは、主にITとイノベーション・チームに外国人エンジニアを採用してきた。[19] 日本の電子商取引（ＥＣ）最大手の楽天は２０１０年に「英語公用語化」キャンペーンを始めて、全社的に英語を第一言語とした。当初は、日本人に仕事で無理やり下手な英語を使わせていると冷笑されたが、海外人材を引き付け、海外買収のマネジメントに大いに役立っている。また、日本の高校生にも「新・日本企業で働きたいなら英語力に力を入れたほうがよい」という強いシグナルを送ることとなった。

なかには、カルチャー変革のアンバサダー（伝道者）になってもらおうと積極的に海外オフィスのスタッフを探し求める大企業もある。集合ニッチ戦略や活発な海外Ｍ＆Ａには、グローバルに活動する従業員に対する新しいマネジメント・スキルが欠かせない。日本企業が国内製造のニッチを席巻する事業領域でも、グローバルＢ２Ｂ市場で製品を販売する必要があり、新しいグローバル顧客と関係を構築し交渉するスキルが求められる。同様に、越境での買収やＣＶＣが急増していることから、こうした投資から相乗効果を生み出せる新タイプのグローバル・マネジャーが必要だ。最先端の研究とオープン・イノベーションも国際的な協働を通じて盛り上がっている。

グローバル経営には英語を話す能力だけでなく、新しいマインドと、さまざまな慣れない文化の中で優秀なプロフェッショナルになる能力が必要であることを、企業は認識している。若者や中途の外国人従業員を積極的に採用し始めた企業もあり、こうした人材が同質的でないことやルールを破ることを、多かれ少なかれ明示的に奨励してきた。これは、企業のマインドを変え、こうしたグローバルスキルを獲得するための梃子と見なされる。外国人が入社すると、往々にして厄介な行動に遭遇したり、仕事でひどく間違えたり、行動規範に適切に従わなかったりする。それでもすぐに、過度に厳格なオフィスのワークフローのルールをいくらか改革する良い機会だとして密かに歓迎する日本人の同僚も出てくる。

働き方改革

2019年4月1日、一連の労働改革の中で最も重要な法律の1つ、働き方改革関連法が施行された[20]。これには大企業ですでに進んでいた変革の一部が反映されていたが、さらに、賃金体系や賃金格差における大幅な変更をもたらし、ダイバーシティと福利厚生に関する新しい規則、残業時間の上限規制、正規雇用労働者が2人の雇用主のために同時に働くことを可能にする新しい制度が導入された。総合的に見れば、過重労働時間など、解決が先送りにされてきた戦後の雇用制度が生んだ行き過ぎた面を正常化するとともに、個別のキャリア形成へ向かうことも意味していた。しかし、働き方改革は雇用をめぐる経済の論理を変え、豊田が示唆したように、まさに終身雇用の考え方そのものに疑問を投げかけたのだ。

実力主義の賃金

主要なゲームチェンジャーは、給与体系が今や年功だけでなく、職種と個人の知識やスキルによって決まるようになったことだ。というのも、実力主義では成果の透明性が一層求められるので、これは重要なことだ。従来は全従業員に対して礼儀正しく配慮するために、あえて曖昧にし続けていることが多かった。それが今や人事部門は、業務内容を差別化したり、個人の業績を評価したりする形で賃金の平準化を変更し、新しいスキルも評価に組み込まなくてはならない。誰もが同じように扱われ昇進していく入社後の数年間は、昔ながらの徒弟制度のような研修プログラムが組まれていたが、それも再構築する必要がある。「公平」の定義が「平等」から「公正」へと変わると、新しいタイプの社内競争が始まり、励みになる一方で、強欲さや反発も出てくる可能性もある。雇用の流動性が高まれば、水平的なベンチマークが導入されて、賃金格差はさらに拡大するだろう。企業規模による賃金のベンチマークは、個々の従業員のスキルに基づいた市場価格へとじわじわ置き換わりつつある。

さらに、新しい法律では「同一労働同一賃金」が定められている。つまり、正規職員と同様の仕事をする非正規職員には同じ賃金を支払わなくてはならない。雇用形態が違っても公平さが加味されるが、景気変動に応じて給与を調整するための非正規雇用というカテゴリーの使い勝手が悪くなるので、どの日本企業でも人事部門にとって大きな打撃となる。そこで考えられる可能性は、この2つの雇用形態が混乱をきたし、今後さらなる調整が必要になることだ。

就労時間とダイバーシティ

働き方改革の2つ目の分野は、ミレニアル世代の仕事に対する期待の変化や、雇用主との権利と責任をめぐるトレードオフの変化に関わるものである。福利厚生やダイバーシティのあり方を改革するための施策では、医療休暇、出産休暇、育児・介護支援休暇、解雇に対する保護など、従業員の権利が新たに設けられた。就労時間、特に残業時間は厳しく規制されている。さまざまな項目があるが、ほとんどの従業員の残業時間は月100時間、年間720時間までに制限され、それを超えた企業には罰金が科される。[21] この変革はすでに定着しつつあり、人々はまっとうな時間に帰宅し始め、テレワークや家族の事情に合わせて就労時間を調整できるなど、ワークスタイルがより柔軟になっている。長期的には、こうした新しい制限によって、就労時間からアウトプットへと仕事の評価方法がさらに変わり、人事部門にとってはさらに対応すべき多くの課題が出てくるだろう。

企業は現在、従業員に少なくとも年間10日間の有給休暇のうち5日間は連続して強制的に取得させる必要がある。[22] これは、社内慣行、特に全員がすべての会議に出席しなければならないという固定観念に、まさに衝撃を与える。第2章で取り上げたように、多くの企業では今日まで、休暇の取得は不在中に仕事を代行する同僚に迷惑をかけると考えられてきた。政府は戦後、労働者が休暇を確保できるように、こどもの日、敬老の日、春分や秋分の日、過去や現在の天皇誕生日など、多くの祝日を導入してきた。祝日が週末と重なると、翌月曜日は休日になる決まりや、こうした休日は本当に「休む」という強い規範もある。しかし、これはすべて一斉に行われ、誰もが同時に休むことになる。

新しい休暇のルールは「少なくとも5日連続で」となっており、全員が同時にとるには長すぎるので、個々人がそれぞれのタイミングで休めるように新しい仕組みを取り入れなくてはならない。第2章で挙げた野球のタイムアウトの例に戻ると、外野手抜きでミーティングをできるように、企業は新しいマインドを身につける必要がある。意思決定のまさに大事な点は、全員が出席して同意する必要性を減らすようにスリム化せよ、と言ってよいだろう。

雇用の流動性

働き方改革は、雇用の流動性が進む前に始まった。流動性が高まった一因として、合併、カーブアウト、雇用主のニーズや求人の変化など組織的な変化などを含めて、既存企業が再集中と方向転換をしていることが挙げられる。しかしそこには、特に若い従業員がもはや1つの企業に人生を捧げることに興味を示さないという意識変化も反映されている。40代の従業員、特に経営不振の企業で働いていたハイパフォーマー（高業績者）の間でも、転職はもはやタブーではない。このような新しい流動性は、雇用主と従業員の権利と責任を規定してきた伝統的なシステムの見返りという中核的な論理に影響を与える。

２０１８年に、日本の民間部門の従業員数は５６００万人で、そのうち３５００万人（62％）に終身雇用が適用されていた。[23] 当時は日本の雇用制度の耐久力が続いていたこともあり、正社員を対象にした調査では、依然として転職者は５・３％という非常に低い水準だった。とはいえ、２０１６年の３・７％からはだいぶ上昇していた。また、ミレニアル世代（20代と30代の回答者）の19％がすでに転職経験があり、転職先を選ぶときに何を求めるかという質問に対して、40％が給料アップを望み、60％がワークライフバランスのとれた興味深い内容の仕事に就きたいと答えている。全体として、転職は将来を考えた前向きなことだと考える人が72％にのぼった。[24] ２０１９年に１２６０人の新入社員を対象とした調査でも、こうした感情を裏付ける結果となった。転職に前向きだと答えた人は57％と、過去最高を記録したのだ。[25]

このように、仕事なら何でもよいのではなく、自分に合った仕事を見つけたいという新たな関心を反映して、２０１７年から２０１９年の間に、転職サイトにすぐに登録する大卒新入社員の数が30倍に急増した。[26] その目的は直ちに「第２新卒としての就活」に入るためだという。この新しい需要に応えるスタートアップ企業が続々と出てくるにつれて、人事部門は長い目で見れば企業にコミットしない従業員に対するオンボーディング・プログラムの構築に手を焼いている。これには、就活制度そのものの変化と共に、雇用の時代精神における大きな変化が反映されている。

終身雇用は守れるのか？――兼業・副業制度

おそらく、働き方改革による最も抜本的な変化は、兼業・副業制度が正式に導入されたことだ。伝統的な終身雇用制度の論理では、１人の主だけに仕えることを前提とし、従業員は忠誠心、献身、相互義務という価値観を持ち、雇用主は教育や福祉の提供という責任を果たすことで、バランスをとっていた。日本版の雇用契約とビジネス行動規範である各社の「就業規則」には長年、排他条項が含まれてきた。就業規則は企業と従業員の間の労使関係や、全体的なギブ・アンド・テイクの基礎となるものだ。賃金、就業時間、職業訓練から退職金まであらゆる会社の規則を網羅し、ジョブ・ローテーションや勤務先、服装や髪型の選択などについても、従業員の権利を制限している。雇用主、特に中小企業がこうした文書を作成しやすいように、政府はひな型として「モデル就業規則」を毎年公表してきた。

２０１８年のひな型改訂により、従業員の兼業・副業を禁じる規定が削除され、２つの仕事を許容するかどうかは各社に一任されることとなった。それまで、日本では兼業・副業はごく限られていた。２０１８年に労働者全体で別の仕事を持つ人はわずか４％で、ドイツの５％、フランスの７％をわずかに下回る。日本では、別の仕事を持つ人の大半は零細企業で働いており、サラリーマンの間では別の仕事を持つことはほとんど前例がなかった。[27] 将来的にも、この新しい兼業・副業制度の妥当性はおそらく、それがどれだけ広く使われるかということよりも、いかに新しい圧力弁を導入し、新しいイノベーションのシステムを進化させるかにあるのだろう。

日本の大手企業の間では、兼業・副業の考え方をめぐって意見が分れている。２０１９年の調査では、大企業の半数が新制度を採用しないと回答していた。[28] 最も多かった理由の１つが、雇用主が賃金と福利厚生の責任を負うなどの管理上の課題だ。知的財産の流出や利益相反を懸念する企業が多い。タイトな文化の環境に照らして、組織構造が大混乱に陥ることや、自社の業務スケジュールにどのように意味ある形で部外者を組み込めるかという点も多くの経営者が憂慮している。

本章の冒頭の豊田のコメントは、さらに深い懸念を示すものだ。つまり、この制度が従業員に与える交渉力に拮抗する力が企業側になければ、雇用主は外部で働く機会を持たない人だけを抱え込むことになるのに対し、スーパースターは別の仕事を持ち、他の場所で各自の知識を自由に活用する状況につながる可能性がある。この見解に立つと、従業員の権利を強化するためには、それに見合う形で雇用主の義務を軽減させる必要があり、これは終身雇用制度を完全に危険にさらすかもしれない。[29]

しかしながら、この新しい制度は安定性という特徴を維持しながら、硬直的な労働システムを緩めるのに役立つ手段として、はるかに前向きに解釈することも可能だ。残りの半分の大企業が兼業・副業を認める準備をしている理由もそこにある。第1のメリットは、新しい制度により、大企業は人手不足であっても、人材を集められることだ。これはハイパフォーマーに対して、低賃金でみんな一律に年季奉公をさせて自由を奪ったりしないというシグナルになる。それよりも、もっと個性的なキャリアと流動性の選択肢を追求することが許される。

第2に、兼業・副業制度であれば、転職時のリスクが軽減するので、採用ミスのコストを抑える上で役立つかもしれないことだ。従業員は別の会社で別の仕事を試しながら、ある仕事にとどまることができる。企業にとってこうした保険を提供する価値は、社風に合わない人や業績の低い人に退職を促すことにあり、解雇するよりもはるかに簡単だ。それがうまくいけば、この制度はかなりスムーズに運び、従来の制度の最大コストの1つが削減される。その結果、企業はより多くの人材を雇用し、終身雇用の中核的な概念を維持できるだろう。

さらに、数人の従業員がこの制度で（ほぼ長期充電休暇のように）実験してみることで、組織が若返り、新たな異種交流が行われ、従業員のエネルギーとモチベーションが高まることを期待する企業もある。[30] 実際に、この「雇用の安定を伴った起業家精神」という概念はすでにイノベーティブな企業による新しい動きの中核となっている。こうした企業は優秀な人材を引き付け、彼らに復職の選択肢のある状態で自分の事業を立ち上げる自由を提供しようとしている。そうした例の最先端を行く企業として最も有名なのが、人事や予約代行サービス大手のリクルートだ。

事例：リクルートホールディングス

リクルートは、同社の言葉を借りると、常にセルフ・カニバリゼーションを行う最先端の情報サービス事業者であり、日本国内では人材派遣、オンライン予約、婚活、ライフスタイル関連手配サービスなどを手掛ける最大手だ。インディード（２０１２年）やグラスドア（２０１８年）を買収するなど、世界最大のオンライン人材派遣サービス会社でもあり、ＧＡＦＡ（グーグル、アマゾン、フェイスブック、アップル）と同じ土俵に立つ日本の最有力候補の1社と目されている。国内外合わせて年間２００億ドルを売り上げ、4万人の従業員を抱え、年間９８８の新しいビジネス・アプリケーションを立ち上げている。[31] リクルートは社内の人事施策の中で積極的に仕事やイノベーションの新しい方法をつくり上げてきたので、日本の雇用制度の変化の実現者であると同時に、受益者でもある。

ベテランの読者は１９８０年代のバブル期のリクルートを思い出すかもしれない。不動産子会社のリクルートコスモスの株式をめぐる政治家絡みの贈収賄罪やインサイダー取引などのスキャンダルで竹下登首相が退陣し、リクルートを創業した江副浩正の名前は何カ月もメディアの見出しを飾った。１９６０年、名門校である東京大学の学生だった江副は、新卒者と企業を結びつける求人情報誌を発行し、会社を立ち上げた。それ以来、リクルートは就活プロセス（１９９０年代に、同社の求人雑誌でディスカウント・スーツ会社AOKIの広告を掲載して均一なドレスコードを広めたことを含めて）を独自に構築し主導してきた。

バブル崩壊でリクルートは巨額の負債を抱え、1992年に型破りなディスカウント小売業者のダイエーに買収された。世紀の変わり目にダイエーが苦境に陥ると、リクルートはPEファンドに売却された。その間もリクルートは事業を拡大し、日本の人材サービスやカタログ広告事業を独占し続けた。1987年入社の峰岸真澄が2012年に社長兼CEOに就任し、2014年にリクルートホールディングスはIPO（新規株式公開）を行った。そこで調達した資金を、2018年にクラスドアを12億ドルで買収するなど、積極的なグローバル投資に回し、同社は劇的なグローバル売り上げ成長期に突入した。

リクルートはカタログ事業として始まり、求人情報からアパート賃貸（SUUMO）、ブライダルサービス（ゼクシー）、美容サロンやレストラン予約（ビューティー、ホットペッパー）へと拡大していく。1990年代、リクルートはインターネットが最終的に雑誌を駆逐することに早い段階で気づき、素早く両利きの手法をとった。新しいインターネット事業から生まれたビジネスモデルは（リクルートでは「リボンモデル」と呼んでいる）、クライアントとユーザーを結びつけて、それぞれ探したり、提供したりしているあらゆるサービスが利用できるプラットフォームだ。このプラットフォームによって、予約（例えば、レストラン、美容院、ホテル、温泉）、旅行、デートなどへと拡張可能になるとともに、その間もずっと派遣社員や中途採用の転職者など人材紹介・派遣サービスの選択肢を広げてきた。リクルートは現在、全体で200以上のオンライン消費者向けライフスタイル・サービスを展開している。[32]

今日、リクルートホールディングスは人材サービス（国内の創業事業）、メディア及びソリューション（広告とマッチングの中核事業）、HRテクノロジー（インディード、グラスドアを含むグローバルなオンラインHR事業）の3つの主要事業を行っている。2013年に、「Air（エア）」を冠した一連のサービスを追加した。最初のサービスがPOSレジアプリのAirレジだ。リクルートはプッシュ型マーケティングを行い、iPadを配布し、より効率的な決済方法がとれるとして小規模事業者に参加を呼びかけた。このiPadが日本の中小企業サービス部門のリクルートの窓口となり、2014年には、Airウェイト（予定スケジュール）、Airペイ（金融サービス）、Airメイト（経営管理）、Airシフト（シフト管理）など関連サービスへ拡げていった。小さなヘアサロン、レストラン、ショップなどの事業者は、最初のAirレジは無料サービスだが、後続のサービスについては月額料金を支払う。

こうした活動はすべてプラットフォーム（リボン）上にあるので、リクルートが中小企業とそのユーザーに関する情報にアクセスし、人材サービス情報を組み合わせて、データ・ドリリング（データ収集、第10章で詳しく取り上げる）のグローバル企業になっていることにすぐに気づくだろう。同社は現在、こうしたプラットフォームの構成要素を分析するAIエンジンの開発に積極的に投資している。2016年、同社はシリコンバレーにAI研究所（現Megagon Labs）を開設した。近い将来を垣間見るために、次のような新しいアプリを考えてみよう。リクルートが開発したAIのメソッドで、あなたの採用データ（性格プロファイル、経歴、給与情報など）を直近の業績評価、婚姻状況、レジャー活動、財務状況、髪型、食習慣における変化と組み合わせて、新しい仕事を探しているかどうかを予測できる。この予測は法人顧客向けに販売し、購入企業はハイパフォーマー人材を維持する手段として活用するかもしれない。[33]

ここで特に注目したいのが、リクルートの人事管理のアプローチだ。同社は従業員に起業家精神を持つように奨励してきた先進的な企業だが、他の大企業とは対照的に、こうした人材を自社の周辺の軌道に留めており、投資を行う場合さえある。リクルートを辞めて起業する人はリクルートファミリーの一員と見なされ、リクルートのアルムナイ（卒業生）、起業した会社、新しい会社でのポジションなどを載せたウェブサイトが設けられている。[34]

ここから二重のメリットが得られる。第1に、リクルートは実質的なスキルを持った若い人材を引き付け、おそらく5年程度、彼らの強いエネルギーやモチベーションの恩恵を享受できる。第2に、彼らのスタートアップ企業が成功すれば、将来のビジネスチャンスとともに、いずれもリクルートに忠誠心を持った企業群で構成された価値あるコンピテンス・ネットワークも生み出せるかもしれない。また失敗しても、元従業員には頼れる人やビジネス・ネットワークがあり、リクルートが再雇用することもある。モバイルポータルや電子商取引（EC）で成功しているDeNAなど他の新・日本企業もそれに続き、忠実なスタートアップ企業やアルムナイ従業員で構成される同様のファミリーをつくり出している。

人々に起業を奨励しながら、彼らを自社の周辺に留め続けることは日本では新しい。これまでは、中途で辞めた人は関係を断ち、裏切り者と見なされ、追放されてしまうこともあった。これは、日本人の思考を長く特徴づけてきた、内と外の鋭い意識を反映したものだが、以前から無駄が多いとも認識されてきた。兼業・副業制度は現在、元従業員の忠誠心や献身を無駄にしないように、既存企業が終身雇用の職場を出たり入ったりできる仕組みをつくる新たな方法となっている。ソニーは2010年代に起業家精神を奨励するプログラムを開始し、スタートアップに投資して、結果に関係なく従業員に戻れるオプションを提供している。パナソニックは2018年、業務規則に新しい復職制度を導入し、同社を辞めた従業員が5年間は退社時と同じ条件で前職に復帰できるようにした[35]。

その意味で、兼業・副業に関する改革は、既存企業が大多数の従業員の終身雇用を維持しながら、少数派がオープン・イノベーションに携われるように組み立てた仕組みといえる。日本は、急激な高齢化と人手不足にさらされた最初の国だ。人材の要求に対応するために用いる仕組みは必然的に試行錯誤せざるを得ないので、今後も興味深く見守っていきたい。

Jスタートアップ：イノベーション・エコシステムを築く代替手法

長期充電休暇や多かれ少なかれ明確な雇用延長を利用できるようにして起業家ネットワークをつくる動きは、新しい日本型イノベーション・エコシステムの構築を目指す政府の新たな政策にもつながっている。リクルートなどの企業が起業家活動に向けて豊かな土壌をつくり種蒔きをしているとはいえ、日本のベンチャー・キャピタル（VC）やスタートアップの世界は、政府の政策努力や予算割り当てにもかかわらず、相対的に小さいままだった。２０１０年代に、豊かなイノベーション・エコシステムを育むのを妨げたものとして、２つの構造的障壁が挙げられる。個人がキャリアでリスクをとりたがらないことと、日本の大企業がスタートアップ企業への投資や買収に本腰を入れていないことだ。働き方改革では直々に、起業家精神を促すために「Ｊスタートアップ」と名付けた取り組みを立ち上げ、展開してきた。[36]

第二次世界大戦後の日本の復興は、最初の起業家精神の巨大な波に支えられ、そこからトヨタ、ホンダ、松下（パナソニック）、ソニーなどのグローバルブランドが生まれた。その後、戦後の産業政策はいつの間にか、国内外を問わず、市場への新規参入者にとって障壁となっていた。また、政府肝いりの勝者が君臨する硬直的な階層状の産業構造とともに、戦後ビジネスモデルが成功したことで市場のメカニズムがうまく働かず、後続の起業家が競争相手として成長するのを阻んできた。優秀なエンジニアや若い起業家は大企業に取り込まれ、中小企業の役割はそうした大企業の信頼できるサプライヤーになることだった。大企業とそこに勤めるサラリーマン従業員の地位は高く、起業するのは失敗を認めたのも同然であり、終身雇用先に籍を得られなかったからとしか言いようのない、後ろ向きのキャリア形成という見方をされていた。

今日、日本のアントレプレナーシップやＶＣに関するほとんどの指標は相対的に低いままだ。例えば、２０１２年から２０１４年まで平均で、ＧＤＰに占めるＶＣ投資の総額は、米国の０・37％に対し、日本は０・03％にすぎない。[37] 日本の開廃業率は新しい企業の創設や失敗の動きを示す基準として一般的に用いられる指標で、現在は５％前後で推移している（米国は10％）。余談になるが、この低い数値は日本の遅れを示すものとしてよくやり玉に挙げられるが、むしろ、シリコンバレーの焼き畑式の無駄な失敗を回避する優れたセーフティネットを純粋に表しているのかもしれない。ただし、廃業率の低さからは、日本の「アイデア市場」の重大な限界である、エグジットの選択肢の少なさも浮き彫りになる。そのためVCは大きな賭けをしなくなり、それがひいては新規参入の妨げになっているのだ。

日本のスタートアップのエグジットはたいていIPO（新規上場）に偏っている。例えば、2014年に日本では116のスタートアップがIPOしたが、大企業による買収はわずか36件だ。IPOのほうが華々しいかもしれないが、企業による買収はイノベーション・エコシステムの活力源となる。というのも、迅速でしばしば有利なエグジットとなるうえ、起業を繰り返すシリアル・アントレプレナーを後押しするからだ。シリコンバレーでは間違いなく、スタートアップ企業を大企業に売却することがイノベーションの主な原動力となっている。米国のベンチャー業界では、2014年にIPOは合わせて122件だったのに対し、企業買収は918件にのぼった。[38] このため今では、大企業を巻き込むことが日本のアントレプレナーシップ問題を解決する鍵と見なされている。

2016年、アベノミクスの一環として、「Jスタートアップ」という名称で、よりしっかりした日本型イノベーション・エコシステムを構築する斬新なアプローチが導入された。[39] これは、さまざまな省庁が目まぐるしく個別プログラムを繰り出すという、従来の政府の数々の取り組みと違って、内閣府が中心となってすべてのプログラムを1つにまとめて、新しいエコシステムを構築しようとするものだ。さらに、特に大企業を動員し、スタートアップ企業と一緒に真のオープン・イノベーションに取り組ませることをねらった、非常に効果的なナッジとシェイミングの例でもある。Jスタートアップは副業の提案を通じて、働き方改革に直結し、変革の原動力としてイノベーションの旗印となってきた。

多くのレガシー・プログラムと同じく、Jスタートアップは勝者選びから始まった。2018年、最終的にこのプログラムの実行を任された経済産業省は、VC経験者66人で専門委員会をつくり、1万件の応募の中から92のスタートアップを選定した。勝ち抜いた92社はその後、政府から資金提供を受け、さらに重要な点として、国内外の大企業やベンチャーファンドなど122の支援者グループにアクセスした。こうした支援者はネットワークの構築、アクセスの許可、資金やメンタリングの提供を担当した。[40]

次のステップでは、今後10年間で大企業のより積極的な関与を引き出すことを主眼としている。新たな優遇税制措置などの金銭的なメリットに加えて、主な手段はナッジである。Jスタートアップのウェブサイトには、スタートアップとともに、支援する大企業の名前も掲載される。このプログラムでは、シリコンバレーのイベントを真似て「ベンチャーカフェ」を定期的に開催している。トレンディーで革新的だと受け止められているが、その目的はオープン・イノベーションへの参加を社会的に承認する機運をつくることにある。支援する大企業は、リクルートが立ち上げたアプローチと同様に、兼業・副業制度を始めて起業家精神に富む従業員を巻き込むようにと背中を押されるのだ。こうした大企業は現在、広く賞賛され、暗黙のうちに良い雇用主だと見なされている。

このナッジは効果を上げてきた。２０１８年には経団連はＪスタートアップに参加し、スタートアップ企業への投資を新しい企業刷新の方法として持ち上げた。政府主導でイノベーション・エコシステムを構築できるかどうかはまだわからないが、伝統的な経団連の会員企業がイノベーションを促す経済の新たな仕組みに関与していることは、新しい方向性を示す明らかな兆候といえる。

Ｊスタートアップの取り組みが、リクルート、ＤｅＮＡ、パナソニックをはじめとして、ますます多くの大企業が講じている新しい人事施策と組み合わさることで、日本はイノベーション・エコシステムの新たな構築方法を推進している。野心的で行きすぎた行為、失敗の連続、巨額の損失といったシリコンバレーの厳しい現実とまったく同様なことは日本ではうまくいかないし、日本社会が進んで耐え忍ぼうとするものでもない。むしろ、日本のイノベーション・エコシステムはタイトな文化の国らしい形で、より整えられたアプローチを用いて、安定を担保する既存のネットワークの中に、新しい企業の形態を埋め込んでいく必要がある。終身雇用の社員には各自で起業しつつも傍に居続けてもらい、失敗したら給料をもらう立場に戻れる保険を提供するのは、起業家精神に対するバランスのとれたアプローチであり、日本ではうまくいく可能性がある。また、雇用の基本概念、ひいては社会の安定を維持しながら、独自のオープン・イノベーションの仕組みを構築できるかもしれない。

本書の執筆時点で、このすべてが現在進行中だ。２０１９年時点で、変化していることを示す最大の兆候は、おそらく賃金の上昇だろう。人手不足によって、特に専門職で、賃金への圧力がかかり、新しい雇用の移動性によって同じレベルの職務の賃金が比較されるようになり、それが給与の上昇をさらに促している。２０１８年のインフレ調整後の賃金は３％近く上昇し、１９９７年以来の高水準となった。２０１９年７月、ＩＴを手掛けるＮＥＣは研究開発部門の新入社員の初任給を最高で９万ドル以上としたことが話題となり、ＩＴスペシャリストの中途採用に力を入れることも公表した。これは、過去の年功序列型の賃金制度との決別を示すものだ。同時期に、ソニーはＡＩ研究者の最高給与を20％引き上げた。[41]

ほかにも、以前の賃金体系と逆転していることがある。スタートアップ企業の初任給が現在、大企業の初任給を上回っているのだ。２０１９年には、大企業から国内のスタートアップに転職した中堅サラリーマンの給与が40％増となり、上場企業への転職時の賃金上昇を上回った。[42]中小企業や新興企業で働くことが社会的に受け入れられるようになれば、レガシー企業は雇用契約や労働契約の見直しという新たな圧力に直面する。

それでも、日本の労働システムがもたらしてきた基本的な安定が完全に失われることはなさそうだ。また、企業が社会的な拠り所、テクノロジー・リーダー、安全な避難所としての役割を失うとは考えにくい。伝統的な構造を徹底的に崩しても、誰の利益にもならないからだ。何度も就職活動を繰り返すよりも、雇用の安定をはるかに好む従業員は依然として多い。人手不足と新たな人材獲得競争を前提として、企業が雇用主と従業員との新たなバランスを図る仕組みを見つけられれば、終身雇用を提供することによる恩恵も得られる。

第10章 〈前に進む日本〉DXに向けたビジネス再興

最近、カリフォルニア大学サンディエゴ校を訪れた南アジアの大手グローバル・コンサルティング会社のパートナーに本書の企画を話したところ、「日本がデジタルの世界で競争などできるはずがない。ミドルウエアは考えられるかもしれないが、データ拠点を握る米国と中国が儲けを独占するだろう。日本はハードウエアでおこぼれを拾うくらいだ。たぶんね」と、やんわりと退けられてしまった。これは最近では、すっかりお馴染みの反応だ。日本企業はデジタル経済の主役になりえないと考えている人が多い。日本のソフトウエアはビデオゲーム以外では使いやすくならないとし、だから日本は人工知能（ＡＩ）でも戦える存在にはなれないと結論づけているのだ。

しかし、日本のエンジニアが他の誰とも違って定刻通りに列車を走らせ、最高の産業用ロボットをつくれることもよく知られている。ＧＡＦＡ企業がアリババや新しい中国のＡＩスタートアップと個人データという金脈をどう山分けするかということに注目が集まるが、一部の日本企業はすでにデジタル経済に向けて製造とシステム運用のスキルを活用する態勢を整えてきた。日本企業は今後の競争基盤として、GAFAが推進するビジネスモデルのイノベーションではなく、デジタル製造プラットフォームに賭けている。そこで問題になるのは、日本企業がデジタル時代のものづくりを再興できるかということだ。

懐疑的な見方が広がっているが、日本企業は前進を始めている。ただし、米国と中国がプラットフォーム・ビジネス、電子商取引（EC）、ソーシャルメディア、シェアリング・エコノミーに注力しているのとは対照的に、日本企業は製造の専門知識やグローバル・サプライチェーンで影響力を活用してゼロからスタートしてきた。変革の実現は遅いかもしれないが、過去25年間のリインベンションと同様に、静かだからといって停滞しているわけではない。これまでの章で見てきたように、日本のタイトな文化では、少しずつ変えていく必要がある。このことはデジタルの世界における競争では日本企業にとって不利になるかもしれない。しかし、それによって先駆者の成功例や失敗例を研究し、競争優位を持てる分野に集中できるようになる。ある意味で、デジタル空間における日本の将来は、本書で取り上げてきた主要な経済的、社会的な変革を反映しているのかもしれない。米国の基準では漸進的だが、それでも結果的にグローバルな影響力を持つことになる。

デジタル・トランスフォーメーション（DX）が突如として、さまざまな略語や表現とともに取り上げられるようになった。**IoT**（モノのインターネット）は、あらゆるモノに半導体チップをつけて常時接続し、相互にやりとりできる新しいシステムだ。**インダストリー4・0**は、センサーと無線通信機能を搭載した機械や部品を用いて相互接続システムをつくり、製造ライン全体を視覚化し、独自に意思決定できるようにするという特徴を持った、新しいIoT製造のパラダイムを指す。**ビッグデータ**はこうした部品や機械のすべてから収集した大量の情報で、**AI**（人工知能）は機械が最終的に学習し独学できるようになる手段である。**5G**はこの膨大な量のデータのやりとりに対応した技術基盤で、**クラウド**は全情報を収納する装置で構成されている。新しい接続性には、センサーからロボットまで新しいハードウエアと、将来のスマートシティでエネルギーや自律システムの新しい流れを制御する新しいスマート・グリッドが欠かせない。こうした用語で示されるテクノロジー・シフトには劇的な変化が求められるため、すでにディスラプションと見なされているほどだ。

第4章で見てきたように、日本の製造業は集合ニッチ戦略によって、ハードウエアで勝負する上で絶好のポジションにある。しかし、評論家が予測しているように、本当にセンサーやスマートメーターでの優位性だけしか、日本に期待できないのだろうか。現在進行中のビジネス再興から窺われるのは、日本企業がもっと多くのことを成し遂げようとしていることだ。だからこそ、日立は歴史のある至宝を売り払って新しい資産を購入し、トヨタはフルモデルチェンジを図り、ファナックは秘密のベールを取り払い、リクルートはグローバル人事サービスの軌道を創出し、パナソニックとソニーは急いで準備を整えている。DXは日本企業が競争できる多くの分野に新しいチャンスがあることを約束している。

製造業の未来：デジタル現場

日本のリインベンションのストーリーは小売り、物流、金融分野などでも語れるが、本書では製造業に主眼を置いてきた。というのも、製造業は日本経済にとって極めて重要で、かつ、アジアの競争動向の中心にあるからだ。また、日本のＤＸへの第一歩でもある。複雑なものを上手につくることで長い経験を積んできたことは、日本の成功の鍵となってきた。日本国内では、ものづくりのマネジメント力は「現場」の知恵として賞賛される。トヨタ生産方式やリーン生産方式が台頭してきた１９８０年代に、英語でも「gemba」という言葉がそのまま使われるようになった。「現場で実践する」ことは特に、注意深く現場のマネジメントやモニターすることにより、品質管理やカイゼンを図ることを指す。デジタル時代の産業の未来は、デジタル時代の「現場で実践する」ことが何を意味するのかを発見し定義することになるのだろう。

デジタル現場

今日の典型的な製造現場はもちろん、すでに高度に自動化されているが、その多くの工程は中央システムには統合されていない。むしろ、個々の機械を動かす製造プログラムとソフトウエア・プログラムが何層にも重なっている。エンジニアやオペレーション管理者は現在の仕組みを、１９６０年代から徐々に開発されてきた「生産自動化ピラミッド」だと考えている。

ピラミッドは5層で構成される。一番下は、モノをつくる機械で、センサーやアクチュエータなどのデバイスが搭載され、詳細に生産活動を管理する制御レイヤーに情報を送る。2層目から4層目は、製造や計画用ソフトウエアの階層で、ロボットが互いにやりとりして機械に具体的な製造オーダーを与えるなど、各レベルで製造プロセスのさまざまな部分を担当する。最上層はERP（エンタープライズ・リソース・プランニング）で、どの製品をいくつ組み立てるか、どの部品を使うかなど、生産プロセス全体について数週間から数カ月間のスケジュールを組む。今日、シーメンスやSAPからファナック、安川電機、横河電機まで、ドイツと日本の企業がこの分野で強い競争力を持っている。米国では、ロックウェル・オートメーション、ハネウェル、GEがこの分野を手掛け、中国の美的集団（ミデア・グループ）が2016年にドイツのロボットメーカーのKUKAを買収して素早く参戦している。

この複数のソフトウエア・プログラムから成る、複雑で階層化されたシステムを待ち受けているのが、インダストリー4・0と呼ばれる破壊的変化だ。デジタル製造（ものづくり）の背景には、1つの統合システム・ソリューションが現場のあらゆるレベルや部品と通信できるという考え方がある。IoTは5Gネットワークを通じて全部品が常につながり、リアルタイムで生産情報を一式提供することを意味する。さらに、製品ライフサイクル全体で製品がIoTの世界と常につながっているので、メーカーは「デジタル・ツイン」を保有する。これは、製造や利活用から、機能の低下、修理や交換、初期設定に戻すタイミングまで、製品の全履歴情報を含むデータファイルだ。ビッグデータの進歩により、こうした情報をリアルタイムで分析でき、AIを用いて、時間とともに製品をつくるロボットがこの情報に適応する方法を学んでいく。ロボットは人間と違って、睡眠や昼休み、病欠をとる必要はない。24時間365日維持するためには月に一度点検すればよい。このシステムでは、どのサプライヤーがいくつ部品を保管し、いつでも部品や機械がどこにあるかなど、知ることのできるすべての情報がリアルタイムでクラウドに格納される。

これはあらゆるエンジニアにとっての夢だ。すべてがわかれば、すべてを最適化できる。日常の人為的なミスによる故障や中断は一切なくなる。この破壊的変化はスピードと純粋なアウトプット容量もさることながら、生産数量が増えれば、学習、スピード、設備稼働率によって生産コストが低下するという、製造業における規模の経済の考え方を覆すものだ。デジタルものづくりの世界では、最終的にロボットが瞬時に学習し、あるタスクから別のタスクへの切り替えはオン・オフのスイッチで行われることが予想される。これにより、個々の製品の生産コストは大幅に削減され、高度なカスタマイズや買い手専用の単品生産が可能になるだろう。

この製造天国になかなか至らないのは、完全な5G、IoT、情報共有ネットワークがまだ存在せず、統合ソリューションやプラットフォームを構築している最中にあるからだ。同じく重要なのが、2019年時点では、このような超一体化システムや最適化システムによる付加価値を示す既知のユースケースがまだ見当たらず、将来の完全情報がどのような効率性を生み出すのかもわかっていないことだ。それでも、世界の製造業はこの方向へと動いているのは間違いなく、ゴールラインが不明確なままでも、ポジション争奪戦は始まっている。

デジタルものづくりにおける価値創造

図表10－1は、将来の生産のさまざまなレベルにおける価値創造（つまり、利益の創出）の可能性を考える参考になるよう、新しいデジタルものづくりに関連したビジネス・レイヤーを図式化したものだ。下部は現在の現場での生産レベルで、機械設備、ソフトウエア・システムの2つの事業セグメントに分かれる。ここが現在、価値創造の中心となっている。DXや5Gネットワークが始まると、高度な統合型製造システムという新しい中間層が導入されていく。これは、プラットフォーム上でつながって常に相互にやりとりする高性能センサーやソフトウエアが搭載されたよりスマートなマシンと考えてほしい。ここで現在、熾烈な競争が繰り広げられている。

点線の矢印で示されている上の部分はまだ未来の話だ。部品製造、その後の配備、パフォーマンスに関するデータを取得し、そこから関連性やパターンを導き出し、将来のニーズの予測や手強い課題の解決策を示す。共通のビジョンが、この上のレイヤーのクラウド、新しい接続用のソフトウエア・アプリケーション（ミドルウエア）、それから当然ながらビッグデータ分析とAIが現場にフィードバック・ループをもたらし、価値を創出するというものだ。この部分が利益を生み出すと広く考えられている。アリババ創設者のジャック・マーがデータを「新しい石油」と呼んでいるのは有名な話だ。アマゾンやグーグルなどの場を通じて収集された個人データのマーケティング価値にほとんどの人は気づいているが、データを駆動して最終的に製造を最適化する方法についても考える必要がある。

図表10－1に関して、日本企業がこの価値創造（利益創出）のどこで競争できそうかが問われ

図表10-1　デジタルものづくり時代のビジネス価値創造

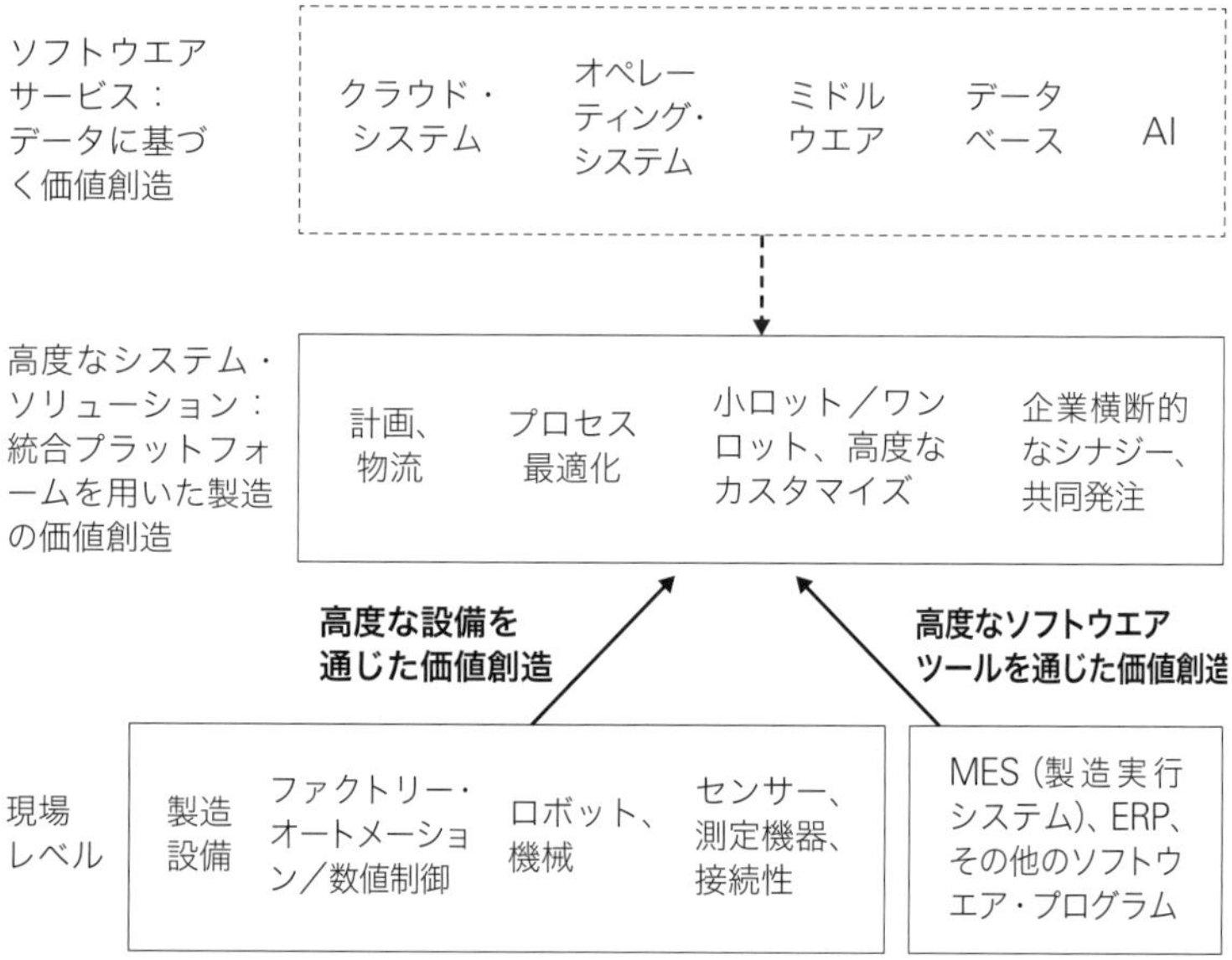

資料：経済産業省の資料より（2018b）

る。この競争の主要企業は米国、ドイツ、日本、中国を拠点とする。下と中央のレイヤーはグローバル電子機器大手が全域で競争している。ドイツの巨大競合企業であるシーメンスがリードし、日立がそれに続き、この領域で強いコンピテンシーを築くために強化を図っている。

しかし、ドイツと日本のものづくりの強みを踏まえると、一番下のレイヤーでリアルのテクノロジーを推進するのは、両国に拠点を置くエンジニアリング分野のトップ企業だ。機械、センサー、ロボットの業界リーダーがキーエンス、ファナック、三菱電機、オムロン、オークマ、安川電機、富士電機などだ。ソフトウエア・システムでは三菱電機、横河電機、そして中小の数社が競争でリードする。機械設備では、ドイツのトルンプ、ボッシュ、デュル、米国のロックウェル・オートメーションとハネウェル、ソフトウエアは欧州のSAP、ABB、シュナイダーエレクトリック、米国のオートデスクなどが競争している。

第2のレベル（高度なシステム・ソリューションを通じた価値創造）の勝敗の行方は今のところわからないが、日本とドイツの企業がリードするだろうと広く予想されている。日本の主要企業は三菱電機、ファナック、DMG森精機、日立、デンソー、さらにNECと富士通もそこに加わる。エッジ・コンピューティングとデジタル製造プラットフォームがマジックワードで、将来的に考えられる結果の1つは、こうしたツールが関連するクラウドに取って代わるかもしれないことだ。

エッジ・コンピューティング

エッジ・コンピューティングは計算、データストレージ、セキュリティ（暗号化）を指し、クラウドの中ではなく、それを必要とするデバイスの近くで機能する。例えば、自動運転のエッジ・コンピューティングは、車載センサーから集めた情報が車内でリアルタイムに制御され対応する。交通状況などより広範な情報のみがクラウドで共有される。同じアプローチは建物（ホテルのセキュリティ・システムなど）や工場にも適用され、それぞれ独自の専門のエッジ・コンピューティング技術がある。

エッジ・コンピューティングのメリットは、クラウド内のデータセンターの帯域幅が狭くて済む、データ・プライバシーが強化される、セキュリティ・システムが改善されることなどだ。エッジ・コンピューティングは、実際の場所（自動車、ホテル、工場）にメインのコンピューティング・デバイスとなる「ボックス」型端末を設置する必要がある。

このビジネス分野の勝者は、最速のリアルタイムの応答制御と最良のセキュリティ用の暗号アルゴリズムを備えた、最も費用対効果の高いボックスとソフトをつくれる企業となるだろう。グローバル競争力を持つ企業として頭角を現わしているのが三菱電機であり、「eF@ctory（イーファクトリー）」エッジ・コンピューティング事業をはじめ、建物や自動車部門にまで及ぶ集合ニッチ戦略を構築している。[1]

ファクトリー・オートメーションでさらなるビジネスチャンスと目されるのが、エッジ・コンピューティングとデジタル製造プラットフォームを組み合わせることだ。数十億ドル規模が見込まれるが、戦略上の問題はこれがフェイスブックのソーシャル・メディア・プラットフォームに似た、勝者総取りの産業になるかどうかである。つまり、ネットワーク効果により、最終的には誰もが1つの場所だけでつながり、部品や物流など現場の情報を蓄積、アクセス、共有する状況になるのだろうか。

2016年は、かつては秘密主義で閉鎖的だったファナックがこれに備えて、オープンなグローバル製造プラットフォーム「FIELD（フィールド）」を立ち上げた。そこでは、どのメーカーのオートメーション機器でも、運用効率や製品品質の向上に役立つアプリケーションと接続できる。オープンなので、ユーザーは独自のシステム（既存のERPやMESソフトウエアなど）を追加し、シーメンスの「MindSphere（マインドスフィア）」など他のクラウドベースの製造プラットフォームとグローバルで連結し、もちろんファナックのＦＩＥＬＤ用アプリや関連機器も利用することができる。

ＦＩＥＬＤは、支持を得ようと競い合っている数多くのデジタル製造プラットフォームの１つにすぎない。日立、デンソー、シーメンス、ボッシュ、ＡＢＢもプラットフォームを構築し、独自のプラットフォームや社内プラットフォーム、さらには、シーメンスのMindSphereのようなセミオープンなプラットフォームもある。例えば、日立のLumada（ルマーダ）は、グループ傘下の全企業や顧客からあらゆるデータを収集し、半独占的であるがゆえに信頼性の高い接続性を通じて、知識を生み出そうとする試みだ。こうしたプラットフォームのうち、どれが勝ち残り、その数がいくつになるのかは、現時点ではまだわからない。

さらに、より大きなネットワーク効果（ユーザー数が多いほど利用が増える現象）を構築するために、コンソーシアムを通じてプラットフォームをつくる新しい取り組みもいくつか見られる。２０１７年に、三菱電機を中心に日本の６社がＩｏＴ接続用ドミナントデザインで競争力をつけようとエッジクロス・コンソーシアムを立ち上げた。このコンソーシアムの目的は、ファクトリー・オートメーションをＩＴと連携させるオープン・ソフトウエア・プラットフォームを提供することで、企業や業界の既存の枠組みを超えて接続性を拡げていくことだ。ドイツでは、アダモスとソフトウエア会社のクムロシティＩｏＴも同じような探索事例となっている。２０１９年時点では、主に日独間でデジタル製造プラットフォームの戦いが繰り広げられているようだ。

クラウド

日本は現場や統合システムで好位置につけているが、上のレイヤー（クラウド）は現在、米中の独壇場だ。OS（オペレーティング・システム）とAIアプリケーションの構築に非常に注力してきた米国企業は、アマゾン・ウェブ・サービス（AWS）、アルファベット（グーグル）、マイクロソフト、IBM、オラクル、シスコ、インテルなどだ。中国はアリババやファーウェイがリードしている。少なくとも2019年時点では、このレベルは実際の現場から切り離され、まったく異なるコアコンピタンスを必要とするので、日本とドイツは強力な競合にならないというのが一般的な見方だ。そのうえ、米中企業がすでに人々の日常生活の多くの側面に関与し、データへのアクセスや収集で独占的な足場を築いている。ジャック・マーの比喩表現を使うと、米中企業はすでに石油の掘削ツールを設置してきたのだ。

ファナックやエッジクロス・コンソーシアムなどファクトリー・オートメーションのグローバル・リーダーが、自由でオープンなプラットフォームを立ち上げた理由もまさにここにある。目指しているのはデータ採掘者になることだ。米中企業は現場レベルではあまり強くないので、日独が世界の製造業とサプライチェーンのデータを支配できる。世界の自動車製造データのかなりの部分について権利を主張できるファナックのような企業が、そうした情報を使って上位レイヤーで競争するのに十分な価値を引き出せるかどうかは、まだわからない。

この上位レイヤーのもう1つの戦略変数が、クラウドに出遅れた企業が米中で現在進められている重要な研究開発プロジェクトをうまく利用したり、飛び越えたりできるかどうかだ。上位レイヤーのビジネスの本質はまだ見えていないので、最初に本格的なユースケースを開発した企業が市場の重要部分を掌握できる可能性がある。ＥＣ企業がドローンで、自動車会社が自動運転システムで、メーカーがロボットで実験しているように、データ分析テクノロジーで先行している企業でも、アプリケーションでは、戦略や単なる幸運に恵まれて、データ掘削で石油を最初に掘り当てた後発企業に頭が上がらなくなるかもしれない。言い換えると、ユーザーが新しいテクノロジーの有用性を発明するので、将来の鍵を握るのはビジネスモデルのプラットフォームではなく、製造プラットフォームという可能性もある。

ＤＸを通じたビジネス再興：ソフトバンクとトヨタの参入

ソフトバンクは長い間、優れたデータ採掘者になろうと立ち回ってきた。１９９０年代後半から、下位レイヤーの接続性と上位レイヤーのデータに基づく価値創造という、方程式の両側で積極的に投資してきた。ソフトバンクは経営理念「情報革命で人々を幸せに」を掲げて、駅を出て走り出す前にその列車の行き先を見抜く才覚で知られる、肝の据わった創業者の孫正義が率いてきた。同社の主力事業はＩＴで、日本のトップ通信事業者の一角を占め、２０１３年には大きな法人顧客基盤を持つ米国の通信会社、スプリントの株式の過半数を取得した。スプリントとＴモバイルを合併し、５Ｇネットワークの設置による相乗効果を生み出し、米国の携帯電話会社のトップ３に食い込もうとする計画もあった。

ソフトバンクは当初からVC投資を行ってきた。グローバルな舞台で台頭してきたのは、ヤフーの大株主になった1996年からだ。ソフトバンクは今日、日本最大のインターネット・ポータルで、最大のECと消費者間販売プラットフォームを展開するヤフー・ジャパンを保有している。ヤフー創業者のジェリー・ヤンはジャック・マーと親交があり、ソフトバンクはアリババの株式を大量に購入し、2019年時点で29%を保有していた。[2] 孫は大胆な賭けをして大きな勝利を収めた後、その投資収益をもとにソフトバンクの拠点をさらに拡大するということを繰り返してきた。また、最初の「ドットコムバブル」がはじけた2000年には、手広く投資していたので倒産しかけるなど、巨額の損失も何度も出してきた。

ソフトバンクは2016年に1000億ドルのビジョン・ファンドを、2019年には同規模の2号ファンドを立ち上げ、他者の投資資金をプールして、孫の投資手法を増幅できるようにしている。ソフトバンクは規模の大きさだけでも、すでにシリコンバレーのVC産業に破壊的変化をもたらしてきた。2019年時点で、ビジョン・ファンドの投資先には、不動産と住宅ローンサービス（ウィーワーク、コンパス、ソフィなど）、モビリティと物流（ウーバー、グラブ、滴滴出行〔ディディチューシン〕、GMクルーズ、満幇〔マンバン〕）、商取引（フリップカート、アリババ、クーパン）、今後有望な産業（ARM、エヌビディア、スラック）の企業が含まれていた。ウィーワークへの投資は（おそらく、さらに数社の投資も）大失敗し、少なくとも50億ドルの損失処理が必要となった。またしても、孫は疲弊していると批判する向きがあったが、[3] 無謀に見えてもそれなりの考えがある。こうしたポートフォリオ企業に共通するのは、図表10－1で示したように、DXによる価値創造の３つのレイヤーのうち、少なくとも１つで展開していることである。つまり、データ掘削能力を構築する役割を担っているのだ。

ビジョン・ファンドとは別に、ソフトバンクは独自の投資も行っている。例えば、ソフトバンクは２０１６年に、当時売り上げ15億ドルの英国企業であるＡＲＭホールディングスを３１０億ドルで買収するために、アリババ株式を大量に売却した。ＡＲＭの低消費電力で効率的な半導体設計は世界のほぼすべての携帯電話とタブレットに採用されている。２０１８年、ＡＲＭはビッグデータの処理と分析のテクノロジーを専門とするシリコンバレーのスタートアップ企業、トレジャーデータを買収した。トレジャーデータは２０１１年に日本のエンジニアチームが創設し、日本のＡＩスタートアップのプリファード・ネットワークス（後述する）に関わりを持っている。トレジャーデータのデータ処理技術により、ＡＲＭはコネクテッドカー市場に参入し、ドライバーのデータを収集することができる。これは、とりわけソフトバンクによるウーバーや適適（中国版ウーバー）への投資を後押しすることになるだろう。[4]

ソフトバンクは今、ソフトウエアサービスを通じて、データに基づく価値創造という上位レイヤーでもポジションをとろうと動きつつある。２０１８年には、トヨタとの合弁会社「ＭＯＮＥＴ（モネ）」を立ち上げた（モビリティネットワークを略した名称だ）。第９章で、トヨタのある種のリインベンションである「フルモデルチェンジ」を豊田が発表したことを紹介した。これは、自動車メーカーからモビリティ・サービス事業者に変わることを意味している。このシフトにはＭａａＳ（モビリティ・アズ・ア・サービス）への参入、自律飛行車（基本的に有人ドローン）をはじめ、他のまったく異なるものも含まれるのだろう。

日本のタクシー業界で半数以上の車両をすでに供給しているトヨタは、最近のタクシーにデータ収集機能、音響センサー、ビジュアルセンサー、ＡＩ処理能力を搭載している。そうしたタクシーに乗ると、乗客が話す言語（どのような話をしているか）、好きな食べ物、行き先、決済方法など乗客について、いろいろなことがわかるだろう。もちろん、タクシーは街の地図も作成できる。日本で数年使用した後、東南アジアで中古タクシーとして売り出し、トヨタのデータ掘削範囲はさらに広げていくのだろう。[5] ＭＯＮＥＴは、トヨタのデータをソフトバンクの携帯電話ユーザーデータと結びつけ、本人確認、場所、支払い、連絡先、住所などの情報も追加される。つまり、両社はともに自動車、消費者、個人データの宝庫にアクセスできるようになるのだ。

ＭＯＮＥＴの最初のプロジェクトの１つは、日本の地域パートナーシップや企業のシャトルバスを通じて、ジャストインタイムの配車サービスとオンデマンド交通を展開するというものだ。ＭＯＮＥＴは事実上、ドライバーがいないが、ウーバー事業に参入している（２０１９年時点で、日本でのウーバーのサービスはかなり制限されている）。[6] 自動運転バスや自動のドアツードア輸送の実証実験は、日本ですでに進行中だ。２０１９年にＭＯＮＥＴが設立された直後に、本田技研工業と国内の小型トラック最大手の日野自動車もそれぞれこのベンチャーに出資し、ＭＯＮＥＴのリーチは物流や配送に拡大している。

トヨタは日本で最も有名なテック系ユニコーンであるプリファード・ネットワークスの大株主でもある。２０１４年に２人の日本人エンジニアが創業したプリファードは、自然言語処理と機械学習で世界クラスの技術力を構築し、製造、輸送、ライフサイエンスに応用してきた。トヨタ以外にもファナック、日立、三井物産から出資を受けている[7]。トヨタとソフトバンクはプリファードと組み、ニューエコノミーにおけるデジタルデータやAIサービスのレベルで中国と米国に加わろうとしている。

さらに重要なのが、トヨタをはじめとする日本の製造業は、こうした探索活動を通じて、デジタル製造のユースケースをつくり出すために急速に動いていることだ。例えば、トヨタ、ホンダ、日野の進めるインダストリー4・0を組み合わせて、MaaSを追加するだけで、「現場で実践する」未来がより明確に定義される機会になるだろう。さらにMONETは、コマツをはじめとして、すでにユースケースに投資してきた他社とつながることができる。コマツは、建設や鉱山設備でキャタピラーの主要な競合相手で、いち早くGPS（全地球測位システム）ロケータを用いて機器の盗難を減らす取り組みを行ってきた。また現在は、デジタル・マニュファクチャリングを通じて車両の動態管理や機器テクノロジーを強化するための積極的な取り組みで先行している。第5章で示したように、日本はAIタクシーだけでなく、銀行、インフラ設備、消費者向け製品などで、人口6億5000万人の東南アジアに大規模に入り込んでいる。これによって、ユースケースを開発し、データ掘削ミッションでより多くの領域を採掘する機会が広がる。

伝統的な日本企業は、起業家精神を奨励するよりも邪魔する傾向があった。しかし、第9章で言及したように、ここでも変化が見られる。リクルートは現在、グラスドアやあらゆる種類の予約ネットワークとビジネス・ディレクトリを保有し、人事サービスとメディアソリューション企業となっているが、従業員が自分自身のビジネスを始めて、雇用主の軌道に衛星として残ることを奨励する新しいタイプのイノベーション・システムの先駆けとなっている。

このモデルは日本がＤＸに踏み出すのをさらに後押しする。例えば、センサーの設計で世界有数の企業であるキーエンスは、デジタル時代に日本が競争するために欠かせない優秀でクリエイティブな起業家を育成する革新的なアプローチで頭角を現わしてきた。キーエンスは約20年にわたって、日本で最も収益性の高い企業であり（ファナックを少し上回る）、その高度なセンサーは世界で圧倒的なシェアを獲得している。キーエンスは秘密主義で、非常に要求が厳しく、超高額の報酬を出すので、日本国内では「クレイジー」な企業として広く知られる。業界内の冗談で、キーエンスのエンジニアは30代で家が建ち、40代で墓が建つと言われる。実際に、ほとんどのキーエンスエンジニアはそのくらいの年齢で辞めていくが、その後は起業するか、スタートアップ企業に再就職する。

他の企業もネットワーク内で同じようなアントレプレナーシップ制度を設けている。このように、新しいタイプのスタートアップ企業の社会組織が登場し、シリコンバレーの焼き畑式で浮き沈みの激しいアプローチに代わって、よりバランスのとれた組織的な新会社設立の仕組みとなっている。起業家精神を持った組織でのこうした変化を受けて、大企業はＤＸを用いて自社のリインベンションをさらに推し進められるようになっている。

このように、日本のＤＸの進め方はボトムアップ型だ。つまり、現場から、もしくはエッジ・コンピューティングでユースケースをつくりながら、データやクラウド環境に参加するためのネットワークを構築している。米中のＩＴ企業はＡＩテクノロジーやデータマイニング・キャパシティに多額の投資を行っているが、日本企業は製造での競争優位性を活かして、事業の需要サイドからディスラプションに取り組み、現場にしっかりと軸足を置きながら方向転換を図っている。彼らはＧＡＦＡの各社ほど、メディアの見出しを飾ることはないかもしれないが、長期的には、クラウドを含めて同じくらいの影響力を持つかもしれない。

このすべてがどう再編されるかを語るには時期尚早だが、海外識者の多くがＤＸに関して日本企業を切り捨てるのは早すぎたと思うことになりそうだ。本書のテーマとなってきたパターンでいえば、多くの日本企業が整然かつ粛々と変化を遂げている可能性があり、間違いなく競争の舞台に立っている。

結論：なぜ新・日本が重要なのか？

日本は今改めて注目すべき存在となっている。日本企業は何百もの製品のグローバル・サプライチェーンを支えており、日本製品なくして、世界は半導体、コンピューター画面、自動車、飛行機をつくれない。だからこそ、日本企業はアジア経済の中で最も重要な存在となってきたのだ。国内では、日本のビジネス再興によって金融市場やビジネスチャンスが活性化しているだけでなく、新しい企業が生まれ、ＤＸにおける重要な競合として頭角を現わしつつある。

このリインベンションは社会の安定を重要目標として始まり、長期的な価値創造の中で、企業に求められる業績や利益と、ステークホルダーや株主の利害とのバランスをとろうとしている。変革は礼儀正しく、適切で、混乱を避けるという社会規範に支えられて、丁寧かつ着実に進められてきた。企業の責任と従業員の権利の新たなバランスを探り、経営陣が市場の新しい規律と利己的な投資家を阻止する仕組みとの調和を図ろうとする中で、人事慣行はダイバーシティにもっと対応するように変わりつつあり、社会は新しいワークライフバランスを求めている。

これらすべての面において、日本の選択とトレードオフは、安定、秩序、予測可能性を強く求める社会的な傾向の影響を受けているため、その結果は米国で見られるものとは大きく異なる。それゆえ、日本のリインベンションの意義はビジネスだけの問題にとどまるものではない。いかに温かみや思いやりのある資本主義になり得るかという議論に寄与するだろう。

本書の各章では、日本の産業がいかに製造業の強い基盤を活かして新たな集合ニッチ戦略を展開し、日本の投入財がグローバル・サプライチェーンの大事な拠り所となっているかを明らかにしてきた。「ジャパン・インサイド」とは、各国の経済や日常生活において日本企業の役割がほとんど気づかれないことを意味する。消費者は自分の探しているものは知っていても、携帯電話の画面の偏光板フィルムや、車載センサーやマイクロコントローラを誰がつくったかを知ることはできない。ほとんどの人が認識しているよりも、日本は重要だ。日本企業は今や、米国、アジア、ヨーロッパにおける極めて重要な投資家、資金供給者、市場参加者となっており、世界経済における日本の役割ははるかに多面的になってきた。この流れは20年以上前から始まり、今では若いヨーロッパ人や米国人がホンダやソニーを国内ブランドだと思っていることも珍しくはない。

日本国内では、大企業がかつての事業ポートフォリオの中心部分さえも切り出すことで、多角化したコングロマリットの解体が進んでいる。ただしその際には、安定を好む傾向を犠牲にすることなく、すべての利害関係者にも配慮している。このスリム化がプライベート・エクイティへの売却を通じて行われる場合、その取引は事業ユニットの長期的な価値創造、インテグリティ（全体的な整合性）、雇用を維持するために特に配慮して仕組まれる。とはいえ、こうした解体に伴って、市場規律のパワーが持ち込まれた。コーポレートガバナンス改革は社外取締役に役員室の門戸を開き、最高責任者クラスの経営幹部は株主と対話するようになった。株主の権利が増大することで新しい投資や新たなタイプの取引が引き付けられており、急成長しているM&A市場はさらなる選択と集中、戦略的変革を促し、その実現を可能にしている。

企業の内部では、ダイバーシティと創造性を高めるために経営手法が変わりつつある。社会的にきちんとした仕組みや適正手続きが好まれることに合わせて、極めて組織立ったイベント、イノベーション・ツーリズムなどの集団旅行、ゆっくりだが着実なオフィススペースとワークフローの再設計を通じて、こうした変革は秩序立てて展開されている。雇用慣行は時代に合わせて調整されつつあり、従業員が個々のキャリアを追い求める新しい自由と兼業・副業の機会が増えているが、その一方で、終身雇用の基本的な考え方を維持する方法を見つけることは、広く共通する関心事となっている。

これらはすべて、古いものを取り替えて、現代的なものを持ち込むためではなく、両方の最良のところを組み合わせてまったく新しいものをつくるために行われている。目指すのは、漸進的な改善、組み込まれた品質、良心的かつ組織的で献身的な仕事とともに、レガシーであるものづくりの強みから恩恵を受けられるようにカイシャを再興し、それと同時に、日本がＤＸで競争を展開できるディープテクノロジーで創造的で機敏なディスラプターになるための新しい仕組みやカルチャーを構築することだ。

それでもなお、多くの日本企業がなかなか前進できずにいる。これは、時間のかかる非常に困難なタスクであり、そのすべてが成功するとは限らないだろう。行き詰まったり、裏目に出たりすることもあり、おそらく終身雇用は最終的には守れないだろう。しかし、こうした新しいデザインで実験を始める企業が増えるにつれて、成功の必要性と社会のあらゆる部分に配慮する義務との間のバランスを守るための選択とトレードオフについて、より多くを学ぶことができる。

集合ニッチ戦略は永続的な競争優位性になりえないかもしれないが、この移行期においては日本の産業にとって極めて重要だ。これは、ものづくりのアップグレードを通じて企業が競争に勝ち、製造スキルを伸ばして活用しながら、デジタルものづくりと高度な統合型システム・ソリューションにおける新しい役割へ向けた発射台にすることができる。明らかに、ファナック、トヨタ、ソフトバンク、その他の無名だが同じく重要な日本企業は、ＤＸの主力企業として台頭してくるだろう。また、大企業の傘下で人々が新しい事業を始められるような新しい雇用形態を構築するにつれて、それほど破壊的ではなく、より日本社会の土壌に深く根差したイノベーション・システムのための新しいデザインも登場する可能性がある。

日本のリインベンションは本物である。ペースが遅いので外部から日本を見ていると眠気を催す人もいるかもしれない。しかし、今日の日本のビジネスを１９９０年代後半のそれと比べてみれば、違いは歴然である。女性が正規の仕事に就き、他の人と同じようにスピード昇進を果たすようになった。それはつまり、約10年後には管理職の20％以上を女性が占めるということだ。ヒエラルキーは依然として重要だが、実力主義が重要な形で方程式に組み込まれ、雇用構造がオープンになるにつれて、この変革ペースは指数関数的に加速する可能性もある。

創業者が率いる企業を除いて、日本人経営者は6年間のローテーションで入れ替わる。つまり、これから参画してくる次世代は「アベノミクスＣＥＯ」になるだろう。売り上げだけでなく、より多くの成果を出すことを求めるニューノーマルの下で、上級管理職として育ってきた世代だ。ソフトバンク、ユニクロ、日本電産、リクルート、楽天から、一見するとより伝統的な三菱電機、日立、パナソニック、トヨタ、ブリヂストン、ＡＧＣまで、積極果敢な企業群が新しいビジネス分野で精力的に活動を展開しつつあり、将来の日本や世界経済において影響力のある存在となっていくだろう。

このようにいろいろと変化が起こっても、確実に変わらないことがある。日本はタイトな文化であり、強力に保持された規範に関する幅広いコンセンサスがある。企業が職場での思いやり、適切さ、あるいは、迷惑をかけることの意味を変えていくにつれて、こうした日本のビジネス行動規範の中身の一部はニューノーマルの方向へとゆっくりとナッジされつつある。この新しいノーマルがどう定義されるかがリインベンションの鍵となる。職場でより個性的なファッションになったり、共働き世帯が増えたり、就労時間が短くなったり、さらには会議の中でも異なるスタイル、口調、進め方が用いられる様子を、私たちはすでに目にしている。

　その一方で、安定や「安全第一」（セーフティ・ファースト）は中核的な価値観であり続けるに違いない。年間１５００回の地震がある国では他に道はない。その結果、意思決定は常にスローなままだろう。日本では、この言葉は、慎重で徹底しているという肯定的な意味合いを持つことも多い。適正手続きは重要であり、不確実性は不安を引き起こす。スローであることは必然的に、日本企業がチャンスを逃す可能性を意味するが、日本の多くの人々は大きく負けるよりも損したほうがましだと思っている。ゆっくりしたアプローチは社会的な選好を反映し、危機の時にも日本の社会の仕組み、教育、インフラ、世界的地位を維持するという観点では、多くの点で経済的でもあることが証明されている。ゆっくりだからといって停滞しているわけではない。ビジネス再興が進むにつれて、この地域の国々のモデルとして日本は浮上しつつある。アジアで最も豊かな国として、多くの若いアジア人にとって、日本はますます憧れの場所になっている。

　日本のリインベンションは、米国企業にとっても重要な時期に起こっている。２００８年の世界金融危機の痛みがなかなか消えない中で、企業の社会的責任を求める声はますます大きくなっている。２０１９年８月、米国の主要なＣＥＯが参加するビジネス・ラウンドテーブルは「企業の新しいパーパス」はただ株価を上げるために経営する以上のものでなければならないという文言で始まる方針を書面で発表した。[8] その当事者が自社の株価に基づいて報酬を得ているので、実際にどれだけ本気なのかと、いぶかしむ人は多い。それでも、こうした動向は、日本の経営慣行と日本人の考える企業の役割、権利、責任に、さらなる妥当性を与える。

1989年12月に日経平均株価が3万9000円に達した後、2003年に8000円にまで急落したバブル経済から日本が最も学んだことは、株価が高かろうが低かろうが、そこには日本企業やその経営者の質（クオリティ）に関する情報が織り込まれていないことだ。もちろん、日本企業にとって株価は重要だ。コーポレートファイナンス、投資家との関係、その他の多くの経営課題においても重要だが、日本の多くの人々は株価に基づいた意思決定、給与の設定、業績評価に対して相変わらず慎重である。企業は人を大事にしながら利益を追求できるのだと、日本の経験から気づかされる。

とはいえ、さまざまなことによって、本書で説明してきた軌道から日本が脱線してしまう可能性は考えられる。米中貿易戦争がアジア全般に、特に日本にどう影響するかは不透明だ。いつ何時、大地震が起きて日本が軌道から外れるやもしれない。状況が変わるにつれて、企業は間違った選択をして、自社の弱みを残したまま強みを手放すかもしれない。最終的に最悪のグローバル慣行を導入する企業や、ハゲタカやお金の誘惑に屈する企業も出てくるかもしれない。経済全体にとって、債務、人口構成、地域の安定に関わる一触即発の難題がこの軌道にも影響を及ぼすかもしれない。

こうしたさまざまなシナリオにかかわらず、日本の進化に注意を向けることは、私たち自身の将来にとって参考になるだろう。その経済面での、またグローバルな面での影響の度合い、洗練した社会構造や行動、アジアのアンカーとしての安定性を考えると、日本は確実に今後も世界経済の中枢を占める存在であり続けるだろう。

解説

私たちにとって最高最良の姿見が登場！

本書の著者であるウリケ・シェーデ教授は、今や少なくなってしまった米国の日本企業研究者のトップを走る気鋭の経営学者である。シェーデ教授は『両利きの経営』の共著者チャールズ・A・オライリー教授とともに、私とは20年来の家族ぐるみの付き合いで、日本企業の課題と再生、再興をめぐって議論を戦わせてきた仲である。またお二人揃って、私がグループ会長を務める経営共創基盤（IGPI）のアドバイザリーボードにも名前を連ねてもらい、さまざまな議論に参加してもらっている。

シェーデ教授は長年にわたり毎年日本に長期滞在し、そこでデータ分析だけでなく頻繁にいろいろな産業、規模、地域の日本企業を訪れ、詳細なインタビューを行い、深い事例研究も多数行ってきた。日本の経営学者でもあれだけ広範で深い知見を日本企業に関して持っている人は少ないのではないか。そんなシェーデ教授が満を持してTHE KAISHA、すなわち日本企業の重要性と復活への課題を世界に問うたのが本書の原書、*The Business Reinvention of Japan: How to Make Sense of the New Japan and Why It Matters* である。

原書は米国で権威あるビジネス書賞であるAxiom Business Book Award（２０２１年）並びに第37回大平正芳記念賞（同年）を受賞するなど、大きな注目を集めている。米中問題の深刻化、コロナ禍、環境問題の深刻化、サプライチェーンリスクの頻発、デジタル革命とグローバル革命の影の部分が格差や分断という形でＤＸ（デジタル・トランスフォーメーション）勝ち組である米国の経済社会にも暗い影を落とす等々、新たな問題に世界が直面する中で、日本の企業と経済が世界で果たしている役割への認識が米国でもじわじわと高まっている証左なのかもしれない。

私もいろいろなところで強調してきたことだが、日本の経済社会が持っている連続的な技術やノウハウの蓄積力、持続的な改善改良に関する組織能力、集団的なオペレーショナルエクセレンスは、今日のような流動的で不安定な国際情勢やデジタル革命がバーチャル＋リアル・フィジカルステージにシフトする中で再びその重要度を増している。しかし、そういったいわば企業間バトルにおける地上戦力の強さだけでＤＸの時代を生き残れるわけでもない。そこでまさに従来からの強みを深化させつつ、新たにサイバー空間におけるイノベーションの力、空中戦力を探索し使いこなす「両利きの経営」力が問われるわけだが、その際、私たちがまずもって踏まえなくてはいけないのは、自分たちがどこからやって来て、どのようにどんな自分に今なっているのか、という俯瞰的、客観的な自己認識である。それなしには「両利きの経営」のゴールへの道筋は描けない。

私たちが一人の人間としてそうであるように、自分の姿を客観的にみることは難しい。だから日常生活では鏡を使ってその片鱗を摑もうとする。スポーツやダンスをやる人は自分の姿を録画してチェックを入れる。主観的自己イメージは、ある時は傲慢に、自信過剰となり、またある時は卑屈に、自己否定的になる。自らがありたい自分に向かって向上する努力を行おうとするとき、客観的な自己観察ツールは極めて重要な役割を果たす。

これは日本経済や日本企業についても同様で、この国で交わされる議論の多くは、「だから日本企業はダメなんだ」系の自虐的で極端な悲観論か、「日本的経営論は今でも世界の最先端だが悪いのは外国と政府と新自由主義だ」、みたいな自信過剰の他責論である。

これに対し、シェーデ教授はドイツ出身の米国カリフォルニア大学サンディエゴ校の教授として、当然ながら客観的でバイアスなく日本の経済と経営を見つめる視点を持っている。それが、私自身も彼女から多くの刺激、気付きを得ることができた源泉だと考えている。そして現時点における「日本観察」の集大成とも言えるのが本書であり、この日本版については、日本語も堪能なシェーデ教授自らが、日本人読者のために多くの加筆や改訂を行っている。

本書は、日本企業と日本のビジネスパースンにとって最高のタイミングで登場した最良の姿見なのである。

日本的経営の光と影、過去・現在・未来を辿る大河ドラマ

姿見としての本書の特徴は、第2章以降、過去・現在・未来の時間軸を縦糸に、各時代に起きる社会現象、経営現象を横糸に重層的に物語が織り進められていく「大河ドラマ」性にある。それもシェーデ教授の日本社会への深い理解と愛情を基盤にした魅力的な文章によって描かれているので、読む者を惹きつけて飽きさせない。とにかく事実、事例が豊富で、それが立体的に折り重なって日本的経営の勃興と栄枯盛衰の物語が、その構造的な背景解説を伴って臨場感豊かに展開される。少なからずの読者が、分かっていたようで分かっていなかった物語に、はっとすること、「目から鱗」の思いを持つことも度々あるだろう。

もちろん本書は社会科学者の手による本なので、面白おかしく話を盛ったフィクションではない。あくまでもファクトとロジックで、なぜ日本的経営が生まれ、成功し、やがて停滞したのか、またどのような分野でなぜ日本企業が今でも活躍しているのか、さらにはどのように新たな日本的経営モデルの企業が既存企業からも現れつつあるのかを、精緻に分析、論証している。したがって、この大河ドラマは、単に読了して終わりではなく、賢明な読者なら、これを私たち自身の科学的物語として、そこから普遍化、抽象化された法則を見出し、明日の経営へとつないでいく材料とするはずだ。

「愚者は経験に学び、賢者は歴史から学ぶ」という有名な言葉があるが、本書は賢者が学ぶべき、

日本の企業と経営に関する科学的、客観的クロノロジー記述、すなわち歴史書でもある。私たちの多くが個々、さまざまに経験してきたことを、シェーデ教授は歴史として整理、編纂してくれている。この大河ドラマにはまさに私たちが私たちの歴史から学ぶべきエッセンスが詰まっているのである。

現代の若い人にとっての J・アベグレン博士『日本の経営』＝シェーデ教授『再興　THE KAISHA』

私は本書を是非とも若いビジネスパースンに読んでほしいと思っている。現役のビジネスパースンのほとんどにとって、昭和の高度成長期の物語は、今や時代劇であり、まったく実感のわかない話である。バブル経済でさえ、テレビや映画などのお話として「そんなすごい時代があったのか」という感覚の世代がもはや多数派である。これからの時代を担うデジタルネイティブ世代、いわゆるZ世代にとっては、かつて日本企業と日本的経営が「ジャパン・アズ・ナンバーワン」として世界を席巻した時代は、明治維新の西郷（隆盛）さんや坂本龍馬の話、さらには戦国時代の信長、秀吉、家康の時代の話と同じくらい遠い過去の時代のお話なのだ。

しかし、すべて現在の姿は過去の沿革を踏まえてそうなっている。これは個人でも会社でも国家でも同じである。今の自分の姿を正しく知る上で、そこにつながっている歴史的背景、大河の流れを知ることは極めて重要な意味を持つ。その意味で、本書の第2章、第3章は特に若い世代にとって重要な章となっている。ナショナリズム的、ノスタルジー的な肯定バイアスもなく、かといって西洋かぶれの日本人にありがちなニッポン否定バイアスもなく、日本的経営、カイシャ（日本的な会社形態モデル）の勃興と繁栄の歴史を冷静に観察、描写している海外の経営研究者による記述は、若い世代にこそ読んでもらいたい。この経緯の正確な認識なくして、その先の停滞の真因は理解できず、そこから脱却するための正しい処方箋も得られない。本書の構成も、この2つの章を起点とし、第4章以降は、新しい時代に新旧の日本企業群が再興するための処方箋に向かって展開されていく。

かつて日本が敗戦の痛手から本格的に立ち直ろうとしていた1958年、のちにボストンコンサルティンググループ（BCG）の設立メンバーの一人となるジェームズ・アベグレン博士が、経営学史に輝く名著『日本の経営』を出している。戦時には米軍の兵士としてガダルカナル島や硫黄島で日本軍と戦い、戦後は米軍の戦略爆撃調査団、さらにはフォード財団で日本の経済と経営を研究したアベグレン博士は、当時、成立しつつあった「終身雇用制」や「企業別組合」など、濃密な共同体型の企業体として日本のカイシャが持つ潜在力の高さを理論的に提示したのである。

欧米から見た1950年代の日本経済のイメージは、安い労働力と保護貿易で、安かろう悪かろう製品を世界に売りまくって経済復興を図ろうとする新興国的な姿である。もし日本経済の競争力の源泉が本当に低賃金と貿易障壁であれば、経済が成長して賃金水準が上がり、さらには関税などの貿易障壁がなくなっていけば、日本経済と日本企業の成長は止まるはずである。しかし、アベグレン博士の論は、日本的経営は単なる要素コストの高低を乗り越えるコンピタンスを有しており、その躍進は持続的なものになる、というものであり、まさに30年後のジャパン・アズ・ナンバーワン時代の到来を予言していた。

やがて1960年代に入り、彼の考えは、要素コストはもちろん、規模の経済性でも説明できない、あるいはそれを凌駕しうるコスト競争力に関する理論である経験曲線理論として、BCGの設立と飛躍の源泉となる経営理論へとつながっていく。すなわち賃金水準が上がり貿易障壁を失ったら、大半の日本企業は圧倒的な規模差のある米国の自動車メーカーや電機メーカーにいとも簡単に踏みつぶされるであろうという、大方の見方を否定していたのがBCGの創立メンバーたちであり、それが同社初の海外オフィスが欧州ではなく日本に設立された背景となっている。

私が1985年にBCGに入社した頃、アベグレン博士はまだぎりぎり現役で東京オフィスにおられたので、幸運にもわずかながらその謦咳に接することができたが、当時は日米貿易摩擦が真っ盛りの頃で、いわゆる日本の経済的成功や日本企業の世界的成功は不公平な貿易プラクティスによるものだ、という論調が盛んだった。この議論が間違いであったことは歴史が証明しているが、そこからさらに30年近く遡った1950年代、日本の経済人がまだ失意の底にあった時代に、当時、試行錯誤的に形成されつつあった日本的経営システムの持つ潜在的優位性を理論化、抽象化、普遍化してくれたのがアベグレン博士だったのである。このことが日本の経営者や経営学者、経済学者、そして政策関係者に与えたインパクトは大きい。ちなみに「終身雇用制」という日本語は、アベグレン博士の"life-time commitment"の訳語である。

そして私たちがデジタル敗戦、グローバリゼーション敗戦から立ち直ろうとしている今、アベグレン博士と同じような仕事をしているのが、ほかならぬシェーデ教授なのである。繰り返すが、日本人が日本について考えるとき、語るとき、どうしてもそこには主観バイアスが入るし、ましてや個々の経営者は個々の経験でしか経営を語れない。かかる変化の時代において、主観的なフィルターのかかった個別具体論が持つ効力には限界がある。再び私たちは、私たち自身の強みと課題を理解するために普遍性を持った優秀な鏡を必要としているのだ。

本書はまさにその鏡であり、アベグレン博士の『日本の経営』と同じ価値を持って、現代のこの国の企業と経営の未来をエンカレッジしてくれている。その意味でこれから日本企業のビジネスや経営を担っていく若い世代にこそ、21世紀版の『日本の経営』とも言うべき本書を読んでもらい、それぞれに私たちはどこからどう今の時代にやってきたのかを理解してもらい、これからどこにどう向っていくべきかを考える基盤としてもらいたいのである。

すべての経営者の必修教養書としての本書

経営という営為はすぐれて総合格闘技である。世界のビジネススクールのカリキュラムが、狭義の経営学から社会科学全般へ、さらには人文学、科学技術へとどんどんその辺縁を広げていることから分かるように、いわゆるＥＳＧの時代に入り、経営者が責任を持たなくてはならない範囲は、国家の指導者に負けず劣らず大きな時空となっている。

その一方で、総合格闘技を構成する個別種目はより専門化、高度化していくので、それぞれの議論やスキルセットが、ともすると全体像を見失う、手段が目的化するリスクを孕んでいる。

だからこそ、深い個別知と広い総合知を融合する知力が問われており、そこに本書のような大河ドラマ的な経営学術書の価値がある。今こそ、すべての経営者が、しっかりとした社会科学的な方法論で書かれた文章を読み、考えること、それによってより良い経営をするための知的戦闘力、すなわち真の意味での「教養」を習得することが問われているのだ。その意味で、私はオライリー教授の『両利きの経営』と並び、本書は若い世代はもちろん、すべての日本の経営者にとっての必修教養書となりうると確信している。

大河ドラマ型教養書として本領発揮の好例が、グローバル化との関連で地域という横軸で世界の中の日本を描き出したアプローチ（第5章）、そしてコーポレート・ガバナンスに関わる議論（第6章）やM&Aやプライベート・エクイティなどファイナンスに関わる議論（第7章）である。シェーデ教授は、狭義の日本的経営に関わる論点、例えば競争戦略論や人事組織論に限られることなく、こうした幅広い辺縁に議論を展開し、カイシャの歴史的な紆余曲折が極めて広い経営要素、経済要素が複合的に関連し合って展開してきたことを示してくれる。

私自身、こうした領域にも深く関わってきたが、我が国では現在、これらの議論が個別の専門領域ごとに縦割りで行われ、「専門家」たちによって部分最適的な解決が指向される傾向が顕著になっている。ある意味、黒船的に問題提起が行われ、受け身で防戦的な個別対応になっていることがこうした展開の原因の一つと思われるが、グローバル化対応にしても、ガバナンスやM&Aにしても、これらは企業を、経営を、より良くするための要素、手段の一つに過ぎない。その背骨、目的関数との関連性を見失って、例えばコーポレート・ガバナンス・コードに形式だけコンプライ（適合）することに血道を上げるのは愚の骨頂である。

本書は大河ドラマの中にこうした論点を位置づけることによって、今起きていることの意味と同時に、そこで木を見て森を見ない反応をする危険性を気付かせてくれる。

同時に論点の広がりがこれだけ大きくなるということは、日本的経営という経済社会モデルは、企業という閉鎖空間だけではなく、資本市場、労働市場などの外部市場、グローバルなサプライチェーンのつながり、そして社会システムや人々の行動様式など幅広い多数の構成要素が相互に依存し合って出来上がっていること、それゆえにうまく噛み合えば奇跡的な成功を長期にわたってもたらす（高度成長期からバブル経済まで）が、それを組み換えようとすると、いわゆる経路依存性の罠にはまって、なかなか抜け出せないリスク（１９９０年代以降の長期停滞）があることを示している。

最近、コーポレート・ガバナンス改革について、「形式先行で実質が追い付いていない」と言う批判をよく耳にするが、これこそ日本企業をめぐる大河の流れの曲がり角が、複合的に絡み合った経路依存性を逃れて個々の要素を新しい調和に向けて組み直す大きな作業、すなわち会社全体のかたちを大きく変容するコーポレート・トランスフォーメーション（ＣＸ）を求めていることを示唆している。本書の題名にある通り、昭和バージョンの古い日本企業のかたちであるカイシャを、令和バージョンの新たなＴＨＥ ＫＡＩＳＨＡへと大アップデートしなければならず、例えばコーポレート・ガバナンス改革は確かに重要だが、その一つの構成要素に過ぎないのである。

日本企業をリインベンション（再発明、再興）せよ

本書の終盤、第8章以降は、ＤＸがさらに進展する時代において、日本企業再興のための本質的な課題に切り込んだ、未来志向の議論、提言が展開されている。シェーデ教授は「リインベンション」すなわち再発明、再興という言葉で、日本の企業モデル、経営モデルを作り直すべきであり、それは十分に可能であることを具体例も交えながら力強く主張している。これは私たちＩＧＰＩグループの言葉で言えば、まさにＣＸであり、その要諦も、組織カルチャーや雇用人事制度など、思考や意思決定に関わる行動様式をどのように変容させて、現代に適合した組織能力を再構成、再構築するかに焦点を当てたものとなっている。我が意を得たりである。

個々には十分に有効で機能する経営要素をいったん分解し、新たな時代にフィットした新しい基本ＯＳ上にコンポーネントとして組み上げ直す。そして基本ＯＳを構成するものは、組織の基本的行動様式、すなわち組織カルチャー、組織風土、動機付けシステムや価値観として語られるものの総体である。それが古いままでは、例えばアジャイル経営を提唱しても、組織の戦力行動のピボットスピードは上がらない。どんなにＩＴを整備して情報の即時一覧性を高めても、日本型の終身年

功ヒエラルキー組織では、最前線にいる課長クラスの若手が迅速、すなわちほぼ独断で戦略転換の意思決定を行うようにはならないのである。

そんな古い基本OSを消去することに躊躇せず、新しい基本OSを真剣勝負で作り上げ、上書き導入すれば、そして足りないコンポーネントをその上にどんどん載せていけば、日本企業の多くが持っている既存の強みはこれからも大いに機能するのである。

本書の後半部分で取り上げられているソニー、パナソニック、AGC、リクルート、ソフトバンクやトヨタといった企業は、まさにそうしたリインベンション、CXを実現した、あるいはその挑戦途上にある企業たちである。

また米国西海岸のスタートアップムーヴメントのど真ん中にいる立場からは自然のことだが、日本におけるスタートアップへの期待と可能性も論じている。

シェーデ教授は、かつてのアベグレン博士と同じく、敗戦後の空気感に沈む私たち日本の経営者、ビジネスパースンに対して、論理的、客観的に「本気で正しいリインベンション、CXに取り組めば、必ず皆さんのカイシャはTHE KAISHAとして再興できる」というエールを送ることで本書を締めくくっている。

本書を片手にTHE KAISHA再興へCXの旅を始めよう！

この解説の冒頭のところで「シェーデ教授とは長年、議論を戦わせてきた」という趣旨のことを書いた。私自身も、極めて数多くの経営の修羅場をこの国で経験し、ハンパな経営学者に負けないくらい多くのサンプル、それもディープなサンプルを持っており、そこから普遍化、抽象化した法則や原理原則について考えてきた人間である。だから本書で彼女が展開している議論と私の考えがあらゆる点で一致するわけではない。しかし、だからこそ私たちの間には知的双発関係が長年にわたり成り立ってきたし、私が日本企業の病理とその根治的な処方箋を考える上で、数限りないインスピレーションをシェーデ教授との議論からもらってきた。

その過程で、私自身が日本企業の経営にどっぷり浸かっていることに起因する主観バイアスに幾度となく気付かされた。その気付きが自分の経営観をより高い次元、より深い洞察に導くうえでどれほど大きな役割を果たしたことか。

読者の皆さんにお願いしたいのは、本書に答えを求めないで欲しいということである。海外の卓越した日本企業研究者による卓越した社会科学的な観察記述の価値、最高最良の姿見の価値は、それを読むことによって読者が読者自身の姿を客観的に認識し、会社について、経営について、社会について、自分について考えるきっかけを与えてくれることにある。それこそが現代のあらゆる世代のビジネスパースン、マネジメント人材が求められる総合知を強化することにつながると信じる。

私とIGPIグループの仲間、約6000名が以前から実践し提唱しているCXとは、企業、社会、政府そして個人の生き方に関わる変容への長くて大きな旅、そして愉快で豊かで明るい未来を目指す旅である。シェーデ教授の言葉を使えば、THE KAISHAを再発明、再興する旅となる。読者の皆さん、本書を片手に、その旅を一緒に始めようではないか！

（株）経営共創基盤（ＩＧＰＩ）グループ会長
（株）日本共創プラットフォーム（ＪＰｉＸ）代表取締役社長
冨山和彦

原注

はじめに

1 "Washington: Mondale's Tough Line," *New York Times*, October 13, 1982.

2 世界銀のＧＤＰ（米ドル）データから算出。https://data.worldbank.org/indicator/NY.GDP.MKTP.CD?locations=JP.

3 BBC, "China Overtakes Japan as World's Second-biggest Economy," February 14,2011, https://www.bbc.com/news/business-12427321.

4 米国は住民10万人当たり５・35人。以下を参照。Wikipedia, "List of Countries by Intentional Homicide Rate," https://en.wikipedia.org/wiki/List_of_countries_by_intentional_homicide_rate. 日本のホームレスは、ピーク時の２００３年に推計2万５０００人、２０１７年には６０００人に減少。以下を参照。Nippon.com, "Zenkoku no hōmuresu wa 5534 jin: Kōsei rōdōshō no 2017 chōsa" [5,534 Homeless people nationwide: 2017 Survey by the Ministry of Health, Labor and Welfare], https://www.nippon.com/ja/features/h00221.

5 Pilling (2014)を引用。

第1章

1 Ando (2018); "Japan Inc. sitting on ¥506.4 trillion mountain of cash," *Japan Times*, September 3, 2019.

2 Morgan Stanley Research (2018).

3 「『副業解禁』で壊れる日本の『カイシャ』――社員の『本来業務』の明確化が不可欠に」『日経ビジネス』（２０１８年４月27日）。

4 Kent Calder (2017) は「ゆっくり自由化し、寛大に保障する」アプローチと呼んだ。日本の「管理されたグルーバル化」については以下も参照。Schaede and Grimes (2003)。

5 国立研究開発法人 新エネルギー・産業技術総合開発機構の２０１８年のデータより。データの詳細は第４章を、日本のグローバル生産ネットワークと経済への影響については第５章を参照。

6 Schaede (2008).

7 O'Reilly and Tushman (2016).

8 本書全般でドルの金額は米ドルを指す。おおよその換算では1ドル１００円、正確な数値を示すときには年度末の為替レートを用いた。

9 内閣府のデータから算出（２０１８年10～12月）。https://www.esri.cao.go.jp/en/sna/data/sokuhou/files/2018/qe184_2/gdemenuea.html. Koo (2011)の算定結果では、米国では１９２９年の大恐慌の間にＧＤＰ１年分に相当する国富が失われたのに対し、株式と不動産の損失分だけで１９８９年のＧＤＰ３年分に相当した。

10 Schaede (2008).

11 安倍政権時にほぼ毎年改正された政府文書より。以下を参照。Japan Revitalization Strategy, June 14, 2013, https://www.kantei.go.jp/jp/singi/keizaisaisei/pdf/en_saikou_jpn_hon.pdf.

12 Gelfand et al. (2011); Gelfand (2018). Gelfand (2018)は、規則を破る「ルールブレイカー」に対して、タイトな文化の国は規則を設ける「ルールメーカー」だとしている。

13 Chatman and O'Reilly (2016).

14 Capgemini (2018). 比較のために、HNWIは主要な住居、収集品、消耗品、消費者耐久財を含めずに、１０００万ドル超の投資可能資産を持つ人々と定義している。前年比のデータは為替レートの変動に影響を受けることに留意。

15 Lazonick (2014). この研究はエリザベス・ウォーレン上院議員が提唱した２０１８年の説明責任ある資本主義法案の基礎となったとされている。以下を参照。Matthew Yglesias, "Elizabeth Warren Has a Plan to Save Capitalism," *Vox*, August 15, 2018, https://www.vox.com/2018/8/15/17683022/elizabeth-warren-accountable-capitalism-corporations.「成長の幻想」全般を把握するには以下を参照。Lazonick and Shin (2019), Pilling (2018).

16 Kitao and Yamada (2019).

17 Koo (2011).

18 例えば、以下を参照。Paul Krugman, "Apologizing to Japan," *New York Times*, October 30, 2014.
19 ＧＤＰや経済成長、そこから生じた問題は以下を参照。Pilling (2018).
20 Lazonick (2009a; 2009b).
21 Davis (2009); Lemann (2019).
22 Abegglen and Stalk (1985); Dore (1987); Aoki and Dore (1994).

第2章

1 安全第一協会は１９１７年に設立され、１９１９年に日本初の「安全週間」のために、緑の十字旗が設計された。以下を参照。Ryoichi Horiguchi, History of the Green Cross, https://sites.google.com/site/ryoichihoriguchi/home/greencrosslogos.（２０１９年２月調べ）
2 ２０１７年９月、東京の京橋で見かけた。「安全は中心となる価値である」と日本語と英語で書かれていた。
3 東京駅丸の内オアゾ周辺。
4 以下を参照。Ahmadjian and Schaede (2015) for an overview of the literature; Dore (1973, 1983, 1987); Sako (1992); Ouchi (1981); Clark (1979); Ballon (1970); Abegglen (1984); and Abegglen and Stalk (1985).
5 例えば、以下を参照。Benedict (1946).
6 North (1990) は「政治的、経済的、社会的な相互作用を構成する人間的に考案された制約」として制度を定義している。隣接分野における文献としては、以下を参照。Powell and DiMaggio (1991); Kahneman (2001); Pinker (2002); Thaler and Sunstein (2008); and Levitsky and Ziblatt (2018). 文化が態度や行動をどう形成するかに関して、認知心理学、社会心理学、組織心理学、文化心理学などの分野では長年、深い内容や微妙な意味合いを明らかにしてきた。
7 例えば、以下を参照。Loewenstein and Chater (2017).
8 Kahneman (2001); Thaler and Sunstein (2008).
9 例えば、以下を参照。Pelto (1968); Hofstede (2001); Meyer (2014).
10 Hofstede (1983, 2001).

11 Gelfand et al. (2011); Gelfand (2018).

12 Chatman and O'Reilly (2016).

13 Gelfand et al. (2011).

14 Henrich (2015); Wilson and Wilson (2009).

15 Gelfand (2018, 39).

16 この3つの行動規範は結果主義、自然主義、美徳主義といった道徳やビジネス倫理の理論に対応している。例えば、以下を参照。MacIntosh (2017); Whetstone (2001); and The Stanford Encyclopedia of Philosophy, s.v. "consequentialism," "deontological ethics," and "virtue," https://plato.stanford.edu. タイト・ルーズの観点では、Uz（2015）は心理状態（例、人と対面したときの違和感、不安、恐怖などの感情）、主観的な状態や態度（例、不適切な外見について、どのくらい厳しく評価するか）、行動抑制（例、どのような選択や決断をあえてしなくてはならないか）の3つのレベルで行動を整理している。

17 O'Reilly and Chatman (1996).

18 Kato et al. (2020).

19 Kato et al. (2010).

20 O'Reilly (1989); O'Reilly and Chatman (1996); O'Reilly and Tushman (2016).

21 Zielenziger (2006); Kitanaka (2012); Tam and Taki (2007); Yoneyama and Naito (2003).

第3章

1 就活は就職活動を略したもの。以下を参照。Yoshiko Uehara, "Shūkatsu: How Japanese Students Hunt for Jobs," nippon.com, March 30, 2016; "Tight Labor Market in Japan Forces Companies to Revamp Recruitment," *Japan Times*, April 22, 2019; "Keidanren to Scrap Long-held Japan Recruitment Guidelines in 2021," Japan Times, October 9, 2018.

2 Abegglen and Stalk (1985); Vogel (1979); Dore (1987); Clark (1979); Ballon and Tomita (1988); Schaede (2008).

3 1970年代には、負債比率の平均値が6%を超えていた。以下も参照。Patrick and Rosovsky (1976); Johnson

(1982); Yamamura and Yasuba (1987); Calder (1988); Hoshi-Kashyap (2001); Schaede (2008); and Murphy (2014).

4 Schaede (2000b; 2008).

5 リーン生産方式という言葉を用いたのは Womack et al. (1990) である。以下も参照。Monden (1983); Liker (2004); Cole (1994, 1998); Smitka (1991); Ahmadjian and Lincoln (2001); Lincoln et al. (1996); and Lincoln and Gerlach (2004).

6 Pascale and Rohlen (1983).

7 Aoki (1988).

8 Drucker (1981); Dore (2000).

9 この産業リストは、同社のウェブサイトに言及されていた注目すべきイノベーションからまとめたもので、ほんの一例にすぎない。以下を参照。Hitachi, "History (1910-1960)," http://www.hitachi.com/corporate/about/history/1910.html, and Toshiba, "Chronology of History," https://www.toshiba.co.jp/worldwide/about/history_chronology.html.

10 例えば、以下を参照。Rohlen (1979); Clark (1979); Abegglen and Stalk (1985; Lincoln and Kalleberg (1990).

11 売り上げを水増しするために出荷数を二重に数えていたことについては Ballon and Tomita (1988)、カルテルについてはSchaede (2000a)を参照。

12 Waldenberger (2016).

13 このシステムには摩擦も多く、アルコール依存症、DV（ドメスティック・バイオレンス）、ひきこもり、不倫や浮気、うつ病など、さまざまな家庭内問題が起こっていた。例えば、以下を参照。Kitanaka (2012); Borovoy (2005, 2008).

14 総務省 (2019).

15 Schaede (2008).

16 Lemann (2019).

17 Schaede (2008), ch. 9.

18 例；McMillan (1990); Ahmadjian and Lincoln (2001); Lincoln and Gerlach (2004).

19 Kent Calder (2017); Schaede and Grimes (2003); Schaede (2008).

20 Patrick and Rohlen (1987).

21 Vogel (1979); Hamada et al. (2011); Hoshi and Kashyap (2001).

22 金利の規制が撤廃され、新しい金融商品が導入された。その結果、新規顧客の獲得競争によって低い借入コストと高い貯蓄率の間に歪みが生じ、ねずみ講が助長された。バブル経済の概要は以下を参考にした。Schaede (1990, 2008); Hoshi and Kashyap (2001).

23 "Back from the Grave: It Has Taken 16 Years for Commercial-property Inflation in Japan to Turn Positive," Economist, October 11, 2007; "Japan's Land Boom Spilling across the Sea," *Chicago Tribune*, November 19, 1989.

24 詳細は以下を参照。Schaede (2008).

25 Koo (2011).

26 Nithin Coca, "She bilked Japan's banks in the run-up to the lost decade," OZY, August 27, 2019, https://www.ozy.com/flashback/she-bilked-japans-banks-in-the-run-up-to-the-lost-decade/95409.

27 Grayson Sakosの見解を参考にした。

28 Schaede (2008).

29 Schaede (2008; 2013b).

30 日経ＮＥＥＤＳのデータをもとに著者が算出。

31 Schaede (2000b); Esty and Kanno 2016; "Corporate Bankruptcies in Japan at 10-Year Low," nippon.com, January 25, 2019, https://www.nippon.com/en/japan-data/h00374/corporate-bankruptcies-in-japan-at-10-year-low.html.

32 Gill (2001); Kitanaka (2012); Borovoy (2005); Schaede (2013b).

第4章

1 ２０１６年、日本は世界の製造業の生産高の10％を占めた。中国は20％、米国は18％、ドイツは７％、韓国は４％である。以下を参照。West and Lansang (2018).

2 日経新聞の数字を引いた。以下を参照。「部品供給停止に打撃」（２０１１年３月19日）「部品不足、世界に影響」（２０１１年４月６日）

3 ファナック創始者の稲葉清右衛門に著者がインタビューした（２０１５年５月）。

4 Kurishita (2012); "A Japanese Plant Struggles to Produce a Critical Auto Part," *New York Times*, April 27, 2011.

5 第５章でより詳しく取り上げている。幅広い複雑な交渉の末、２０１９年12月20日にフォトレジストの輸出規制は緩和された。"As Japan and South Korea Clash at WTO over Trade, Rest of World Reluctant to Get Involved," Reuters, July 25, 2019; "Seoul Eyes Crash Program to Shield Chip Industry from Japan Ban: Subsidies and Deregulation Planned, but Tech Prowess Hard to Match," Nikkei Asian Weekly, July 18, 2019.

6 Porter (1985).

7 詳細は以下を参照。Schaede (2008).

8 Komori (2015).

9 O'Reilly and Tushman (2016).

10 Bradley et al. (2006); Kushida (2011).

11 Xing and Detert (2010).

12 "Anatomy of Huawei's Latest Model," *Nikkei Asian Review*, June 26, 2019.

13 経済産業省 (2004).

14 国立研究開発法人新エネルギー・産業技術総合開発機構のデータより算出（２０１８年）。

15 日刊工業新聞社 (2014).

16 Yamaguchi (2009); JSR Corporation, "Business Results and Financial Highlights," http://www.jsr.co.jp/jsr_e/ir/financial_highlights.shtml.

17 Japan Products, "Top 10 Japan's Chemical Companies List in 2017," http://japan-product.com/top10-japan-

chemical-companies-2017.

18 "Mitsubishi's Long-Lived Success Points to Weakness in Japan's Economy," *Wall Street Journal*, April 15, 2016.

19 Schaede (2008).

20 多くの中小銀行が後塵を拝し、今も問題を抱えている。大手銀行はＭＵＦＧ、ＳＭＢＣ、みずほなどの大規模な金融持ち株会社に統合され、２０１８年には再び資産規模で世界の金融機関のトップ10に名を連ねた。メインバンクとしての役割の低下は Hoshi et al. (2018) など、いくつかの研究で確認されている。

21 "Japanese Companies Act Changes to Encourage Investment," Daily Journal, October 22, 2014. この法律は２０１５年に改正され、ガバナンス、企業買収、株式転換などＭ＆Ａ手法に関する新しい規定が盛り込まれた。

22 Vogel (2006); Schaede (2008).

23 Kahneman (2001); Thaler and Sunstein (2008).

24 Government of Japan (2019).

25 Goshal and Bartlett (1988).

26 Yoshino and Endo (2005).

27 Yoshino and Endo (2005).

28 Yoshino and Endo (2005).

29 例えば、Hirakawa (2016); Sato (2017); Iwase (2015).

30 "Panasonic to Have No Board Members from Founding Family," Nippon News, March 1, 2019, https://www.nippon.com/en/news/yjj2019030100842/panasonic-to-have-no-board-member-from-founding-family.html; "Panasonic to End LCD Panel Production amid Tough Competition," Japan Times, November 21, 2019; "Panasonic Exits Chipmaking with Sale to Taiwan Player," *Nikkei Asian Review*, November 28, 2019.

31 ソニーの企業サイトを参照。https://www.sony.net/SonyInfo/CorporateInfo/business, and "Investor Relations," https://www.sony.net/SonyInfo/IR.

32 Goshal and Bartlett (1988).

33 Jake Adelstein and Nathalie-Kyoko Stucky, "How Sony Is Turning into a Ghost in Japan and around the World," *Kotaku*, November 14, 2012.

34 Mana Nakazora, "Sony at Sea: Gap with Matsushita Electric Refuses to Close," JP Morgan Japan Credit Today, October 27, 2005.

35 例えば、以下を参照。Sato (2017).

36 Douglas A. McIntyre, "Howard Stringer, Who Ruined Sony, Retires," 24/7 Wall St., March 11, 2013, https://247wallst.com/investing/2013/03/11/howard-stringer-who-ruined-sony-retires.

第5章

この章はグレイソン・サコスと共同で執筆した。ベンジャミン・アーバインにも支援をいただいた。

1 "What Will Japan Buy Next," *Newsweek*, November 10, 1991.

2 "Japan's Big 3 Automakers Built More Cars in U.S. Than Detroit 3 Last Year," *Columbus Business First*, June 1, 2016.

3 "Japanese Companies Have Created 840,000 American Jobs," *Quartz*, March 29, 2017, https://qz.com/942619/japanese-companies-have-created-80000-american-jobs.

4 米経済分析局のサイト。"2018 Trade Gap is $621.0 Billion," https://www.bea.gov/news/blog/2019-03-06/2018-trade-gap-6210-billion. 続く議論は財の貿易赤字のみを対象とし、サービスは含まれていない。
The following discussion focuses on the trade deficit in goods only, and ignores services.

5 UN Comtrade Database, 2019, https://comtrade.un.org/data.

6 １９９４年の北米自由貿易協定（ＮＡＦＴＡ）はカナダとメキシコを含めるために「ローカルコンテンツ」の定義を拡張した。

7 Schaede (2019); 日本貿易振興機構（ＪＥＴＲＯ）の貿易統計と投資統計（Japanese Trade and Investment Statistics）をもとに計算した。https://www.jetro.go.jp/en/reports/statistics.html.

8 "Sony Launches AI Joint Venture with US, Japanese Partners," Nikkei Asian Review, November 22, 2017;

9 "Jointly Developed U.S.-Japan Interceptor Knocks Down Medium-Range Missile in Test," *Japan Times*, October 27, 2018.
10 米通商代表部のサイトより。"United States Wins WTO Semiconductor Case," https://ustr.gov/archive/Document_Library/Press_Releases/2005/June/United_States_Wins_WTO_Semiconductor_Case.html.
11 業界ウォッチャーに著者がインタビューした（１９９５年、東京）。
12 Haggard et al. (1997).
13 "Inside the Lose-Lose Trade Fight between Japan and South Korea," Nikkei Asian Review, July 31, 2019; "Korea's Dispute with Japan Spills into National Security," *The Diplomat*, August 27, 2019; "Japan Partially Reverses Curbs on Tech Materials Exports to South Korea," *Nikkei Asian Review*, December 20, 2019; "Moon and Abe Try to Break Ice but Relations Still Frozen," *Nikkei Asian Review*, December 25, 2019.
14 財務省貿易統計のデータを用いて計算。http://www.customs.go.jp/toukei/suii/html/time_e.htm.
15 UN Comtrade Database, 2019, https://comtrade.un.org/data.
16 "How Samsung Dominates South Korea's Economy," *CNN Business*, February 17, 2017.
17 "Inside the Lose-Lose Trade Fight between Japan and South Korea," *Nikkei Asian Review*, July 31, 2019.
18 "South Korea's Manufacturing Hub Braces for Japan Export Controls," *Nikkei Asian Weekly*, August 27, 2019.
19 ２０１８年、中国の輸出相手国のトップが米国（約20％）、次いで日本（６％）だった。この統計では香港が分かれているが、中国最大のアジア貿易港なので合計して考えるべきである。ＯＥＣ（Observatory of Economic Complexity), China, https://atlas.media.mit.edu/en/profile/country/chn; Naughton (2018).
20 外務省 (2017).
21 Naughton (2018).
22 McBride and Chatzky (2019).
23 "Japan Inc. to Speed Up China Exit in Response to More Tariffs," *Nikkei Asian Weekly*, August 5, 2019; "Japan's Manufacturers Grow Cautious about Production in China," *Nikkei Asian Weekly*, May 20, 2019; "Xi Touts 'New Era' of China-Japan Ties in Shadow of Trump," *Nikkei Asian Weekly*, December 23, 2019.

24 世界銀行のデータを用いて計算。“Population, Total,” https://data.worldbank.org/indicator/SP.POP.TOTL. PPP stands for “purchasing power parity.”

25 ASEAN (2017), p. 41.

26 “Japan’s MUFG Bank to Take Over Indonesian Peer: Bank Danamon to Merge with a Local Group Lender as First Step,” *Nikkei Asian Review*, January 23, 2019.

27 “MUFG Leads Japan Megabanks’ Charge into SE Asia: Focus Shifts to Non-Japanese Businesses, Consumer,” *Nikkei Asian Review*, July 7, 2017.

28 以下を参照。Thomson Reuters, Global Project Finance Review: Managing Underwriters, 2018, http://www.pfie.com/Journals/2018/04/25/e/v/u/PFI-Financial-League-Tables-Q1-2018.pdf.

29 日本外務省の国別情報。例、https://www.mofa.go.jp/region/asia-paci/vietnam/index.html; ASEAN (2017); JETROの貿易統計https://www.jetro.go.jp/en/reports/statistics.html.

30 “Japanese Investment in Myanmar Soars to All Time High,” Japan Times, May 28, 2018; “Japan Insurers Enter Myanmar in Joint-Venture Frenzy,” *Nikkei Asian Review*, April 26, 2019.

31 Fallows and Fallows (2018).

32 これはフュージョン・システムズ会長兼ＣＥＯのマイケル・Ｊ・アルファントの見解であり、その指摘に感謝したい。

33 “Anime a $21bn Market—in China,” Nikkei Asian Review, May 2, 2017.

34 日本学生支援機構（ＪＡＳＳＯ), International Students in Japan 2018, https://www.jasso.go.jp/en/about/statistics/intl_student/data2018.html.

35 言論ＮＰＯ, The 7th Japan–South Korea Joint Public Opinion Poll (2019), http://www.genron-npo.net/en/7th-Japan-South%20KoreaJointOpinionPoll.pdf.

36 日本政府観光局、国籍別訪日外客数（２０１８年）、https://www.jnto.go.jp/jpn/statistics/visitor_trends/index.html.

37 Eleanor Warnock, “Towards a Beautiful Country: Japan’s Cosmetics Exports,” *Tokyo Review*, January 9, 2019; 全米アジア研究所のアシュリー・デュッタと著者が対談した。

38 Japan Info, "Japanese Dramas vs Korean Dramas," https://jpninfo.com/13167.
39 以下のデータを用いて計算。Biz/Zine, "The current situation of M & A by Japanese companies" [in Japanese], August 30, 2018, https://bizzine.jp/article/detail/2963; MARR Online, "M & A Review in 2018," https://www.marr.jp/marr/category/MAkaiko/entry/13030.
40 "Japan Inc Signed Record 777 Overseas M&A Deals in 2018," *Nikkei Asian Review*, February 28, 2019.
41 "Japan Firms Have $890 Billion in Cash. Here's Where They Might Spend It: Japan Inc. Dominates M&A in Asia," Bloomberg, January 6, 2019.
42 "Boom in Japanese M&A Deals: Abenomics Is Incentivizing Japanese Companies to Look for Opportunities Abroad," Global Finance, October 18, 2018; "Asahi to Buy AB InBev's Australian Unit in $11.3bn Deal," *Nikkei Asian Review*, July 19, 2019.
43 "Why Japan Is Gambling on M&A Growth," *Financial Times*, April 29, 2018.
44 「自動運転やＩｏＴ、新技術が拓くＭ＆Ａ大越境時代」『日経ビジネス』（２０１９年１月18日）を参照。
45 "Why Japan Is Gambling on M&A Growth," *Financial Times*, April 29, 2018.
46 "TomTom Sells Telematics Unit to Bridgestone for $1 Billion," Bloomberg, January 21, 2019;「自動運転やＩｏＴ、新技術が拓くＭ＆Ａ大越境時代」『日経ビジネス』（２０１９年１月18日）。

第6章

1 "Secretive Robot Maker FANUC Targeted by Activist Investor Loeb," *Japan Times*, February 19, 2015; 以下も参照。Esty and Kanno (2016); "Drivers of Change: FANUC," *Financial Times*, March 17, 2016.
2 "George Clooney Rebuts Loeb's Critique of Sony," *New York Times*, August 2, 2013.
3 "Japan Toys with Shareholder Capitalism Just as the West Balks," Economist, May 28, 2019; Hill (2017); Lemann (2019); Elizabeth Warren, "Accountable Capitalism Act," https://www.warren.senate.gov/newsroom/press-releases/warren-introduces-accountable-capitalism-act.
4 ２０１４年の伊藤レポート「持続的成長への競争力とインセンティブ：企業と投資家の望ましい関係構築」と

Aronson (2015)を参照。

5 Williamson (1993).

6 Lazonick and O'Sullivan (2000); Lazonick (2009a; 2009b); Lazonick and Shin (2019); O'Reilly and Main (2010); Kreps (2018).

7 事件の概要は以下を参照。Wikipedia, "Olympus Scandal," https://en.wikipedia.org/wiki/Olympus_scandal.

8 "String of Scandals Puts Japanese Investors on Edge," *Financial Times*, May 29, 2016.

9 Aida and Sakakibara (2017); 日本のファンド・マネジャーに著者がインタビューした（２０１９年、東京）。

10 "Pension 'Whale' Blows Past Japanese Equity Investment Target: GPIF to Focus Next on Supporting Sustainable Companies," *Nikkei Asian Review*, July 7, 2018; "The Giant of Tokyo's Stock Market Reveals Its Investment Secrets," Bloomberg, August 22, 2016.

11 "BOJ Is Top-10 Shareholder in 40% of Japan's Listed Companies," *Nikkei Asian Review*, June 27, 2018.

12 Ito (2014); Milhaupt (2018).

13 ＪＰＸ日経インデックス４００のファクトシートを参照。https://www.jpx.co.jp/english/markets/indices/jpx-nikkei400/tvdivq00000031dd-att/e_fac_1_jpx400.pdf.

14 ＪＰＸ日経インデックス４００関係者に著者がインタビューした（２０１４年、東京）。

15 Ito (2014); Ministry of Economy, Trade and Industry (2017c).

16 Chattopadhyay et al. (2017).

17 JPX/TSE (2018); Goto (2014); Killeen and Prentice (2015).

18 例えば、以下を参照。Vogel (2019); Milhaupt (2018); Benes (2019); Hokugo and Ogawa (2017); Nakamura (2018).

19 経済産業省(2018a; 2018b).

20 Goto et al. (2017).

21 業界幹部に著者がインタビューした（２０１５〜２０１９年、東京）。２０１８年改訂版コーポレートガバナンス・コードでは、取締役会の権利と義務の拡大、外部人材の数より質の重視、真の独立取締役、取締役会の多様性の向上、透明性の向上などが盛り込まれた。経済産業省 (2018a; 2018b)より。背景については以下も参照。

Eguchi and Shishido (2015); Waldenberger (2017); Nakamura (2018).

22 Saito (2015); Yeh (2014).

23 Milhaupt (2018); Johnson (1982).

24 "A Revolution in the Making: Corporate Governance in Japan," *Economist*, May 3, 2014.

25 金融庁 (2017); Hokugo and Ogawa (2017).

26 Goto (2018); Hill (2017).

27 Goto (2018) は甘利経済産業大臣の言葉を引用し、コードの目的は「望ましい市場経済システム」をつくり、株式ベースの報酬や自社株買いの制限による「米国型ガバナンス」に対する安全装置の構築にあるとしている。

28 ＦＳＡリストは以下を参照。List of Institutional Investors Signing Up to "Principles for Responsible Institutional Investors," https://www.fsa.go.jp/en/refer/councils/stewardship/20181214/en_list_02.pdf.

29 "The Rise and Fall of Carlos Ghosn," New York Times, December 30, 2018; "The Hardest Fall," *Business Week*, December 16, 2019.

30 "Chief of Japan's State-backed JIC Resigns amid Pay Dispute," Reuters, December 10, 2018; "All Top JIC Execs from Private Sector Quit in Fight with METI," *Asahi Shimbun*, December 10, 2018.

31 O'Reilly and Main (2010); Lazonick and Shin (2019).

32 Waldenberger (2013); Eguchi and Waldenberger (2017).

33 Waldenberger (2013).

34 「高額役員報酬ランキング」ＮＥＷＳポスト・セブン（２０１８年12月３月）、https://www.news-postseven.com/archives/20181203_815650.html; 以下のデータより算出。Social Security Administration, Wage Statistics for 2017, https://www.ssa.gov/cgi-bin/netcomp.cgi?year=2017.

35 Waldenberger (2013).

36 "The New Pay Gap: What Firms Report Paying CEOs versus What They Take Home," *Wall Street Journal*, August 25, 2019.

37 Equilar, "New York Times 200 Highest-Paid CEOs," https://www.equilar.com/reports/table-equilar-200-new-

york-times-highest-paid-ceos-2019.html.

38 「高額役員報酬ランキング」ＮＥＷＳポスト・セブン（２０１８年12月３月）のデータより算出。https://www.news-postseven.com/archives/20181203_815650.html.

39 同上。

40 Iwai and Ueki (2017).

41 Waldenberger (2013); 数人のＣＥＯに著者がインタビューした（２０１８年、東京）。

42 Sakawa et al. (2012).

第7章

1 日立の２０１９年の売り上げは８５０億ドルで、海外比率は半分である。最大の事業はＩＴシステム（売り上げの20%）、社会インフラ（23%）、電子システム（11%）、建設機械（９%）、高機能部品（16%）、自動車システム（10%）である。事業の整理を続けているが、子会社８０３社と関連会社と合弁会社は４１８社である。２０１８年度連結決算より。https://www.hitachi.com/IR-e/library/fr/backnumber/2018.html.

2 「スクープ　日立、旧日立メディコ売却検討　選択と集中加速へ」『日経ビジネス』（２０１９年８月９日）。"Japan Posts Record Number of M&A Deals as Restructuring Booms," *Financial Times*, December 22, 2019; "Hitachi to Sell Chemical and Medical Equipment Units for $6bn," *Nikkei Asian Review*, December 18, 2019; "Hitachi Pursues 10% Profit Margin by Trimming Fat," *Nikkei Asian Review*, December 19, 2019.

3 国際電気の買収では、ＫＫＲはチップ製造装置部門を維持し、ビデオソリューション事業の40%の株式を日立と日本産業パートナーズ（ＪＩＰ）に売却した。以下を参照。"KKR to Buy Hitachi Unit Valued at $2.3 Billion," Reuters, April 26, 2017.

4 "Hitachi Considers Selling Hitachi Chemical," *Japan Times*, April 25, 2019.

5 Swenson and Rubin (2017). 短期主義と価値破壊については以下を参照。Lazonick (2009a; 2009b; 2014); Lazonick and O'Sullivan (2000); Appelbaum and Batt (2014).

6 日本のＣＥＯや外国人ファンド投資家に著者がインタビューした（２０１８〜２０１９年、東京）。

7 Appelbaum and Batt (2014).

8 アドバンテッジパートナーズのサイト。“Private Equity in Japan,” 2019, https://www.advantagepartners.com/en/descripion/description2.

9 経済産業省 (2017a).

10 MARR (2019); Ng (2018).

11 Burroughs and Helyar (1989).

12 Hammoud et al. (2017); 経済産業省 (2017a).

13 業界の幹部に著者がインタビューした（２０１９年２月、東京）以下も参照。MARR Online, “M&A trends” [in Japanese], https://www.marr.jp/genre/graphdemiru; and MARR Online, “M&A review in 2018” [in Japanese], https://www.marr.jp/genre/market/MAkaiko/entry/13030.

14 “Why Japan Is Entering a Golden Era for PE,” PEI Media, April 9, 2018; “Why Private Equity Giant KKR Finds Japan More Attractive Than China,” *DealStreet Asia*, April 18, 2019.

15 Schaede (2008), ch. 6.

16 Sekine (2018).

17 Sekine (2018); “Japanese Wavers on Foreign Private Equity ‘Vultures,’” *Financial Times*, October 21, 2018.

18 “Japan-Based Investors in Alternative Assets,” 2016, https://docs.preqin.com/reports/Preqin-Japan-Based-Investors-November-2016.pdf; Ministry of Economy, Trade and Industry (2017a).

19 “Japan Inc.’s Vast Pool of Cash Is Growing Stagnant,” Nikkei Asian Review, July 10, 2017; “Cash-hoarding Japanese Firms Please Investors as Share Buybacks Hit Record High,” Reuters, February 17, 2019.

20 Jonathan Rogers, “Japan Post Bank to Establish Hedge Fund in Hunt for Yield,” *Global Finance*, June 1, 2018. ２０１８年後半に、ＪＩＣはミッション、組織構造、役員報酬をめぐって巨大なスキャンダルに巻き込まれた。民間出身の経営陣は高額報酬問題で辞任を余儀なくされたが、これは表向きの理由である。その背後には、同ファンドの投資への政府の関与に対する相互不信という、より深い問題が存在した。以下などを参照。“CEO and 8 Other Execs of Japan’s Innovation Fund Resign,” *Nikkei Asian Review*, December 10, 2018.

21 東京都庁 (2017); Capgemini (2018).

22 "Profits and Pitfalls-Taking Over a Japanese Company," *Nikkei Asian Weekly*, June 11, 2018; "Global Firms Seek a Piece of Japan Carve-out Action," PEI Media, November 5, 2018; "KKR Founders Set Sights on Japan Conglomerates," *Financial Times*, April 14, 2019.

23 東京都庁 (2017). 日本のファンドの多くは運用資産が3億ドル未満で中小市場に特化している。２０１９年時点の日本のＰＥファンドの顔ぶれの詳細は以下のサイトを参照。https://investmentinjapan.com/iij/wp-content/uploads/2019/10/E1909_JP-PE-PD_2Map.pdf.

24 ＰＥファンド投資家とマネジャーに著者がインタビューした（２０１９年、東京）。

25 ＰＥファンド・マネジャーに著者がインタビューした（２０１９年、東京）。

26 ＰＥファンド・マネジャーに著者がインタビューした（２０１９年、東京）; "Profits and Pitfalls—Taking Over a Japanese Company," *Nikkei Asian Weekly*, June 11, 2018.

27 ＰＥファンド・マネジャーに著者がインタビューした（２０１９年、東京）; Longreach Group, "Japan Carve-outs: Chips off the Block," https://www.longreachgroup.com/en/newsarticles.php#acticle1, June 14, 2017.

28 "Western Digital's Battle for Toshiba: A Tale of Threats and Culture Clashes," *Japan Times*, October 2, 2017; Mike Wheatley, "Toshiba and Western Digital Battle over Flash Memory Sale," SiliconANGLE, December 13, 2017, siliconangle.com.

29 ＰＥファンド・マネジャーに著者がインタビューした（２０１９年、東京）

30 Sekine (2018).

31 ＰＥファンド・マネジャーと日本の企業経営者に著者がインタビューした（２０１９年、東京）

32 "Japanese Wavers on Foreign Private Equity 'Vultures,'" *Financial Times*, October 21, 2018.

33 ＩＴ企業の創設者である堀江貴文は日本のビジネス規範に一貫して逸脱し、うるさく、直接的で、完全に不適切と見なされていた。彼の試みたテレビ局の敵対的買収は既存体制の人々の目に余った。以下などを参照。"Ex-Livedoor Chief Gets 2.5-Year Jail Term," *Financial Times*, March 16, 2007. "Yoshiaki Murakami, Once the Scourge of Japan's Boardrooms, Turns Peacemaker with Big Idemitsu-Showa Shell Sekiyu Win," *Japan Times*,

July 7, 2018.

34 "Japanese Companies Cannot Ignore Advance of Activist Shareholders," *Nikkei Asian Weekly*, April 18, 2018; "Activist Funds Take Aim at Asia Inc's Complacent Boardrooms," Nikkei Asian Weekly, April 3, 2019; "Foreign Activist Funds Set Their Sights on Japan's Smaller Companies," *Nikkei Asian Weekly*, February 7, 2019.

35 "Yoshiaki Murakami, Once The Scourge of Japan's Boardrooms, Turns Peacemaker with Big Idemitsu-Showa Shell Sekiyu Win," Japan Times, July 7, 2018; "A Successful Strategy for Activist Investors in Japan: Ask, Don't Tell," *Wall Street Journal*, April 17, 2019.

36 Gow et al. (2017).

37 同上。Nakagami (2016); みさき投資の経営幹部に著者がインタビューした（２０１８年、２０１９年）。

38 中神康議に著者がインタビューした（２０１９年２月、東京）。

39 「自動運転やＩｏＴ、新技術が拓くＭ＆Ａ大越境時代」『日経ビジネス』（２０１９年１月18日）以下も参照。"The current situation of M&A in Japanese companies", Biz/Zine, August 30, 2018, https://bizzine.jp/article/detail/2963.

40 Ｍ＆Ａ専門家に著者がインタビューした（２０１９年２月19日、東京）。

41 日本の銀行幹部に著者がインタビューした（２０１８年９月、東京）。

42 "Chinese Group to Get Control of Japan Display after $2.1 Billion Bailout," Reuters, April 12, 2019.

第8章

1 Larry Golkin, "20 Tanker Tips," https://www.usps.org/ventura/art-03-3-tankertips.html.

2 March (1991); O'Reilly and Tushman (2016).

3 以下の論文のモデルを日本の状況に適用している。O'Reilly and Tushman (2016); and Tushman and O'Reilly (1997).

4 戦後の日本の現場での管理の詳細は以下を参照。Cole (1994).

5 米国企業がどのように両利きの経営のプロセスを管理しているかは以下を参照。O'Reilly and Tushman (2016).

6 日立の２０２１中期経営計画より。https://www.hitachi.com/New/cnews/month/2019/05/190510/f_190510pre.pdf.

7 オリジナルのコンセプトは以下を参照。Chesbrough (2005).

8 経済産業省 (2017b).

9 経済産業省 (2019a).

10 以下論文用にまとめたデータベース（１９９６〜２０１２年）からデータを引用。Sasaki and Schaede (2019).

11 日本人経営者に著者がインタビューした（２０１８年、東京及び２０１７〜２０１９年、シリコンバレー）。

12 同上。

13 クールビズは省エネとCO_2排出量の削減にも役立っている。２０１６年夏期に削減効果は推定１１４万トンであり、約２５０万世帯の１月分の排出量に相当する。以下を参照。Wikipedia, "Cool Biz Campaign," https://en.wikipedia.org/wiki/Cool_Biz_campaign.

14 複数の企業を訪問し、部長職の人や従業員に著者がインタビューした（２０１８年３月、東京）。以下も参照。Masumi Koizumi, "Office Makeovers Focus on Comfort and Productivity as Activity-based Working Takes Hold in Japan," *Japan Times*, May 2, 2019.

15 日本の大企業のイノベーションラボのコンサルタントに著者がインタビューした（２０１９年）。

16 大企業数社の経営者に著者がインタビューした（２０１９年春）。

17 Karube et al. (2009); Kato et al. (2010)

18 O'Reilly and Tushman (2016), 26.

19 Waldenberger (2016); Eguchi and Waldenberger (2017).

20 データはＡＧＣの企業サイトとウィキペディアより。https://en.wikipedia.org/wiki/AGC_Inc.

21 Noda and Collis (1995).

22 同上。Kato et al. (2020).

23 Kato et al. (2020).

24 同上。

25 O'Reilly and Chatman (1996).

26 同上。

第9章

1 「終身雇用、「企業にインセンティブ必要」自工会会長」（日本経済新聞、２０１９年5月13日）、「「終身雇用難しい」トヨタ社長発言でパンドラの箱開くか」『日経ビジネス』（２０１９年5月14日）。

2 "In search of Akio Toyoda's successor: Toyoda wants a new culture," *Automotive News*, April 15, 2019.

3 「転職、過半が抵抗なし　貯蓄、1年目で43万円」日本経済新聞（２０１９年５月27日）。

4 「『副業解禁』で壊れる日本の『カイシャ』」『日経ビジネス』（２０１８年４月27日）。

5 Pfeffer and Baron (1988); Schaede (2008), ch. 9.

6 Pfeffer and Baron (1988); Lazonick (2009b); Lemann (2019).

7 "Japanese Workforce Projected to Be 20% Smaller by 2040," *Japan Times*, January 15, 2019. 15〜65歳を就労人口としている。

8 詳細な分析は以下を参照。Matsui et al. (2019).

9 統計局の労働力調査２０１９年、www.stat.go.jp/english/data/roudou/lngindex.html.

10 Matsui et al. (2019).

11 同上。

12 女性プロフェッショナルに著者がインタビューした（２０１７〜２０１９年、東京）。

13 "Womenomics: Cracks Are Beginning to Show in Japan's Glass Ceiling," *Financial Times*, July 17, 2019.

14 内閣府男女共同参画局 (2018).

15 "Foreign workers in Japan Double in ５ Years, Hitting Record," *Nikkei Asian Review*, January 25, 2019.

16 Okada (2018).

17 Lazear (1999).

18 Roberts (2017).

19 “More Japanese Companies Hire Talent from Overseas Universities,” *Nikkei Asian Review*, January 30, 2019.

20 独立行政法人労働政策研究・研修機構 (2018); Vogel (2018).

21 「ホワイトカラーエグゼンプション（頭脳労働者脱時間給制度）」により、年収約10万ドルを超える法律、コンサルティング、会計の専門家に対して残業規制の適用は免除される。

22 ２０１７年の有給休暇の取得率は平均51％である。２０２０年までに70％に引き上げることを目標としている。“First Overtime Caps for Big Japanese Firms and Mandatory Use of Paid Leave to Come into Force April 1,” *Japan Times*, March 27, 2019.

23 総務省 (2019).

24 「マイナビ調査、転職率に上昇20代の存在感高まる」日本経済新聞（２０１９年４月23日）。

25 「転職、過半が抵抗なし　貯蓄、１年目で43万円」日本経済新聞（２０１９年５月27日）。

26 「「入社後すぐ再就活」急増　条件合わず、帰属意識も薄く」」日本経済新聞（２０１８年８月７日）：

27 同上。

28 「副業解禁、主要企業の５割」日本経済新聞（２０１９年５月20日）。

29 企業幹部や政府高官に著者がインタビューした（２０１８年、２０１９年、東京）。

30 「『副業解禁』で壊れる日本の『カイシャ』」『日経ビジネス』（２０１８年４月27日）。

31 リクルートの２０１８年アニュアルレポート。https://recruit-holdings.com/who/reports/highlight.html.

32 Buche et al. (2016); メガゴン・ラボの企業サイト, https://www.megagon.ai.

33 “Japan’s Recruit Employs AI to Stop Workers from Quitting,” *Nikkei Asian Review*, September 10, 2018. 2019年の休職者データの不適切な販売をめぐる問題は以下を参照。“Japan’s Recruit Sold Job-seeker Data to Honda in Privacy Scandal,” *Nikkei Asian Review*, August 10, 2019.

34 サイト情報より（リクルート出身の起業家、経営者、有名人のまとめ）https://matome.naver.jp/odai/2134855976914479801.

35 企業幹部に著者がインタビューした（２０１８年、２０１９年、東京）。

36 このセクションは、藤岡亮介氏との議論や同氏の期末レポート（２０１９年）から多くの示唆を得た。日本のＶＣ政策の歴史は以下を参照。Schaede (2008), ch. 10.

37 経済産業省 (2017b).

38 経済産業省 (2019a).

39 当初のプログラム名は「ベンチャー・チャレンジ２０２０」日本経済再生本部、２０１６年。

40 J-Startup, J-Startup Summary, www.j-startup.go.jp/en/about; 経済産業省 (2019b).

41 「ＮＥＣ、新卒に年収１０００万円超　ＩＴ人材確保に危機感」日本経済新聞（２０１９年７月９日）。

42 「スタートアップ転職、年収７２０万円超　上場企業越え」日本経済新聞（２０１９年３月20日）。

第10章

1 三菱電機、e-F@ctory Overview, https://www.mitsubishielectric.com/fa/sols/efactory/index.html.

2 ソフトバンクが通信会社を設立した背景については以下を参照。Schaede (2008).

3 “The Most Powerful Person in Silicon Valley,” Fast Company, February 2019. ウィーワークの大失敗については以下を参照。“WeWork Mess Leaves SoftBank’s Masa Son $6 Billion Poorer,” Bloomberg, November 5, 2019; “Rajeev Misra Built SoftBank’s Huge Tech Fund. Now He Has to Save It,” *Wall Street Journal*, October 30, 2019; “SoftBank Founder Calls His Judgment ‘Really Bad’ after $4.7 Billion WeWork Hit,” *The Wall Street Journal*, November 6, 2019.

4 “SoftBank Builds Data Empire to Challenge US Tech Giants,” Nikkei Asian Review, July 31, 2018.

5 「グーグル&Uberつぶしのトヨタ・タクシー」IT Media ビジネス・オンライン（２０１７年10月30日）、https://www.itmedia.co.jp/business/articles/1710/30/news019.html.

6 ソフトバンクのプレスリリース。“Toyota and SoftBank Agreed on Strategic Partnership to Establish Joint Venture for New Mobility Services,” Press release, October 4, 2018, https://www.softbank.jp/en/corp/news/press/sbkk/2018/20181004_01.

7 プリファード・ネットワークスのプレスリリース。“Preferred Networks Raises a Total of over 2 Billion Yen from

FANUC, Hakuhodo DYHD, Hitachi, Mizuho Bank, and Mitsui & Co," Press release, December 11, 2017, https://preferred.jp/en/news/pr20171211.

8 Alan Murray, "America's CEOs Seek a New Purpose for the Corporation," Fortune, August 19, 2019, https://fortune.com/longform/business-roundtable-ceos-corporations-purpose.

参考文献

〔英語文献〕

Abegglen, James C. 1984. *The Strategy of Japanese Business*. Cambridge, MA: Ballinger.

Abegglen, James and George Stalk Jr. 1985. Kaisha: The Japanese Corporation. New York: Basic Books.

Ahmadjian, Christina L. and James R. Lincoln. 2001. "Keiretsu, Governance, and Learning: Case Studies in Change from the Japanese Automotive Industry." Organization Science 12(6):683–701.

Ahmadjian, Christina L. and Ulrike Schaede. 2015. "The Impact of Japan on Western Management: Theory and Practice." Pp. 49–57 in The Routledge Companion to Cross-Cultural Management, edited by N. Holden, S. Michailova and S. Tietze. New York: Routledge.

Ando, Yoichiro. 2018. "Japan—a Thriving, Highly Versatile Chip Manufacturing Region." SEMI News, October 3. https://blog.semi.org/semi-news/japan-a-thriving-highly-versatile-chip-manufacturing-region.

Aoki, Masahiko. 1988. Information, Incentives, and Bargaining in the Japanese Economy. Cambridge: Cambridge University Press.

Aoki, Masahiko and Ronald Dore, eds. 1994. The Japanese Firm: The Sources of Competitive Strength. Oxford: Oxford University Press.

Appelbaum, Eileen and Rosemary Batt. 2014. Private Equity at Work: When Wall Street Manages Main Street. New York: Russell Sage Foundation.

Aronson, Bruce E. 2015. "Japanese Corporate Governance Reform: A Comparative Perspective." Hastings Business Law Journal 11(1):85–118.

ASEAN (Association of Southeast Asian Nations). 2017. Asean 50: A Historic Milestone for FDI and MNEs in

ASEAN. Jakarta: ASEAN Secretariat. https://asean.org/?static_ post=historic-milestone-fdi-mnes-asean.
Ballon, Robert L. 1970. "Understanding the Japanese." Business Horizons 13(3):21–30.
Ballon, Robert L. and Iwao Tomita. 1988. The Financial Behavior of Japanese Corporations. Tokyo: Kodansha.
Benedict, Ruth. 1946. The Chrysanthemum and the Sword: Patterns of Japanese Culture. New York: Houghton Mifflin Harcourt.
Benes, Nicholas. 2019. "Japan's Shareholder Revolution—at Last." Ethical Boardroom. https://ethicalboardroom.com/japans-shareholder-revolution-at-last.
Borovoy, Amy. 2005. The Too-Good Wife: Alcoholism, Codependency, and the Politics of Nurturance in Postwar Japan. Berkeley: University of California Press.
Borovoy, Amy. 2008. "Japan's Hidden Youths: Mainstreaming the Emotionally Distressed in Japan." Culture, Medicine, and Psychiatry 32(4):552–76. https://doi.org/10.1007/s11013-008-9106-2.
Bradley, Stephen P., Thomas R. Eisenmann, Masako Egawa and Akiko Kanno. 2006. "NTT Docomo, Inc.: Mobile Felica." Harvard Business School Case Study 9-805-124. Boston: Harvard Business School Publishing.
Buche, Ivy, Howard Yu and Thomas Malnight. 2016. "Recruit Japan: Harnessing Data to Create Value." Case Study IMD824.
Burrough, Bryan and John Helyar. 1989. Barbarians at the Gate: The Fall of RJR Nabisco. New York: Harper & Row.
Calder, Kent E. 1988. Crisis and Compensation: Public Policy and Political Stability in Japan, 1949–1986. Princeton: Princeton University Press.
Calder, Kent E. 2017. Circles of Compensation: Economic Growth and the Globalization of Japan. Stanford: Stanford University Press.
Capgemini. 2018. World Wealth Report 2018. https://worldwealthreport.com.
Chatman, Jennifer A. and Charles A. O'Reilly III. 2016. "Paradigm Lost: Reinvigorating the Study of Organizational Culture." Research in Organizational Behavior 36:199–224.

Chattopadhyay, Akash, Matthew D. Shaffer and Charles C. Y. Wang. 2017. "Governance through Shame and Aspiration: Index Creation and Corporate Behavior." Harvard Business School Working Paper 18-010. https://papers.ssrn.com/sol3/papers.cfm?abstract_id=3010188.

Chesbrough, Henry. 2005. Open Innovation: The New Imperative for Creating and Profiting from Technology. Boston: Harvard Business Review Press.

Clark, Rodney. 1979. The Japanese Company. New Haven: Yale University Press.

Cole, Robert E. 1994. "Different Quality Paradigms and Their Implications for Organizational Learning." Pp. 66–83 in The Japanese Firm: The Sources of Competitive Strength, edited by M. Aoki and R. Dore. Oxford: Oxford University Press.

Cole, Robert E. 1998. "Learning from the Quality Movement: What Did and Didn't Happen and Why?" California Management Review 41(1):43–73.

Davis, Gerald F. 2009. Managed by the Markets: How Finance Re-Shaped America. Oxford: Oxford University Press.

Dore, Ronald. 1973. British Factory–Japanese Factory: The Origins of National Diversity in Industrial Relations. Berkeley: University of California Press.

Dore, Ronald. 1983. "Goodwill and the Spirit of Market Capitalism." British Journal of Sociology 34(4):459–82. Doi: 10.2307/590932.

Dore, Ronald. 1987. Taking Japan Seriously: A Confucian Perspective on Leading Economic Issues. Stanford: Stanford University Press.

Dore, Ronald. 2000. Stock Market Capitalism: Welfare Capitalism: Japan and Germany Versus the Anglo-Saxons. Oxford: Oxford University Press.

Drucker, Peter F. 1981. "Behind Japan's Success." Harvard Business Review, January.

Eguchi, Takaaki and Zenichi Shishido. 2015. "The Future of Japanese Corporate Governance: Japan's Internal Governance and Development of Japanese-Style External Governance through Engagement." In Research

Handbook on Shareholder Power, edited by J. G. Hill and R. S. Thomas. Elgar Online.

Eguchi, Takaaki and Franz Waldenberger. 2017. “Management Careers, Internal Control and Corporate Governance: Where Japan and Germany Differ.” Working Paper 17/2. DIJ, German Institute for Japan Studies, Tokyo.

Esty, Benjamin C. and Akiko Kanno. 2016. “Fanuc Corporation: Reassessing the Firm’s Governance and Financial Policies.” Harvard Business School Case Study 9-216-042. Boston: Harvard Business School Publishing.

Fallows, James and Deborah Fallows. 2018. Our Towns: A 100,000-Mile Journey into the Heart of America. New York: Pantheon.

Financial Services Agency. 2017. Principles for Responsible Institutional Investors: Japan’s Stewardship Code—to Promote Sustainable Growth for Companies through Investment and Dialogue. https://www.fsa.go.jp/en/refer/councils/stewardship/20170529/01.pdf.

Fujioka, Ryosuke. 2019. “Establishing Startup Ecosystem with Entrepreneurship: Japan’s New Journey under Abenomics.” Term paper, UC San Diego.

Gelfand, Michele J. 2018. Rule Makers, Rule Breakers: How Tight and Loose Cultures Wire Our World. New York: Scribner.

Gelfand, Michele J. and 42 coauthors. 2011. “Differences between Tight and Loose Cultures: A 33-Nation Study.” Science 332:1100–04. doi: 10.1126/science.1197754.

Gender Equality Bureau, Cabinet Office, Government of Japan. 2018. Women and Men in Japan 2018. Tokyo: Cabinet Office, Government of Japan. www.gender.go.jp/english_contents/pr_act/pub/pamphlet/women-and-men18/index.html.

Gill, Tom. 2001. Men of Uncertainty: The Social Organization of Day Laborers in Contemporary Japan. Albany: State University of New York Press.

Goshal, Sumantra and Christopher A. Bartlett. 1988. “Matsushita Electric Industrial (MEI) in 1987.” Harvard Business School Case Study 9-388-144. Boston: Harvard Business School Publishing.

Goto, Gen. 2014. “Legally ‘Strong’ Shareholders of Japan.” Michigan Journal of Private Equity and Venture Capital Law 3:125–64.

Goto, Gen. 2018. “The Logic and Limits of Stewardship Codes: The Case of Japan.” Berkeley Business Law Journal 15(2):365–408.

Goto, Gen, Manabu Matsunaka and Sōichirō Kozuka. 2017. “Japan’s Gradual Reception of Independent Directors.” Pp. 135–75 in Independent Directors in Asia: A Historical, Contextual and Comparative Approach, edited by D. W. Puchniak, H. Baum and L. Nottage. Cambridge: Cambridge University Press.

Government of Japan. (2019). Abenomics: For Future Growth, for Future Generations, and for a Future Japan. Tokyo: Government of Japan. https://www.japan.go.jp/abenomics.

Gow, Ian, Charles C. Y. Wang, Naoko Jinjo and Nobuo Sato. 2017. “Misaki Capital and Sangetsu Corporation.” Harvard Business School Case Study 9-117-007. Boston: Harvard Business School Publishing.

Haggard, Stephan, David Kang and Chung-In Moon. 1997. “Japanese Colonialism and Korean Development: A Critique.” World Development 25(6):867–81.

Hamada, Koichi, Anil Kashyap and David E. Weinstein, eds. 2011. Japan’s Bubble, Deflation, and Long-Term Stagnation. Cambridge, MA: MIT Press.

Hammoud, Tawfik, Michael Brigl, John Öberg, David Bronstein and Christy Carter. 2017. “Capitalizing on the New Golden Age in Private Equity.” BCG Perspectives. https://www.bcg.com/en-us/publications/2017/value-creation-strategy-capitalizing-on-new-golden-age-private-equity.aspx.

Henrich, Joseph. 2015. The Secret of Our Success: How Culture Is Driving Human Evolution, Domesticating Our Species, and Making Us Smarter. Princeton: Princeton University Press.

Hill, Jennifer G. 2017. “Good Activist/Bad Activist: The Rise of International Stewardship Codes.” Sydney Law School Research Paper 17/80. https://papers.ssrn.com/sol3/papers.cfm?abstract_id=3036357.

Hofstede, Geert. 1983. “The Cultural Relativity of Organizational Practices and Theories.” Journal of International Business Studies 14:75–89.

Hofstede, Geert. 2001. Culture's Consequences: Comparing Values, Behaviors, Institutions and Organizations across Nations. 2nd ed. Thousand Oaks: Sage.

Hokugo, Ken and Alicia Ogawa. 2017. "The Unfinished Business of Japan's Stewardship Code." Center on Japanese Economy and Business Working Paper. www.gsb.columbia.edu/cjeb/research.

Hoshi, Takeo and Anil Kashyap. 2001. Corporate Financing and Corporate Governance in Japan: The Road to the Future. Boston: MIT Press.

Hoshi, Takeo, Satoshi Koibuchi and Ulrike Schaede. 2018. "The Decline in Bank-Led Corporate Restructuring in Japan: 1981–2010." Journal of the Japanese and International Economies 47:81–90. https://doi.org/10.1016/j.jjie.2017.11.004.

Ito, Kunio. 2014. Ito Review of Competitiveness and Incentives for Sustainable Growth—Building Favorable Relationships between Companies and Investors. Ministry of Economy, Trade and Industry. https://www.meti.go.jp/english/press/2014/pdf/0806_04b.pdf.

Iwai, Katsuhiro and Hideo Ueki. 2017. Japan's Corporate-Governance Reforms: A Progress Report. London: Wellington Management. https://www.wellington.com/en/insights/japans-corporate-governance-reforms-progress-report/?_c=qipgt3h.

Japan Institute for Labor Policy and Training. 2018. "Work Style Reform Bill Enacted." Japan Labor Issues 2(10):2–7. https://www.jil.go.jp/english/jli/documents/2018/010-01.pdf.

Johnson, Chalmers. 1982. MITI and the Japanese Miracle: The Growth of Industrial Policy, 1925–1975. Stanford: Stanford University Press.

JPX: Tokyo Stock Exchange. 2018. Japan's Corporate Governance Code: Seeking Sustainable Corporate Growth and Increased Corporate Value over the Mid- to Long-Term. https://www.jpx.co.jp/english/news/1020/b5b4pj000000jvxr-att/20180602_en.pdf.

Kahneman, Daniel. 2001. Thinking, Fast and Slow. New York: Farrar, Straus and Giroux.

Karube, Masaru, Tsuyoshi Numagami and Toshihiko Kato. 2009. "Exploring Organisational Deterioration:

'Organisational Deadweight' as a Cause of Malfunction of Strategic Initiatives in Japanese Firms." Long Range Planning 42(4):518–44.

Kato, Masanori, Ulrike Schaede and Charles A. O'Reilly III. 2020. "AGC Inc. in 2019: 'Your Dreams, Our Challenge.'" Stanford Graduate School of Business Case Study 103.

Kato, Toshihiko, Masaru Karube and Tsuyoshi Numagami. 2010. "Organizational Deadweight and the Internal Functioning of Japanese Firms: An Explorative Analysis of Organizational Dysfunction." Pp. 125–63 in Dynamics of Knowledge, Corporate Systems and Innovation, edited by H. Itami, K. Kusunoki, T. Numagami and A. Takeishi. Berlin: Springer.

Killeen, William and Mark Prentice. 2015. "Japan's Shareholder Revolution." IQ Magazine—State Street Global Advisors 1(Q3). https://www.ssga.com/publications/investment-quarterly/2015/japans-shareholder-revolution.pdf.

Kitanaka, Junko. 2012. Depression in Japan: Psychiatric Cures for a Society in Distress. Princeton: Princeton University Press.

Kitao, Sagiri and Tomoaki Yamada. 2019. "Dimensions of Inequality in Japan: Distribuions of Earnings, Income and Wealth between 1984 and 2014," CAMA Working Paper 36/2019, Centre for Applied Macroeconomic Analysis, Australian National University.

Komori, Shigetaka. 2015. Innovating Out of Crisis: How Fujifilm Survived (and Thrived) as Its Core Business Was Vanishing. Berkeley: Stone Bridge Press.

Koo, Richard. 2011. "The World in Balance Sheet Recession: Causes, Cure, and Politics." Real-World Economic Review, no. 58. http://www.paecon.net/PAEReview/issue58/Koo58.pdf.

Kreps, David. 2018. The Motivation Toolkit. New York: Norton.

Kushida, Kenji E. 2011. "Leading without Followers: How Politics and Market Dynamics Trapped Innovations in Japan's Domestic 'Galapagos' Telecommunications Sector." Journal of Industry, Competition and Trade 11(3):279–307. doi: 10.1007/s10842-011-0104-7.

Lazear, Edward P. 1999. "Culture and Language." Journal of Political Economy 107(S6): S95–S126. doi: 10.1086/250105.

Lazonick, William. 2009a. "The New Economy Business Model and the Crisis of U.S. Capitalism." Capitalism and Society 4(2). doi: https://doi.org/10.2202/1932-0213.1054.

Lazonick, William. 2009b. Sustainable Prosperity in the New Economy? Business Organization and High-Tech Employment in the United States. Kalamazoo: W. E. Upjohn Institute for Employment Research.

Lazonick, William. 2014. "Profits without Prosperity." Harvard Business Review (September), 46–55.

Lazonick, William and Mary O'Sullivan. 2000. "Maximizing Shareholder Value: A New Ideology for Corporate Governance." Economy and Society 29(1):13–35.

Lazonick, William and Jung-Sup Shin. 2019. Predatory Value Extraction: How the Looting of the Business Corporation Became the U.S. Norm and How Sustainable Prosperity Can Be Restored. New York: Oxford University Press.

Lemann, Nicholas. 2019. Transaction Man: The Rise of the Deal and the Decline of the American Dream. New York: Macmillan.

Levitsky, Steven and Daniel Ziblatt. 2018. How Democracies Die. New York: Crown.

Liker, Jeffrey K. 2004. The Toyota Way: 14 Management Principles from the World's Greatest Manufacturer. New York: McGraw Hill.

Lincoln, James R. and Michael L. Gerlach. 2004. Japan's Network Economy: Structure, Persistence, and Change. Cambridge: Cambridge University Press.

Lincoln, James R., Michael Gerlach and Christina Ahmadjian. 1996. "Keiretsu Networks and Corporate Performance in Japan." American Sociological Review 61(1):67–88.

Lincoln, James R. and Arne Kalleberg. 1990. Culture, Commitment and Control: A Study
of Work Organization and Work Attitudes in the United States and Japan. New York: Cambridge University Press.

Loewenstein, George and Nick Chater. 2017. "Putting Nudges in Perspective." Behavioural Public Policy 1(1):26–

53. doi: 10.1017/bpp.2016.7.

MacIntosh, Eric. 2017. "Ethical Theories Summarized & Explained: Consequentialism, Deontology, Virtue Ethics, and Objectivist Ethical Egoism." Objectivsm in Depth (blog). https://objectivismindepth.com/2017/04/23/ethical-theories-summarized-explained-consequentialism-deontology-virtue-ethics-and-objectivist-ethical-ego-ism.

March, James 1991. "Exploration and Exploitation in Organizational Learning." Organization Science 2(1):71–87.

Matsui, Kathy, Hiromi Suzuki and Kazunori Tatebe. 2019. Womenomics 5.0, 20 Years On. New York: Goldman Sachs Portfolio Strategy Research.

McBride, James and Andrew Chatzky. 2019. Is "Made in China 2025" a Threat to Global Trade? Washington, DC: Council on Foreign Relations. https://www.cfr.org/backgrounder/made-china-2025-threat-global-trade.

McMillan, John. 1990. "Managing Suppliers: Incentive Systems in Japanese and United States Industry." California Management Review 32(4):38–55.

Meyer, Erin. 2014. The Culture Map: Breaking through the Invisible Boundaries of Global Business. New York: Public Affairs.

Milhaupt, Curtis J. 2018. "Evaluating Abe's Third Arrow: How Significant Are Japan's Recent Corporate Governance Reforms?" Zeitschrift für Japanisches Recht, Sonderheft 12:65–81.

Monden, Yasuhiro. 1983. Toyota Production System: Practical Approach to Production Management. Norcross: Industrial Engineering and Management Press.

Morgan Stanley Research. 2018. Japan's Journey from Laggard to Leader. Tokyo: Morgan Stanley.

Murphy, R. Taggart. 2014. Japan and the Shackles of the Past. Oxford: Oxford University Press.

Naughton, Barry. 2018. The Chinese Economy: Adaptation and Growth. Cambridge, MA: MIT Press.

Ng, Ying. 2018. "SME Succession Crisis in Japan." Preqin, August 21, 2018. https://www.preqin.com/insights/blogs/sme-succession-crisis-in-japan/23463.

Noda, Tomo and David J. Collis. 1995. "Asahi Glass Company: Diversification Strategy." Harvard Business School

Case Study 9-794-113. Boston: Harvard Business School Publishing.

North, Douglass C. 1990. Institutions, Institutional Change and Economic Performance. Cambridge: Cambridge University Press.

O'Reilly III, Charles A. 1989. "Corporations, Culture, and Commitment: Motivation and Social Control in Organizations." California Management Review 31(4):9–25.

O'Reilly III, Charles A. and Jennifer A. Chatman. 1996. "Culture as Social Control: Corporations, Cults, and Commitment." Research in Organizational Behavior 18:157–200.

O'Reilly III, Charles A. and Brian G. Main. 2010. "Economic and Psychological Perspectives on CEO Compensation: A Review and Synthesis." Industrial and Corporate Change 19(3):675–712.

O'Reilly III, Charles A. and Michael L. Tushman. 2016. Lead and Disrupt: How to Solve the Innovator's Dilemma. Stanford: Stanford University Press.

Ouchi, William. 1981. Theory Z: How American Business Can Meet the Japanese Challenge. Reading: Addison-Wesley.

Pascale, Richard and Thomas P. Rohlen. 1983. "The Mazda Turnaround." Journal of Japanese Studies 9(2):219–63.

Patrick, Hugh T. and Thomas P. Rohlen. 1987. "Small-Scale Family Enterprises." Pp. 331–84 in The Political Economy of Japan, Part 1: The Domestic Transformation, edited by K. Yamamura and Y. Yasuba. Stanford: Stanford University Press.

Patrick, Hugh and Henry Rosovsky, eds. 1976. Asia's New Giant: How the Japanese Economy Works. Washington, DC: Brookings Institution.

Pelto, P. J. 1968. "The Difference between 'Tight' and 'Loose' Societies." Trans-Action 5:37–40.

Pfeffer, Jeffrey and James N. Baron. 1988. "Taking the Workers Back Out: Recent Trends in the Structuring of Employment." Research in Organizational Behavior 10:257–303.

Pilling, David. 2014. Bending Adversity: Japan and the Art of Survival. New York: Penguin Books.

Pilling, David. 2018. The Growth Delusion: Wealth, Poverty, and the Well-Being of Nations. London: Bloomsbury.

Pinker, Steven. 2002. The Blank Slate: The Modern Denial of Human Nature. New York: Penguin Books.

Porter, Michael E. 1985. Competitive Advantage: Creating and Sustaining Superior Performance. New York: Free Press.

Powell, Walter W. and Paul J. DiMaggio, eds. 1991. The New Institutionalism in Organizational Analysis. Chicago: University of Chicago Press.

Roberts, Glenda S. 2017. "An Immigration Policy by Any Other Name: Semantics of Immigration to Japan." Social Science Japan Journal 21(1):89–102. doi: 10.1093/ssjj/jyx033.

Rohlen, Thomas P. 1979. For Harmony and Strength: Japanese White-Collar Organization in Anthropological Perspective. Berkeley: University of California Press.

Saito, Takuji. 2015. "Determinants of Director Board and Auditor Board Composition: Evidence from Japan." Public Policy Review 11(3):395–410. Policy Research Institute, Ministry of Finance, Japan.

Sakawa, Hideaki, Keisuke Moriyama and Naoki Watanabe. 2012. "Relation between Top Executive Compensation Structure and Corporate Governance: Evidence from Japanese Public Disclosed Data." Corporate Governance: An International Review 20(5):593–608.

Sako, Mari. 1992. Prices, Quality and Trust: Interfirm Relations in Britain and Japan. New York: Cambridge University Press.

Sasaki, Masato and Ulrike Schaede. 2019. "Japanese CVC and Open Innovation in Silicon Valley." Working Paper, UC San Diego, La Jolla.

Schaede, Ulrike. 1990. "The Introduction of Commercial Paper—A Case Study in the Liberalisation of the Japanese Financial Markets." Japan Forum 2(2):215–34.

Schaede, Ulrike. 2000a. Cooperative Capitalism: Self-Regulation, Trade Associations, and the Antimonopoly Law in Japan. Oxford: Oxford University Press.

Schaede, Ulrike. 2000b. "The Japanese Financial System: From Postwar to the New Millennium." Harvard

Business School Case Study 9-700-049. Boston: Harvard Business School Publishing.
Schaede, Ulrike. 2008. Choose and Focus: Japanese Business Strategies for the 21st Century. Ithaca: Cornell University Press.
Schaede, Ulrike. 2013a. Show Me the Money: Japan's Most Profitable Companies in the 2000s. DBJ Discussion Paper Series (1211). https://www.dbj.jp/ricf/pdf/research/DBJ_DP_1211.pdf.
Schaede, Ulrike. 2013b. "Sunshine and Suicides in Japan: Revisiting the Relevance of Economic Determinants of Suicide." Contemporary Japan 25(2):105–26.
Schaede, Ulrike. 2019. "U.S.-Japan Business Relations and the Trade War with Asia." Pp. 11–27 in Charting a Path for a Stronger U.S.-Japan Economic Partnership, Saori N. Katada, Junji Nakagawa and Ulrike Schaede. NBR Special Report, no. 75. Washington, DC: National Bureau of Asian Research.
Schaede, Ulrike and William W. Grimes, eds. 2003. Japan's Managed Globalization: Adapting to the 21st Century. Armonk: M. E. Sharpe.
Smitka, Michael J. 1991. Competitive Ties: Subcontracting in the Japanese Automotive Industry. New York: Columbia University Press.
Swenson, David and Robert Rubin. 2017. "A Conversation with David Swenson." Stephen C. Friedheim Symposium on Global Economics. https://www.cfr.org/event/conversation-david-swensen.
Tam, Frank Wai-Ming and Mitsuru Taki. 2007. "Bullying among Girls in Japan and Hong Kong: An Examination of the Frustration-Aggression Model." Educational Research and Evaluation 13(4):373–99. doi: 10.1080/13803610701702894.
Thaler, Richard H. and Cass R. Sunstein. 2008. Nudge: Improving Decisions about Health, Wealth, and Happiness. New Haven: Yale University Press.
Tokyo Metropolitan Government. 2017. "Guidance to the Asset Management Industry in Japan." http://www.senryaku.metro.tokyo.jp/bdc_tokyo/english/english-guidebook.
Tushman, Michael L. and Charles A. O'Reilly. 1997. Winning through Innovation: A Practical Guide to Leading

Organizational Change and Renewal. Boston: Harvard Business School Press.

Ushijima, Tatsuo. 2010. "Understanding Partial Mergers in Japan." Journal of Banking & Finance 34(12):2941–53. https://doi.org/10.1016/j.jbankfin.2010.06.008.

Ushijima, Tatsuo and Ulrike Schaede. 2014. "The Market for Corporate Subsidiaries in Japan: An Empirical Study of Trades among Listed Firms." Journal of the Japanese and International Economies 31:36–52. doi: https://doi.org/10.1016/j.jjie.2013.12.001.

Uz, Irem. 2015. "The Index of Cultural Tightness and Looseness among 68 Countries." Journal of Cross-Cultural Psychology 46(3):319–35. doi: 10.1177/0022022114563611.

Vogel, Ezra F. 1979. Japan as Number One: Lessons for America. New York: Harper & Row.

Vogel, Steven K. 2006. Japan Remodeled: How Government and Industry Are Reforming Japanese Capitalism. Ithaca: Cornell University Press.

Vogel, Steven K. 2018. "Japan's Labor Regime in Transition: Rethinking Work for a Shrinking Nation." Journal of Japanese Studies 44(2):257–92.

Vogel, Steven K. 2019. "Japan's Ambivalent Pursuit of Shareholder Capitalism." Politics & Society 47(1):117–44.

Waldenberger, Franz. 2013. "'Company Heroes' versus 'Superstars': Executive Pay in Japan in Comparative Perspective." Contemporary Japan 25(2):189–213.

Waldenberger, Franz. 2016. "In-house Careers: A Core Institution for the Japanese Firm in Need of Reform." Journal of Strategic Management Studies 8(1):23–32.

Waldenberger, Franz. 2017. "'Growth Oriented' Corporate Governance Reform—Can It Solve Japan's Performance Puzzle?" Japan Forum 29(3):354–74. doi:10.1080/09555803.2017.1284144.

West, Darrell M. and Christian Lansang. 2018. Global Manufacturing Scorecard: How the US Compares to 18 Other Nations. Washington, DC: Brookings Institution. https://www.brookings.edu/research/global-manufacturing-scorecard-how-the-us-compares-to-18-other-nations.

Whetstone, J. Thomas. 2001. "How Virtue Fits within Business Ethics." Journal of Business Ethics 33:101. https://

doi.org/10.1023/A:1017554318867.

Williamson, Oliver E. 1993. "Opportunism and Its Critics." Managerial and Decision Economics 14(2):97–107. doi: 10.1002/mde.4090140203.

Wilson, David Sloan and Edward O. Wilson. 2007. "Rethinking the Theoretical Foundation of Sociobiology." Quarterly Review of Biology 82:327–48.

Womack, James P., Daniel T. Jones and Daniel Roos. 1990. The Machine That Changed the World. New York: Macmillan.

World Inequality Lab. World Inequality Database. https://wid.world/data.

Xing, Yuqing and Neal Detert. 2010. How the iPhone Widens the United States Trade Deficit with the People's Republic of China. ADBI Working Paper Series, no. 257. https://www.adb.org/sites/default/files/publication/156112/adbi-wp257.pdf.

Yamaguchi, Tsutomu. 2009. With Chemistry We Can: The First 50 Years of JSR. Tokyo: JSR Corporation.

Yamamura, Kozo and Yasukichi Yasuba, eds. 1987. The Political Economy of Japan, Vol.1: The Domestic Transformation. Stanford: Stanford University Press.

Yeh, Tsung-ming. 2014. "Large Shareholders, Shareholder Proposals, and Firm Performance: Evidence from Japan." Corporate Governance: An International Review 22(4):312–29. doi: http://dx.doi.org/10.1111/corg.12052.

Yoneyama, Shoko and Asao Naito. 2003. "Problems with the Paradigm: The School as a Factor in Understanding Bullying (with Special Reference to Japan)." British Journal of Sociology of Education 24(3):315–30. doi: 10.1080/01425690301894.

Yoshino, M. Y. and Yukihiko Endo. 2005. "Transformation of Matsushita Electric Industrial Co., Ltd. 2005 (A), (B), (C)." Harvard Business School Case Study 9-905-412/413/414. Boston: Harvard Business School Publishing.

Zielenziger, Michael. 2006. Shutting Out the Sun: How Japan Created Its Own Lost Generation. New York: Nan A. Talese/Doubleday.

〔日本語文献〕

会田卓司、榊原可人（2017）『日本経済の新しい見方』金融財政事情研究会。
岩瀬達哉（2015）『ドキュメント　パナソニック人事抗争史』講談社＋α文庫。
岡田豊（2018）「２０１９年の外国人人口は過去最高」みずほインサイト、みずほ総合研究所。https://www.mizuho-ri.co.jp/publication/research/pdf/eo/MEA180913.pdf.
外務省（2017）海外在留邦人調査統計　平成30年要約版、外務省。https://www.mofa.go.jp/mofaj/files/000368753.pdf.
栗下直也（2012）『図解　ひと目でわかる！　ルネサスエレクトロニクス』日刊工業新聞社。https://www.marr.jp/marr/marr201904/entry/14102.
経済産業省、厚生労働省、文部科学省編（2004）『平成15年度ものづくり白書（製造基盤白書）』経済産業省。
経済産業省（2017a）「第四次産業革命に向けたリスクマネー供給に関する研究会 取りまとめ参考資料」https://www.meti.go.jp/committee/kenkyukai/sansei/daiyoji_sangyo_risk/pdf/002_04_00.pdf
経済産業省（2017b）「イノベーション・ベンチャー政策について」構造改革徹底推進会合、経済産業省。https://www.kantei.go.jp/jp/singi/keizaisaisei/miraitoshikaigi/innovation_dai3/siryou4.pdf.
経済産業省（2017c）「Reference Materials for Ito Review 2.0（伊藤レポート２・０）」経済産業省。https://www.meti.go.jp/english/press/2017/pdf/1026_003a.pdf.
経済産業省（2018a）「Practical Guidelines for Corporate Governance Systems(CGS Guidelines)（コーポレート・ガバナンス・システムに関する実務指針（ＣＧＳガイドライン））」経済産業省。https://www.meti.go.jp/english/press/2018/pdf/0928_005a.pdf.
経済産業省（2018b）「製造業を巡る現状と政策課題～Connected Industriesの深化～」経済産業省。https://www.meti.go.jp/shingikai/mono_info_service/air_mobility/pdf/001_s01_00.pdf.
経済産業省（2019a）「第四次産業革命に向けた産業構造の現状と課題について」経済産業省。https://www.meti.go.jp/shingikai/sankoshin/2050_keizai/pdf/005_02_00.pdf.
経済産業省（2019b）「スタートアップ支援に関する経済産業省の取り組みについて」経済産業省。www.kantei.go.jp/jp/singi/tougou-innovation/dai4/siryo3-4.pdf.

国立研究開発法人新エネルギー・産業技術総合開発機構（2017）「平成30年度 日系企業のモノ、サービス及びソフトウェアの国際競争ポジションに関する情報収集」国立研究開発法人新エネルギー・産業技術総合開発機構。https://www.nedo.go.jp/koubo/NA2_100050.html.
佐藤文昭（2017）『日本の電機産業 失敗の教訓』朝日新聞出版。
関根俊（2018）「日本におけるプライベートエクイティ：マーケットの動向と日本企業への活用に関する提言」PwC Japan。https://www.pwc.com/jp/ja/knowledge/thoughtleadership/2018/assets/pdf/private-equity.pdf .
総務省統計局（2019）労働力調査（詳細集計）平成30年（２０１８年）平均（速報）。https://www.stat.go.jp/data/roudou/sokuhou/nen/dt/pdf/index1.pdf.
内閣官房日本経済再生総合事務局（2016）「ベンチャー・チャレンジ２０２０」にかかる政府関係機関コンソーシアム及びアドバイザリーボード」（第1回）事務局説明資料、内閣官房。
中神康議（2016）『投資される経営　売買される経営』日本経済新聞出版。
中村竜哉（2018）「日本のコーポレートガバナンス改革における特徴」『経営経理研究』第１１１号、拓殖大学。
日刊工業新聞特別取材班編（2014）『次代に挑戦する優良中堅・中小製造業』日刊工業新聞社。
平川紀義（2016）『パナソニックV字回復の真実』ＫＡＤＯＫＡＷＡ。
マール（ＭＡＲＲ）（2019）「［座談会］中小企業の事業承継・再生支援とＰＥファンドの役割」マールオンライン、２０１９年４月号、No.294。

【著者】
ウリケ・シェーデ（Ulrike Schaede）
米カリフォルニア大学サンディエゴ校グローバル政策・戦略大学院教授
日本を対象とした企業戦略、組織論、金融市場、企業再編、起業論などを研究領域に、米ハーバード経営大学院、米スタンフォード大学、米カリフォルニア大学バークレー校経営大学院、一橋大学経済研究所、日本銀行、経済産業省、財務省、政策投資銀行等で研究員・客員教授を歴任。9年以上の日本在住経験を持つ。日本の経営、ビジネス、科学技術を社会政策と経営戦略面から研究し、サンディエゴと日本をつなぐ研究所「Japan Forum for Innovation and Technology（JFIT）」のディレクター。
著書に *Choose and Focus : Japanese Business Strategies for the 21st Century*（Cornell University Press, 2008）、『両利きの組織をつくる：大企業病を打破する攻めと守りの経営』（共著、英治出版、2020年）があるほか、50以上の論文を執筆。『日経ビジネス』電子版に「再興 ザ・KAISHA」を連載。本書英語版 *The Business Reinvention of Japan*（Stanford University Press, 2020）は第37回大平正芳記念賞を受賞。ドイツ出身。

【訳者】
渡部典子（わたなべ　のりこ）
慶應義塾大学大学院経営管理研究科修了。訳書に『両利きの経営』（東洋経済新報社）、『テクノロジー・バブル』（日経BP）、『バフェット　伝説の投資教室』（日本経済新聞出版）、『ハーマン・サイモン自伝』（中央経済社）などがある。

再興　THE KAISHA
日本のビジネス・リインベンション

2022年8月19日　1版1刷
2024年9月19日　3刷

著　者　ウリケ・シェーデ
訳　者　渡部典子
発行者　中川ヒロミ
発　行　株式会社日経BP
日本経済新聞出版
発　売　株式会社日経BPマーケティング
〒105-8308　東京都港区虎ノ門4-3-12
ブックデザイン　新井大輔
本文DTP　マーリンクレイン
印刷・製本　シナノ印刷株式会社
ISBN978-4-296-11360-6